Paul Peters
Heinrich Heine
»Dichterjude«

Paul Peters

Heinrich Heine »Dichterjude«

Die Geschichte einer Schmähung

Anton Hain

CIP-Titelaufnahme der Deutschen Bibliothek

Peters, Paul:
Heinrich Heine »Dichterjude« : die Geschichte einer Schmähung / Paul Peters. – Frankfurt am Main : Hain, 1990
ISBN 3-445-08553-6

Umschlaggestaltung: Rambow, Rambow, van de Sand
Gesamtherstellung: Poeschel & Schulz-Schomburgk, Eschwege
ISBN 3-445-08553-6

Den Freunden

*»Worin besteht die Barbarei anders als darin,
daß man das Vortreffliche nicht anerkennt?«*
Goethe

»Verwischt die Spuren!«
Brecht

SIGLEN

B – Heinrich Heine. Sämtliche Schriften. Hrsg. von Klaus Briegleb. München 1968-1976.

DHA – Düsseldorfer Heine Ausgabe. Historisch-kritische Gesamtausgabe der Werke. Hrsg. von Manfred Windfuhr. Hamburg 1973 ff.

HSA – Heine-Sakularausgabe. Werke, Briefe, Lebenszeugnisse. Berlin/Paris 1970 ff.

K – Heinrich Heine. Werke und Briefe. Hrsg. von Hans Kaufmann. Berlin 1961-1964.

HJB – Heine-Jahrbuch. Hrsg. vom Heinrich-Heine-Institut, Düsseldorf.

IWK – »Heinrich Heine. Streitbarer Humanist und volksverbundener Dichter.« Internationaler Wissenschaftlicher Kongreß. Hrsg. von Karl Wolfgang Becker, Helmut Brandt und Siegfried Scheibe. Weimar 1973.

Karl Kraus

W Werke. Hrsg. von Heinrich Fischer. München 1954-1970.

F – Die Fackel. (Neudruck) München 1968-1976.

FS – Frühe Schriften. München 1979.

Wo nicht anders vermerkt, stammen Hervorhebungen in Zitaten von mir.

Inhalt

Prolog

Heines Gedicht *Disputation* versetzt den Leser in die ferne Welt des spanischen Mittelalters. Gegenstand des »wissenschaftlichen Streitgesprächs« in Toledo ist die Wissenschaft des Mittelalters schlechthin, die Theologie; die Kontrahenten: ein Mönch und ein Rabbiner. Jeder soll mit gewählten Worten die Überlegenheit der eigenen Glaubenssätze dartun. Was an der Heineschen *Disputation* zunächst aber auffällt ist, daß mit einmal – von christlicher Seite – ein völlig anderer, fremder Ton hereinbricht in den vornehmen Diskurs gelehrter scholastischer Spitzfindigkeiten; ein Tonfall purer Schmähung und Beschimpfung des »Anderen«, des Juden. So beschließt der Christ die Aufzählung seiner Glaubenssätze mit den Worten:[1]

Judenvolk, du bist ein Aas,
Worin hausen die Dämonen;
Eure Leiber sind Kasernen
Für des Teufels Legionen.

Judenvolk, ihr seid Hyänen,
Wölfe, Schakals, die in Gräbern
Wühlen, um der Toten Leichnam'
Blutfraßgierig aufzustöbern.

Ihr seid Vipern und Blindschleichen,
Klapperschlangen, gift'ge Kröten,
Ottern, Nattern – Christus wird
Eu'r verfluchtes Haupt zertreten.

Das alles scheint der Jetztzeit weit entrückt – Toledo, das Mittelalter, die religiöse Intoleranz und die theologischen Spitzfindigkeiten. Und gerade diese Distanz scheint in der Absicht des Dichters zu liegen, indem er seine beiden Glaubenskämpen sich in einer Komik der Verschrobenheit versteigern läßt, so daß die Dona Blanka, die hier über Sieger und Verlierer zu bestimmen hat, zum Schluß meint:[2]

»Welcher recht hat, weiß ich nicht –
Doch es will mich schier bedünken,
Daß der Rabbi und der Mönch,
Daß sie alle beide stinken.«

So räumt, mit charakteristischer Drastik, der Aufklärer Heine mit den Orthdoxien auf: aber eine weitere Dimension kommt zu diesem Schluß hinzu, die sich erst aus der Geschichte des Antisemitismus und des antijüdischen Archetyps erschließen läßt. Denn »stinken« taten, in christlicher Vorstellung, nur die Juden; das heißt, sie schieden jenen sonderbaren und abstoßenden Geruch aus, den *foedor judaicus,* über den vor fünfzig Jahren an deutschen Universitäten gelehrte Abhandlungen geschrieben und »Disputationen« abgehalten wurden.[3] Und es war eben dieser Knoblauch-Geruch, den der Graf August Platen in dem Lustspiel *Die Gabeln* dem Lyriker und politischen Publizisten Heine »angedichtet« hatte.

Mit anderen Worten – die Information zeigt, daß Heine hier mit den Orthodoxien nicht nur aufräumt, sondern er kehrt um, er affiziert die christliche Orthodoxie und Intoleranz mit dem gleichen imaginierten Gestank, den sie einst dem »Juden« angeheftet hatten. Aber mehr noch: die Information zeigt auch, daß das Vorurteil und die Figur der Schmähung, welche in der Perspektive des Gedichts als archaisch, überholt und lächerlich anmuten, gleichzeitig für Heine etwas Nahes und Kontemporäres bedeuten, etwas, das in dem eigenen Leben von bedrückender Präsenz ist.

Ist es auch präsent in dem Leben von Heines Werken? Das Nahe und Kontemporäre der Schmähung – auch dem Heine-Philologen von heute schlägt es manchmal unverhofft entgegen. In einer Literaturgeschichte, die, von unverdächtiger Hand, nach dem Krieg in mehreren Auflagen erschienen ist, lesen wir zu Heine:[4]

Die Romantik ging an der Ironie zugrunde, sie parodierte zuletzt sich selbst. In Heinrich Heine trat der Gaukler aller Gaukler auf, der das Todesurteil an sich und ihr vollstreckte. Er steigerte in jungen Jahren den Spielmannszauber Eichendorffs und Brentanos zu einer Virtuosität, die alle Welt für den Gipfel volkstümlich-einfältigen Singens hielt, ohne das Gift an ihr wahrzunehmen ... In den lyrischen Travestien »Atta Troll« und »Deutschland« mischte er Volksliedzauber und Journalismus zu einem Trank, der es erlaubte, Sentimentalität und Zynismus in einem Zug zu genießen. So gekonnt, salopp und frech hatte noch keiner mit dem Magischen gespielt ... Aber nicht nur die Romantik, auch die Dichtung selber erhielt den Abschied. Heine prostituierte sie, indem er sie scheinbar vollendete.

Nach dieser Charakterisierung fällt der Satz:

Es ist naiv, in ihm nur den Juden zu sehen ...

Gerne glauben wir diesem Dementi im Munde eines Mannes, bei dem eine politische Nähe zum Nationalsozialismus ausgeschlossen ist; aber für die Nachwelt ist hier, wie so oft, das Dementi weniger aufschlußreich in dem, was es leugnet, als in dem, was es verrät. Denn woher rührt die Notwendigkeit einer solchen Aussage? Wieso meint der Autor, seine Leser würden zu den negativen Eigenschaften, die er bei Heine feststellen zu können meint, gleich den »Juden« assoziieren?

Zum Schluß ein Porträt Heines in der *Matrazengruft*, 1849 niedergeschrieben, 1886 redigiert. Fanny Lewald hielt ihre Eindrücke 1849 so fest:[5]

Er lachte hell und hübsch, und man sah, trotz seines tief leidenden Zustandes, daß er sehr angenehm gewesen sein muß. Das Profil, die ganze Gesichtsbildung ist fein, das schlichte herabfallende reiche Haar hellbraun.

1886 aber kommt ein neues Element hinzu:

> Er muß gut ausgesehen haben. Die Gesichtsbildung war edel und fein, von dem jüdischen Nationaltypus kaum eine Spur, auch nicht in den Zügen und im Mienenspiel.

Auch wenn er hier von der jüdischen Schriftstellerin Fanny Lewald noch abgewiesen wird: mit einmal wirft sich ein Schatten auf Heines Gestalt, schiebt sich zwischen die Chronistin und die Wahrnehmung von Heines eigentlichen Zügen. Es ist der Schatten des »Juden«.

Einleitung

»Dichter unbekannt.« Mit spürbarer Ungeduld hat einmal ein nordamerikanischer Wissenschaftler die Frage aufgeworfen, warum wohl die Frage nach der Aufnahme Heines in Deutschland die deutsche Diskussion um den Dichter weiterhin so intensiv beschäftigen würde: Gäbe es denn, da die Ignorierung des Dichters nun in beiden Teilen seines – damals noch gespaltenen – Heimatlandes endgültig überwunden sei, nichts Wichtigeres – beispielsweise das Werk –, womit die Forschung sich beschäftigen könnte?[1] Und fast als ein Zeichen der Morbidität, des anhaltenden »Traumas« schien dieser verdiente Philologe es werten zu wollen, daß die Germanistik in ihrem und Heines Heimatland gleichsam obsessiv, wie gebannt, mit diesem doch untergeordneten und sekundären Aspekt einen solchen Aufwand betreiben würde.[2]

Indessen, die Frage ist falsch gestellt. Es geht bei der Erforschung der Geschichte des Heine-Bildes in Deutschland um mehr als eine bloße Aufarbeitung der *querelles allemandes* in bezug auf einen provokanten und kontroversen Dichter, es geht auch um mehr und anderes als darum, gar in Heine einen »perspektivischen Punkt« zu suchen »für eine allgemeine Denunziation deutscher Geistesgeschichte, Bildungstradition und Nationalkultur«.[3] Es geht – und vielleicht deshalb sträubt sich die Philologie so sehr dagegen – um die Fragwürdigkeit des »Geistes« selber. Denn er erweist sich in den entscheidenden Phasen der Prägung des dominanten Heine-Bildes in Deutschland entweder als komplizenhaft oder als ohnmächtig: weit davon entfernt, als Geistiges über seinen eigenen Bereich zu bestimmen, zeigt sich das »Geistige«, das Ästhetische hier als williger-unwilliger Handlanger von ideologischen und sozialpsychologischen Zwängen, jener »rohen und materiellen Dinge« also, von denen Benjamin spricht, und »ohne die es keine feinen und spirituellen gibt«.[4] Die Geschichte der Aufnahme Heines in Deutschland ist schlechterdings politisch »überbestimmt«; und dies nicht nur in dem eher harmlosen Sinne, daß offenkundig politisch oder gar rassisch motivierte Kritik an Heine immer wieder in der öffentlichen Auseinandersetzung um den Dichter den Ausschlag gegeben haben:[5] dabei wäre der »Geist« zwar einer Übermacht des Politischen momentan gewichen, hätte sich jedoch selbst nicht kompromittiert. Dann gäbe es das Modell der getrennten, fein abgesonderten »politischen« und ästhetischen Diskurse zu dem Dichter, und genau ein solches Modell scheint Wolfgang Preisendanz aufrechterhalten zu wollen, wenn er schreibt, daß »beim Unbehagen der Deutschen Heine gegenüber ... Nationalsozialismus und jede Form des Antisemitismus eine sekundäre Rolle« spielten, da die entscheidenden Motive »viel tiefer« lägen.[6] Gerne spräche man hier, wie Preisendanz es tut, Nationalsozialismus und Antisemitismus in ihren Auswirkungen die »Tiefe« ab; aber doch nicht bevor man versucht hat, diese Tiefe oder Untiefe literarhistorisch zu ergründen. Die vorliegende Arbeit ist ein solcher Versuch.

Die besagte »Tiefe« zeigt sich dann gerade auch in der Kompromittierung des »Geistigen«, des Ästhetischen. Jüngste Ereignisse in dem Bereich der Physik und Technik haben das Bewußtsein dafür wachgerufen, daß Giftstoffe ihre wohl gefährlichste und schädlichste Wirkung dann entfachen, wenn sie sich ätherisieren und verflüchtigen, wenn sie in ihrer Ausstreuung eine Form annehmen, in der sie als Gift nicht mehr unmittelbar zu erkennen sind. Wenn ein solcher Vergleich überhaupt statthaft ist, dann möchte man diese Analogie aus dem Bereich der Naturwissenschaften auf eine zentrale Episode der Rezeptionsgeschichte Heines anwenden, als ähnliches Vorkommnis der Ätherisierung und Verflüchtigung eines Giftes. Denn zumindest in ihrer Verdichtung zum antisemitischen Schmähbild wird man die ideologisch interessierte Abwehr Heines in Deutschland gewissermaßen wohl mit einem Giftstoff vergleichen dürfen: und mit diesem »Gift«

sollte man vielleicht nicht anders verfahren als mit jedem anderen. Nichts jedoch ist gefährlicher in dem Umgang mit Giften, als die Möglichkeit ihrer »heimtückischen« Streuung zu unterschätzen oder außer Acht zu lassen: der Giftstoff kann manchmal gerade dann am tödlichsten wirken, wenn er seine ursprüngliche Form abgelegt und sich von seinem Entstehungsort denkbar weit entfernt hat. Mögliche »Fluchtwege« und »Heimtücken« des Giftes zu bedenken, gehört zu den elementaren Aufgaben der Katastrophenmedizin: wer diese vernachlässigte, versagte; verstieße gegen die Fürsorgepflicht.

Verstößt nun die traditionelle Germanistik, die traditionelle Philologie gegen diese »Fürsorgepflicht«, wenn sie, was die Rezeption Heines betrifft, sich an die Vorstellung einer unanfechtbaren »geistigen« Sphäre klammert, und damit die Möglichkeit einer Übertragung des Giftes in diese Sphäre von vornherein ausschließt?[7] Eine elementare Vorsicht gebietet es jedenfalls, auch in diesem Fall das »Undenkbare« zu denken und es zumindest für möglich und für untersuchungswürdig zu erachten, daß jene politisch interessierte Abwehr Heines – und zwar in ihrer historisch wirksamsten und giftigsten rassistischen Komponente – sich als »heimtückisch« erweisen und, mittels Verflüchtigung und Ätherisierung, Eingang finden könnte in jene Bereiche der ästhetischen und geistigen Reflexion, die zunächst von ihr als schlechterdings nicht angreifbar schienen. So die Hypothese, der »Verdacht« dieser Arbeit – er hat sich bestätigt. Im folgenden wird der »Fluchtweg« eines Giftes nachgezeichnet, des Giftes des Antisemitismus in seinem Bilde Heines; und dem Prozeß der Verflüchtigung und Ätherisierung dieses Giftes wird nachgespürt in jenen Entwürfen eines Heine-Bildes, die von ganz anderen Händen stammen als denen der Antisemiten. Denn so sehr das Bewußtsein sich dagegen sträubt: der Sieg der Antisemiten bestand nicht nur darin, Heine für zwölf Jahre administrativ auszulöschen. Sie haben das Bild Heines auch aktiv geprägt, entscheidende Topoi und Denkfiguren für das »Verständnis« des Werks, wo nicht geliefert (denn sie waren, auf ihre Weise, durchaus originell), so doch durchgesetzt; und es ergab sich, daß – auf verschlungenen Pfaden – viele der Thesen dieser virulentesten und engagiertesten Heine-Gegner den antisemitischen Stallgeruch abstreiften, »salonfähig« und damit Gemeingut der Heine-Kritik wurden.

Der Versuch, die »verschlungenen Pfade« aufzuspüren, führt uns von den Niederungen einer obskuren rassistischen Schmähliteratur bis in die Formulierungen berühmtester Köpfe. Dies bewirkte freilich weniger die gedankliche als die politische und geschichtliche Potenz des Antisemitismus. Auf diese Weise tönt der »Hep-Hep«-Ruf der Antisemiten noch heute in der Heine-Diskussion nach, auch an den Stellen, wo man ihn vielleicht am entferntesten, sich vor ihm am sichersten gewähnt hätte. Wer »den Namen Heinrich Heines ausspricht, hat sich freizumachen von der Legende, die sich an diesen Namen knüpft«.[8] Was vor hundert Jahren Wilhelm Bölsche über Heines Biographie schrieb, hat immer noch für das überlieferte literaturästhetische Bild Heines Brisanz und Gültigkeit. Denn ist die Biographie Heines von den Auswucherungen der »Legende« inzwischen weitestgehend gereinigt worden, so gilt dies für einen vielleicht noch wichtigeren Bereich – unser Bild von Heine als Dichter – noch keinesfalls. Hier steht die Arbeit des »Freimachens« noch aus.

Das ist jedoch nicht der einzige Grund, um, gerade im Namen des »Werkes«, auf die Tradition der antisemitischen Diffamierung Heines näher einzugehen. Denn diese Tradition bietet auch Einsichten; Einsichten nicht nur in bestimmte »Verirrungen« der deutschen Geistesgeschichte, sondern in das Werk Heines selber. Und dies ist vielleicht der zweite Grund, warum, um mit dem Historiker George Mosse zu sprechen, die Erforschung des »Falls Heine« für die Literaturgeschichte fast notgedrungen ein *»outré«* Gegenstand bleiben muß, der bestimmte ›morbide‹ Züge aufweist.[9] Wenige Topoi in der Literatur- und Geistesgeschichte sind tröstlicher als jene oft bemühte Figur der »Verkennung« und des »Mißverständnisses«. So sei auch Heine in der dominanten Tradition »verkannt« und »mißverstanden« worden, so wird eine intuitive und hellseherische Regung der verzweifelten Abwehr des Dichters reduziert auf Kommunikations- und Verständnisschwierigkeiten im Rahmen eines gesitteten Diskurses, als welcher sich, verständlich genug, die Literaturgeschichte noch gerne begreift. Statt dessen bietet jedoch die Geschichte des »Streits um Heine«, wie seine erste Historikerin schrieb, »den Anblick eines Kampffeldes«,[10] ist krasser Ausdruck, auch im Geistigen, der antagonistischen Welt. Aber damit nicht genug: Zwingt uns die Aufarbeitung des »Falls Heine« dazu, auf eine liebgewonnene Vorstellung der Literaturgeschichte als »gesittet« zu verzichten, so nötigt sie uns das weitere unbequeme Eingeständnis ab, daß auch der »ungesittete« Diskurs Quelle von Erkenntnis sei. Nichts wäre bequemer, nichts irreführender, als den antisemitischen Diskurs, weil barbarisch und entstellend, als irrelevant abzutun. Irrelevant ist er schon alleine deshalb nicht, weil er geschichtlich erfolgreich war und wie jeder geschichtliche »Sieg« auf mannigfaltige Weise die Nachwelt prägte. Ein vielleicht noch denkwürdigerer Umstand als dieser ist jedoch die Tatsache, daß diejenigen, die Heine auf solche Art »abgeschlachtet« haben, es keineswegs taten, weil sie den Dichter mißverstanden hätten. Vielmehr haben wir es in der Heine-Legende mit einer paradoxalen, mit einer inversen Figur der Erkenntnis zu tun. Die klassischen »Heine-Fresser« mißverstehen Heine nicht, sie verkennen ihn nicht, noch handeln sie im Bann einer Verblendung, die sie für die wahren Wesenszüge des Dichters und seines Œuvres nur unempfänglich machte. Sie handeln aus Erkenntnis; aber ihre Apperzeption des Dichters mündet nicht in Annäherung, sondern in dem unbedingten Vernichtungswillen: das, was sie in Heine »erkennen«, wieder verschwinden zu machen.

Damit wäre es aber falsch, diese Tradition vorschnell abzutun als bloß bedauerlich und töricht: sie ist mit genuiner Einsicht in das »Wesen« des Werkes verbunden, wie man sie in dieser Intensität selbst bei den Befürwortern des Dichters selten findet. Der Versuch der Abwehr ist die affektive Konsequenz dieser »Divinition«, dieser Einsicht.

Der Haß auf Heine ist damit eine Gestalt der Wahrheit des Werkes, die jegliche Einsicht, jegliche Wahrheit hinsichtlich des Werkes, ja das Werk selber aber ausgelöscht wissen möchte. Eine Geschichte dieser Überlieferung – die Kritik des historisch dominanten Heine-Bildes als Versuch der Annäherung an Heine – muß dieser paradoxalen Gestalt von Wahrheit und Unwahrheit, Erkenntnis und Vernichtung gerecht werden. Der »Fall Heine« stellt eine Richtung der Forschung, die sich von der Aufarbeitung der Überlieferung Aufschlüsse über das »Wesen« des Werkes verspricht, auf den Prüfstand. Denn so sehr diese Überlieferung in der Tat Wesentliches über die Beschaffenheit von Heines Werk aussagt, so sehr greift sie dieses »Wesen« an, will es entstellen und zerstören. Die neuerliche Diskussion um Heine ist jedoch noch nicht so weit gediehen, daß sie auf die Würdigung gerade der »entfremdeten«, »abgebogenen« Überlieferung verzichten könnte.[11] Zum einen sind die Aufschlüsse, die aus dieser zweifelhaften Quelle zu beziehen sind, wohl doch unverzichtbar; zum zweiten hat diese Tradition der Abwehr das Bild Heines so tief geprägt, daß etliche der fragwürdigsten ihrer Thesen heute noch als fraglos gültig oder zumindest doch als denkenswert gehandelt – und tradiert – werden. Die Heine-Abwehr bietet Erkenntnis: gleichzeitig blockiert sie die Erkenntnis. Dieses Paradoxon macht die Auseinandersetzung mit ihr solange unumgänglich, als ihre Wahrheit unerforscht bleibt und ihre Unwahrheit, was das »Bild« des Dichters Heine betrifft, in vielem weiterhin noch gilt.

I. Strategien des Wortes: Der Dichter und das Proletariat

»Worte! Worte! Keine Taten!«

»Am beliebtesten war Heinrich Heine –«
Karl Retzlaff, *Memoiren eines Spartakisten*

Ein Vorschlag Walter Benjamins für die Arbeit der Interpretation ist die Ausrichtung aufs Extreme: Deutung wäre in solchem Fall »die Form, die da aus den entlegenen Extremen, den scheinbaren Exzessen der Entwicklung die Konfiguration der Idee ... als Totalität heraustreten läßt«; diese Extreme, diese Totalität habe der Interpret dann zu ergründen als die »Möglichkeit eines sinnvollen Nebeneinanders solcher Gegensätze«.[1] Bekanntlich berührt die Geschichte der Aufnahme Heines in Deutschland wie vielleicht kein anderer Fall der neueren Literaturgeschichte die Extreme. Von daher liegt es nahe, auch die Geschichte des Heine-Bildes von ihren Extremen her zu begreifen. Denn sie haben den Gang der Überlieferung nicht nur lange Zeit bestimmt; sie lassen ein Wesentliches des Werkes selbst in einer Intensität aufleuchten, die rechte Würdigung vielleicht erst ermöglicht. Schon in einer der allerersten Studien zur Rezeption Heines in Deutschland sind diese »Extreme« festgemacht worden an den beiden gegensätzlichen gesellschaftlichen Polen der »Aufnahme« des Dichters: denn gegenüber der Tradition antisemitischer Anfeindung und Ausgrenzung steht eine Tradition, die ähnliche geschichtliche Kontinuität und Kohärenz aufweist; die traditionelle Heine-Verehrung der sozialistischen Arbeiterbewegung.[2] Im folgenden gilt es, diese Polarität als Zusammenhang zu verstehen, als, wie Benjamin schreibt, die Möglichkeit des »sinnvollen Nebeneinanders solcher Gegensätze«. Denn nicht nur, daß die unbedingte positive Aufnahme Heines durch die Arbeiterbewegung im auffallenden Kontrast steht zu der zunehmenden Kritik und Abwehr des Dichters im anderen »Klassenlager«: diese Beziehung ist in der Tat mehr als Kontrast, sie ist Polarität. Aufnahme und Abwehr bedingen sich hier wechselseitig. Denn wie die Heftigkeit der Abwehr Heines vielleicht erst das Maß dafür bietet, was Heine an »Gebrauchswert« für die Arbeiterbewegung tatsächlich verkörpert hat, so auch umgekehrt: dieser Gebrauchswert liefert die vielleicht wichtigste Erklärung dafür, warum er als Schreibender in der Lage war, über Jahrzehnte hinweg ein stets steigendes Maß an »Abwehr«- und Vernichtungswillen hervorzurufen. Heines überaus bedeutsame poetische Dienste an einer Bewegung, deren stetiges Wachstum er mit Entsetzen betrachtet haben soll, bilden sowohl eine seiner eigentümlichsten und originellsten schriftstellerischen Leistungen sowie eines der faszinierendsten Kapitel seiner Rezeption überhaupt. Aber damit nicht genug: denn Heines Rolle als literarischer »Schrittmacher« des Umsturzes dient auch immer wieder als gleichsam unterirdischer Auslöser jener Regungen, die schließlich zur Ausgrenzung des Dichters aus der deutschen Literaturtradition führen sollten. Nur vor dem Hintergrund solcher ›Aufnahme‹ also wird der korrespondierende Akt der Ausgrenzung voll verständlich; deshalb sei sie hier kurz umrissen.

Heines Werk berührt die Extreme. Ein »Extrem«, eine Polarität, die dieses Werk neben so vielen anderen berührt, ist die von »Wort« und »Tat«. Heine gilt als die Präfigurierung des »engagierten« Schriftstellers.[3] Bei einer solchen Bezeichnung ist jedoch Vorsicht geboten. Der Gedanke, Heine hier einzureihen, ist nicht unbedingt glücklich zu nennen. Jede Berufung auf, jede Identifikation mit Heine als Vorbild des Engagements muß sich dem Tatbestand stellen, daß Heine in seinem Werk das gängige Modell des Engagements eher überwunden als realisiert hat. Heines Rang als politischer Schriftsteller und Dichter ist vielleicht sogar auf eben diesen Bruch zurückzuführen, auf den Bruch mit dem faulen Zauber des »Engagements«.[4]

»Wäre ich wirklich ein Dichter, ich müßte den Krieg verhindern können.« In seinem Buch *Das Gewissen der Worte* hat Elias Canetti diesen Satz aus dem Tagebuch eines Verschollenen mitgeteilt; Canetti beschreibt, wie lächerlich er den Gedanken dieses Satzes gefunden habe, und daß er als Schreibender von ihm nicht wieder losgekommen sei.[5] Auch Heinrich Heine hat ein ähnlicher Gedanke nicht losgelassen. In ihm schwingt noch jene magische Vorstellung vom Ereignischarakter des Wortes mit, zumal des dichterischen, eine Vorstellung vom mystischen Zusammenfall des Wortes mit der von ihm ersehnten und benannten Handlung. Diese Vorstellung hatte noch Novalis dazu bewogen, den Bibel-Satz der Genesis »Gott sprach es werde Licht und es ward« als das Musterbeispiel aller Sätze, aller »Worte«, aufzustellen.[6] »Jetzt ist das Wort eine Tat.«[7] Bei Heine ging diese »magische« Vorstellung vom Wort die Verbindung mit der Politik ein: das war ja die Kritik Heines und seiner Generation an Goethe gewesen; dessen Worte seien zwar »schön«, aber »kinderlos«.[8] Dagegen wollte Heine Worte sehen, die die »Tat« erzeugen konnten.

Sie ließen auf sich warten. Der junge Heine, noch voller Enthusiasmus für die neue Rolle der Schriftsteller als »Künstler, Tribune und Apostel«,[9] hatte, in der »Vorrede« der *Französischen Zustände*, der Macht den Fehdehandschuh des Wortes ins Gesicht werfen wollen, den Preußenkönig öffentlich wegen seines Wortbruchs in der Verfassungsfrage angeklagt.[10] Und hatte damit durchaus »Wirkung« erzeugt;[11] jedoch die eines Strohfeuers. Denn das »Wort«, fast noch ehe es ausgesprochen wurde, verpuffte, und die Macht blieb. In Deutschland selbst wurde Heines »Vorrede« zunächst nur in einer für den Autor höchst kompromittierenden Form gedruckt, während die »Tat«, die dieses »Wort« miterzeugen half, vielleicht am ehesten der Bundestagsbeschluß gewesen ist, jenes Publikationsverbot also, das Heine in die wohl schwerste Krise seiner schriftstellerischen Existenz stürzen sollte.[12] Heine stieß somit geradezu schmerzhaft auf die Grenze des Wortes; auf die reale Ohnmacht der Schreibenden als »Tribune«

und »Apostel«. Und ist etwas an Heines Engagement vorbildlich, so zunächst das halbe Debakel solchen »tribunenhaften« Auftretens. Es ließ Heine das unmißverständlich spüren, was ein Schriftsteller unserer Tage in einem bemerkenswerten Text so zusammengefaßt hat:[13]

> Wir, das heißt, wir Schriftsteller oder wir Künstler oder wir Intellektuelle leiden unausgesprochen an einem unheilbaren gesellschaftlichen Widerspruch, den wir nicht wahrhaben wollen: wir haben das Wort, doch wer hört schon darauf? . . .
>
> Ich, der namhafte Autor und berühmte Künstler, erkläre hiermit, daß! Und ich trete aus dem Gehäuse meines Metiers und begebe mich . . . auf eine andere Ebene: auf die der Macht und der Mächtigen . . .
>
> Aber die Ebenen der tatsächlichen Herrschaftsausübung und die der Kunstausübung bleiben verschiedene; als Person bleibt der mutige oder gewohnheitsmäßige Appellant ein Durchschnittsbürger ohne jede direkte und konkrete Einflußmöglichkeit. Seine Mahnungen, Warnungen und Drohungen bleiben Papier . . . Aber er kann sich einbilden, mittels seines Appells endlich in die Rolle geschlüpft zu sein, die ihm im Grunde zusteht . . .: Die des Tribunen.
>
> Er wagt sich aus dem Halbschatten einer Statistenrolle ins Licht der Weltgeschichte, als ein Hauptakteur, der vor den Tyrannen tritt: »Sire, geben Sie . . .« Mit einem betrüblichen Wort gesagt: er überschätzt sich.

Der »Überschätzung des Wortes« hat Max Brod dann, in einem verwandten Zusammenhang, Heine auch geziehen;[14] aber solcher Überschätzung hat Heine, so sehr er sie zu einer Zeit als Versuchung empfunden haben mag, als Spezialist des Wortes sich dann doch entschlagen.[15] Zu genau wußte er inzwischen um die Grenzen, die dem Wort in seiner Möglichkeit zu wirken, gesetzt sind. Während Börne und die Jungdeutschen, ja Heine selber Goethe aufgrund seines politischen Indifferentismus gescholten hatten, schilderte Heine einige Jahre später äußerst nüchtern das Ergebnis, das der Intervention auch dieses »Jupiters« des deutschen Wortes wohl beschieden gewesen wäre:[16]

> Man sagte von dem sitzenden Jupiter des Phidias zu Olympia, daß er das Dachgewölbe des Tempels zersprengen würde, wenn er einmal plötzlich aufstünde. Dies war ganz die Lage Goethes zu Weimar; wenn er aus seiner stillsitzenden Ruhe einmal plötzlich in die Höhe gefahren wäre, er hätte den Staatsgiebel durchbrochen oder, was noch wahrscheinlicher, er hätte sich daran den Kopf zerstoßen.

Denn ähnlich wund gestoßen hatte sich bereits Heine daran, daß das Wort noch keine »Tat« darstellt; und weit davon entfernt, daß die Kluft zwischen diesen beiden durch einen solchen Auftritt überwunden wäre, klafften sie nach dem ›tribunenhaften‹ Appell des Schriftstellers, der seine Worte bereits für eine Handlung hielt, auf Dauer nur noch offenkundiger auseinander. Aus der Magie des Wortes wurde so ein Taschenspieltrick, der nur noch seinen Urheber blendete. Das war der faule Zauber des »Engagements«, und Heine besaß einen zu wachen Sinn für das Reale, war zu behutsam in seinem Umgang mit Wörtern, um einem solchen lange aufzusitzen.

Sein Engagement wurde zunehmend ein anderes; weniger eines, wo der Schriftsteller sich »aus dem Gehäuse seines Metiers« begab, um »komödiantisch« den Volkstribun zu spielen, als vielmehr ein solches, wo er sich noch tiefer in sein Metier hinein begab, um von dort aus, durch die Arbeit am Wort selbst sowie durch dessen wohlüberlegten Einsatz, die Schranke des Wortes zu überwinden. Mit gegnerischer Hellsicht hatte Gustav Pfizer bereits 1838 geschrieben: »Heine ist ein Mann des Wortes, nicht der Tat.«[17] Gerade in der Radikalität aber, mit der Heine aus dieser für ihn durchaus schmerzlichen Einsicht die Konsequenz zog, ist er exemplarisch. In der Annäherung des »Wortes« an die »Tat«, in dem behutsamen Umgang mit dessen Macht und Ohnmacht,[18] in der Verbindung von Politik und Schreiben hat Heine neue Lösungen versucht und vorgelebt.

Diese Lösung war die »operative«. In seinem Börne-Buch hatte Heine geschrieben, er sei in seinen Anschauungen so weit vorgeprescht, daß die deutsche Opposition, deren Sichtweite er entschlüpft sei, ihn für einen der Zurückgebliebenen gehalten habe.[19] Auch in Sachen seiner schriftstellerischen Praxis tut man gut daran, Heines ›Zeitgenossenschaft der Zukunft‹, seine geschichtliche Originalität, nicht zu unterschätzen. »Die literarische Theorie Heines markiert einen Stand, an den in der deutschen Literatur theoretisch wie praktisch erst Brecht anknüpfen kann.«[20] In der Tat: ein Problem politischen Schrifttums, das sich erst ein knappes Jahrhundert später in den Diskussionen Tretjakows und Majakowskijs, Benjamins und Brechts deutlich abzeichnet, hat Heine bereits empfunden und für sich gelöst. Es ist das Problem von Produktion und Gesinnung. So forderte Benjamin 1934 in seinem klassischen Aufsatz vom revolutionären Schriftsteller »die Einsicht... in seine gesellschaftliche Bedingtheit, in seine technischen Mittel und in seine politische Aufgabe«. Nach Benjamins Auffassung reichte es nicht aus, wenn der Schriftsteller »gesinnungsmäßig eine revolutionäre Entwicklung durchgemacht hat, ohne gleichzeitig imstande zu sein, seine eigene Arbeit, ihr Verhältnis zu den Produktionsmitteln, ihre Technik wirklich revolutionär zu durchdenken«. Was Benjamin, wie mit ihm Brecht, hier verwarf, war die ›logokratische‹ Auffassung von der Literatur als einer Angelegenheit von »Meinungen, Gesinnungen oder Anlagen« der Autoren, auf die es angeblich ankomme;[21] vielmehr komme es darauf an, wie die »Gesinnungen« sich in die Produktion konkret umsetzten, sowie darauf, was für Wirkungen sie denn überhaupt hervorzurufen imstande seien. Denn »auf denjenigen, der redet, ohne zu wissen warum und wen er anredet, auf den hört niemand«.[22]

Der idealistischen – auch unter Marxisten verbreiteten – Auffassung von der Selbstgenügsamkeit des Wortes und der Gesinnung setzten Brecht und Benjamin also eine strenge Lehre von der Materialität des Wortes und seiner realen Wirkungsmöglichkeiten entgegen. Mit anderen Worten: der »revolutionäre« Schriftsteller habe seine Solidarität mit der politischen Bewegung nicht abstrakt zu bekunden, durch Appelle und Erklärungen, gar durch eine aufgestülpte »Tendenz« seiner in gewohnter Manier abgefaßten Schriften. Er habe sie vielmehr konkret und materiell durch Eingriffe und Umstellungen im »Produktionsprozeß« selber zu realisieren, in der Form und Technik seines Schaffens. Diese Forderungen an die eigene Arbeit machte Heine, lange bevor der Begriff des »operativen« Schreibens geprägt wurde, sich intuitiv zu eigen. Erst durch das Eingeständnis seiner Ohnmacht konnte das »Wort« an Macht gewinnen; erst durch die Berücksichtigung seiner realen Wirkungsmöglichkeiten tatsächliche Wirkung – »Magie« – entfalten. Und mißt man das »Engagement« eines Schriftstellers weniger an der Eindeutigkeit seiner zur Schau getragenen »Gesinnung« als an der Praxis und Wirkung seines Schreibens, an der Radikalität und Tiefe seiner produktiven Eingriffe, so steht Heines Werk einzig da. Der Schriftsteller Heine »engagiert« sich nicht in dem Sinne, daß er im Medium des Wortes punktuell, momentan sich mit der Macht verhakt, sondern indem er sein Schreiben als solches selbst politisch einsetzt, die Substanz des Politischen in die Substanz des Schreibens – in dessen Form – also selbst eingehen läßt. »Er engagiert sich ja als Künstler und nicht bloß als Tribun.«[23]

Die neue schriftstellerische »Substanz«, die daraus entstand, war für Heine zunächst die publizistische; keine im herkömmlichen Sinn »dichterische«. Dies war bereits das erste Anzeichen jenes »Traditionsbruchs«, den der Schriftsteller Heine gegenüber der überlieferten Formenwelt der »Kunstperiode« vollzog.[24] »Nicht immer hat es in der Vergangenheit Romane gegeben; nicht immer wird es welche geben müssen; nicht immer Tragödien; nicht immer das große Epos.«[25] So Benjamin. Vielleicht ist aber die Skepsis gegenüber den großen tradierten Formen, als selber mitschuldig am ›Stand der Dinge‹, von keiner Generation so lebhaft empfunden worden wie von Heine und dem Jungen Deutschland, die dem fruchtlosen Massiv, den kinderlosen schönen Worten der Kunstperiode noch unmittelbar gegenüberstanden. »Nach der Julirevolution entstand in Deutschland ein Ekel vor Versen: Mädchen und Mondschein, Rosen und Nachtigallen waren nun genug besungen, alle Rhythmen und Strophenmaße waren erschöpft.«[26] Heine richtete diese Skepsis durchaus auch gegen sich selbst, als Lyriker und Dichter. Ein wenig beachteter Topos, der Heines Werk durchzieht, ist der von der Unzulänglichkeit des Schönen vor der Welt, vor den Ansprüchen der Wahrheit, welche für Heine vor allem politischer Natur waren. Auch die Poesie war von dieser Unzulänglichkeit betroffen. »Ich ... will auch einmal für mich selber leben, und schöne Gedichte schreiben, Komödien und Novellen ... und will mich wieder ruhig zurückschleichen in das Land der Poesie«, schreibt Heine in der Vorrede zum ersten Band des *Salon*; allein, mitten in diesem Rückzug trifft er auf eine Schar deutscher Auswanderer, die ihn an die Mißstände im Vaterland gemahnen. Und da heißt es: »Ade, Novellen und Komödien ...«[27]

»Die Prosa nimmt mich auf in ihre weiten Arme.«[28] Und in den anderthalb Jahrzehnten nach Erscheinen des *Buchs der Lieder* sollte sich Heine in der Hauptsache ihr widmen, wobei er, in der Sprachform *sui generis* seiner ›operierenden‹ politischen Kunstprosa, sogar die radikalste Forderung Benjamins – die Aufhebung der Differenz von Schriftsteller und Dichter – einlöste.[29] Nach der Übersiedlung nach Frankreich geschah dies auch in dem Medium, das der frühe Radikaldemokrat Jochmann und sein später Entdecker Benjamin als das für das politische Schrifttum entscheidende genannt hatten: die Zeitung.[30] Denn Heine gelang das ›Kunststück‹, sich im Deutschland der Zensur Zutritt zu dem entscheidenden Medium politischer Öffentlichkeit, der *Augsburger Allgemeinen Zeitung*, zu verschaffen und dort trotz aller gegenlautenden Auflagen das politische Geschehen dennoch zu kommentieren. Sein Auftreten hier war jedoch keineswegs das des Volkstribunen, der seine Worte, Appelle und Proteste der Macht ins Gesicht schleudert. Hier fand vielmehr ein zermürbender Guerilla- und Ermattungskrieg des Wortes statt, auf einem Terrain, das der Gegner, in Gestalt der Zensur, bereits okkupiert hielt. Dennoch war Heine als

›Operierender‹ nicht bereit, auf dieses Terrain zu verzichten. In der berühmten Vorrede zur *Lutetia,* die für das Verständnis seiner Publizistik eine Schlüsselstellung einnimmt, begründet Heine seine Entscheidung wie folgt:[31]

> Ein in jeder Hinsicht politischer Schriftsteller muß der Sache wegen, die er verficht, der rohen Notwendigkeit manche bittere Zugeständnisse machen. Es gibt obskure Winkelblätter genug, worin wir unser ganzes Herz ... ausschütten könnten – aber sie haben nur ein dürftiges und einflußloses Publikum, und es wäre ebensogut, als wenn wir in der Bierstube oder im Kaffeehaus ... schwadronierten, gleich anderen großen Patrioten. Wir handeln weit klüger, wenn wir unsere Glut mäßigen und mit nüchteren Worten, wo nicht gar unter einer Maske, in einer Zeitung uns aussprechen, die mit Recht eine allgemeine Weltzeitung genannt wird und vielen hunderttausend Lesern ... zu Händen kommt. Selbst in einer trostlosen Verstümmlung kann hier das Wort gedeihlich wirken ...

Mit anderen Worten: »Es ist List nötig, damit die Wahrheit verbreitet wird.«[32] Der Exilant Heine sieht sich in ähnlicher Lage wie der Exilant Brecht ein knappes Jahrhundert später; und wenige Texte sind für das Verständnis von Heines Publizistik so ergiebig wie Brechts *Fünf Schwierigkeiten beim Schreiben der Wahrheit.* An ihm läßt sich ablesen, mit welcher Perfektion Heine, im Gegensatz zur »logokratischen« Routine des Engagements, das Modell des »eingreifenden« Schreibens vorweggenommen, die Lehre von der Materialität des Wortes bereits realisiert hat. Denn wie für den Regime-Kritiker Brecht existiert für den Regime-Kritiker Heine die Wahrheit nicht abstrakt: noch genügt es, sie zu verkünden. Vielmehr handelt es sich um »die *Kunst*, sie handhabbar zu machen als eine Waffe; das *Urteil*, jene auszuwählen, in deren Händen sie wirksam wird; die *List*, sie unter diesen zu verbreiten«.[33] Der Gefahren, denen er sich bei der Anwendung dieser »List« aussetzt, ist sich Heine bewußt:[34]

> Wer sich an das bloße Wort hält, dem wird es leicht werden, wenn er danach sucht, in meinen Berichten eine Menge von Widersprüchen und Leichtsinnigkeiten oder gar einen scheinbaren Mangel an ehrlicher Überzeugung herauszuklauben ... Ich mußte das Schiff meines Gedankens oft mit Flaggen bewimpeln, deren Embleme nicht eben der rechte Ausdruck meiner politischen oder sozialen Gesinnung waren. Aber den publizistischen Freibeuter kümmerte es gar wenig, von welcher Farbe der Lappen war, der am Mastbaum seines Fahrzeugs hing ...: ich dachte nur an die gute Ladung, die ich an Bord hatte und in den Hafen der öffentlichen Meinung hineinschmuggeln wollte.

Wohl nie ist die Einsicht in die materielle Bedingtheit des Wortes drastischer formuliert worden: Heine sieht sich sogar genötigt, die ›unverstümmelte‹ Gestalt seiner Worte der Möglichkeit ihrer Wirkung zu opfern.[35] Schon die Wendung »das bloße Wort« ist vielsagend; denn das Wort – das hatte Heine erfahren müssen – alleine ist nackt und wehrlos, dem Übergriff der Mächtigen ausgesetzt. So zog Heine sich vom Terrain des »bloßen Wortes« – des ›natürlichen‹ Wortsinns – zurück, um, schmuggler-, partisanenartig, im Überschüssigen des Wortes, im Bildhaften, Parabolischen, in Kontext, Assoziation und Gestus den Unterschlupf für den Gedanken, die »gute Ladung«, zu finden.[36] Ein prekäres Geschäft, und der Schmuggler hat oft genug Schiffbruch erlitten; »und doch ist der Dichter schwer faßbar«.[37] Zwar gelang es Heine, mittels seiner »List«, in den Spalten des Weltblatts Öffentlichkeit für die neue proletarische Bewegung zu schaffen, das tabuisierte Thema des Kommunismus anzusprechen, diesem, wie der Autor nicht ohne Stolz schrieb, sogar eine »Reklame« zu schreiben.[38] Gleichzeitig hat Heine sich dabei eine Prosa abgerungen, die in ihrer kunstvollen Verdichtung von den ›überschüssigen‹ Sprachelementen, in ihrem Verstoß gegen den scheinbaren Wortsinn, Anforderungen an die Lektüre stellt, die denen konzentrierter lyrischer Gebilde kaum nachstehen.[39] Nur so konnte es gelingen, auch in »dürftiger Zeit«, den politischen Diskurs, die Nähe des Wortes zur »Tat«, überhaupt aufrechtzuerhalten. Dennoch war Heine um 1843 mit der von ihm zu hoher Kunst geformten »indirekten Sprechweise«, dem »prosaischen Verschlußstil«,[40] auf mannigfaltige Weise »am Ende«, an einen toten Punkt gelangt. Denn zur gleichen Zeit, wo der Korrespondent bei der Redaktion der *Augsburger Allgemeinen Zeitung* als Kommunist galt und für sie, auch in der Verstümmelung, untragbar wurde,[41] hatte Heine, nach dem Debakel des Börne-Buches, bei den deutschen Radikalen der frühen vierziger Jahre noch einen recht lädierten Ruf, der mit den Formulierungen seiner Zeitungsberichte nicht mehr wesentlich zu bessern war.[42] Heine drohte die Aporie des Freibeuters – von den Feinden durchschaut, jedoch von den Freunden verkannt zu werden. Zudem mutete er sich durch seine »rhetorischen Balanceakte« eine Art Selbstzensur zu, die so weit ging, daß er »vor lauter Masken- und Verstellungsspiel seine eigene Meinung nach und nach so deformiert, daß sie für ihn selbst nicht mehr richtig faßbar wird«, daß er auf die Substanz des »Gedankens«, oder aber auf die Rede selbst verzichten mußte.[43] So sah sich Heine um diese Zeit an eine Grenze des »Sagbaren« gelangt, wodurch er sich selber an den Rand des Verstummens gedrückt fühlte.[44]

Dieser Knoten der Unsagbarkeit sollte sich dennoch lösen; und zwar, für keinen vielleicht so überraschend wie für Heine, durch das Medium der Poesie. So sehr hat sich das Bild Heines als politischer Dichter der Nachwelt eingeprägt, daß es vielleicht nützlich ist, daran zu erinnern, daß für den Heine des Jahres 1810 diese beiden Begriffe – Politik und Dichtung – sich noch gegenseitig fast ausschließen.[45] Auch die lyrische Dichtung teilte für Heine jenen Makel des bloß kontemplativen Schönen, der den »Novellen« und »Komödien« anhaftete. Sie – das war gleichsam ihre Glorie und ihr Elend – sei nicht der Ort der harten politischen Auseinandersetzung, auf die es nunmehr ankomme. Oder wie es noch 1839 in der Vorrede zur dritten Auflage des *Buchs der Lieder* hieß:[46]

O Phöbus Apoll! ... du bist ein allwissender Gott, und du weißt sehr gut, warum ich mich seit so vielen Jahren nicht mehr vorzugsweise mit Maß und Gleichklang der Wörter beschäftigen konnte ... Du weißt, warum die Flamme, die einst in brillanten Feuerwerkspielen die Welt ergötzte, plötzlich zu weit ernsteren Bränden verwendet werden mußte ... Du verstehst mich, großer schöner Gott, der du ebenfalls die goldene Leier vertauschtest mit dem starken Bogen und den tödlichen Pfeilen ...

Und gleichsam zur Erläuterung dieses kontrastierenden »Leier«- und »Bogen«-Charakters von Poesie und Prosa hatte Heine im *Atta Troll* jener Strophe, die die »Zwecklosigkeit« seines Liedes rühmt, ursprünglich diese folgen lassen:[47]

Sucht darin nicht die Vertretung
Hoher Vaterlandsinteressen.
Diese wollen wir befördern,
Aber nur in guter Prosa.

Damit werden die Rechte der Poesie zwar verteidigt, aber um einen für den »operierenden« Schriftsteller bedenklichen Preis; den der Belanglosigkeit. Die Poesie befindet sich damit außerhalb der Sphäre der »Tat«; sie bleibt also das, als was sie schon der junge Heine tituliert hatte – eine »schöne Nebensache«.[48]

Die wenigsten Kommentatoren haben Heine diese Aussage von der Nebensächlichkeit des Schönen, von der schönen Nebensächlichkeit der Poesie, ›abnehmen‹ wollen. Heine sei zu sehr Dichter und Ästhet gewesen, um derlei ernst meinen zu können. Vielmehr: er war so sehr Dichter und Ästhet, daß er die Kluft zwischen Poesie und Wirklichkeit, zwischen dem Schönen und der realen Lebenspraxis der Menschheit, nicht anders denn als äußerst schmerzhaft empfinden konnte.[49] Der »Poesie«-Verdacht der Jungdeutschen mündete bei Heine in der Verdächtigung des Schönen schlechthin, als tatenlos mitschuldig am leidenden Zustand der Menschheit. »Wenn aber am Tag des blutigsten Kampfes ein Knabe, der nach Schmetterlingen jagt, mir zwischen die Beine kommt« – das war die Ansicht des unerbittlichen Republikaners Börne zum »Dichter« Heine gewesen.[50] Wohl nicht zuletzt deshalb hatte Heine so gereizt auf solche Kritik reagiert, weil sie ihm selber aus der Seele gesprochen war. Noch bei der Schilderung seines letzten Spaziergangs im Louvre, wo er vor der Statue der Venus zusammengebrochen war, legte der todkranke Heine der Schönheitsgöttin folgende Worte in den Mund: »Siehst du denn nicht, daß ich keine Arme habe und also nicht helfen kann?«[51] Daß der Muse Arme wachsen, daß die Schönheit helfen könne; das war die ihm selber unerfüllbar scheinende Forderung, die auch Heine insgeheim an die Dichtkunst stellte.

Dabei war ihm eine Form des Liedes bereits geläufig, die im »Befreiungskrieg der Menschheit« durchaus eine Hilfe gewesen war; die *Marseillaise*.[52] Und in den ärmeren *faubourgs* von Paris hatte Heine Lieder ertönen hören, die weniger die »Schönheit« als die »Wahrheit« seiner Epoche zum Ausdruck brachten:[53]

> Und Lieder hörte ich singen, die in der Hölle gedichtet zu sein schienen, und deren Refrains von der wildesten Aufregung zeugten. Nein, von den dämonischen Tönen, die in jenen Liedern walten, kann man sich in unsrer zarten Sphäre gar keinen Begriff machen; man muß dergleichen mit eigenen Ohren angehört haben . . .

Sehnte Heine sich nicht auch nach einer solchen Form des Liedes, die, statt bloßer Schönheit, auch Wahrheit ausdrücken konnte, wie dem Dichter die grauen proletarischen Massen von Paris die düstere Wahrheit des prunkvollen »Bourgeoisieregimentes« zu verkörpern schienen? Und beneidete der Dichter nicht die Verfasser solcher Lieder, die die »zarte Sphäre« verließen und in die profane Lebenswirklichkeit eingriffen? Diese Auslegung schlagen wir auf jeden Fall für den berühmten Passus vor, wo Heine, in der Mimikry der Bürgerangst, die Herrschaft des Proletariats als den Garaus für Kultur und Poesie darstellt:[54]

In der Tat, nur mit Grauen und Schrecken denke ich an die Zeit, wo jene dunklen Bilderstürmer zur Herrschaft gelangen werden: mit ihren rohen Fäusten zerschlagen sie alsdann erbarmungslos alle Marmorbilder der Schönheit, die meinem Herzen so teuer sind; sie zertrümmern all jene Spielzeuge und phantastischen Schnurrpfeifereien der Kunst, die dem Poeten so lieb waren; sie hakken mir meine Lorbeerwälder um und pflanzen darauf Kartoffeln ... die Nachtigallen, die unnützen Sänger, werden fortgejagt, und ach! mein »Buch der Lieder« wird der Krautkrämer zu Tüten verwenden, um Kaffee oder Schnupftabak darin zu schütten für die alten Weiber der Zukunft ...

Angsttraum und Wunschtraum sind hier sonderbar verquickt. Denn durch die imaginierte Arbeit der Bilderstürmerei und der Zerstörung verlieren die Kulturobjekte ihren bloß ornamentalen Charakter; sie werden umgewandelt in Gegenstände profanen praktischen Gebrauchs, welche aber die Not einer leidenden Menschheit dann auch real lindern können. In die postulierte Kunstfeindlichkeit des Proletariats, die der Dichter hier mit greller Ausführlichkeit ausmalt, hat er die eigene Kritik am Schönen, am Klassencharakter der Kunst, miteingeflochten.[55] Die Verwandlung seines *Buchs der Lieder* in Tabak- und Kaffeetüten ist damit eine von dem Dichter selbst ersehnte. Und wem das eine zu gewagte Interpretation von Heines »parabolischer« Rede erscheint, der sei auf den schlichten Wortsinn des weniger berühmten Passus hingewiesen, mit dem Heine diesen Absatz kulminieren läßt:[56]

Und gesegnet sei der Krautkrämer, der einst aus meinen Gedichten Tüten verfertigt, worin er Kaffee und Schnupftabak schüttet für die armen alten Mütterchen, die in unsrer heutigen Welt der Ungerechtigkeit vielleicht eine solche Labung entbehren mußten –

Keine Frage: Heine selbst beneidet den *épicier*, den Krautkrämer der Zukunft, um jenen »Dreh«, der die Werke der

Dichtung in reale, materielle Abhilfe der »Ungerechtigkeit« zu verwandeln vermag. Aber mehr noch; diesen »Dreh« hatte der Lyriker selber herausbekommen: er wurde zum politischen Dichter. Kein anderer als Heine selbst ist jener gewandte Krautkrämer, der die Dichtersprache des *Buchs der Lieder* in Gebrauchsgegenstände für die »Armen« verwandelt; die groteske Schilderung ist gleichzeitig, in einem politisch testamentarischen Text Heines, Apologie der eigenen Praxis. »Es ist nichts aus mir geworden, nichts als ein Dichter.«[57] Wenn dem auch so war, dann hatte der Dichter dennoch Vorsorge getroffen, daß seine fabelhaften Erzeugnisse vor dem prüfenden Blick der Armen und Bedrängten noch Bestand, Sinn – und Nutzen – haben konnten.

»Diese Wendung verdankt er Marx und mir. Wir sagten ihm: Lassen Sie die ewige Liebesnörgelei und zeigen Sie den poetischen (recte: politischen) Lyrikern wie man es richtig macht – mit der Peitsche.«[58] So Arnold Ruge über die Entwicklung Heines zum politischen Dichter: Gemeint ist die Begegnung Heines mit dem Kreis der jungen deutschen radikalen Linken um Marx im Paris des Jahres 1844; der Coup, den Dichter für die Mitarbeit an den Blättern dieses Kreises zu gewinnen, den *Deutsch-Französischen Jahrbüchern* sowie dem *Vorwärts*, gelang. Freilich trägt die Äußerung Ruges deutlich Züge einer retrospektiven Legendenbildung. Sicherlich hatte Heine die Wende zur politischen Lyrik bereits vollzogen, als er Marx und Ruge kennenlernte.[59] Dennoch sollte die Bedeutung dieser Begegnung für Heines Schaffen nicht unterschätzt werden.

In diesem Zusammenhang interessiert vor allem ein vielleicht zunächst unscheinbar anmutender Aspekt: die Auswirkung der Wahl des Publikationsortes auf Heines Produktion selber. Heine hatte schon immer darauf äußerst empfindlich reagiert, reagieren müssen; solche Empfindlichkeit war unverzichtbare Voraussetzung für die Arbeit als politischer Schriftsteller in dem Deutschland der Zensur. Eine »logokratische« Sicht der Dinge, die das Wort als über die Bedingungen seines Entstehens und seines Einsatzes essentiell erhaben betrachtet, ist Heine prinzipiell unangemessen. Gerade bei diesem Schriftsteller berühren Entscheidungen über das »Medium« auch Entscheidungen über die Substanz des Wortes.[60] »Er hat sie ihm abverlangt.«[61] In Brechts *Legende von der Entstehung des Buches Taoteking* wird das elementare Zustandekommen einer klassischen Schrift geknüpft an die doppelte Aufnahmebereitschaft – die Gastfreundschaft und Wißbegier – eines »plebejischen« Rezipienten. In einem ähnlichen Sinn hat die Begegnung Heines mit Marx und dem frühen deutschen Kommunismus dem Dichter ein qualitativ, substantiell Neues, das ansonsten so wohl nicht entstanden wäre, »abverlangt«. Die dramatische Verschiebung in Heines Sprechweise um diese Zeit hängt aufs engste mit der Entscheidung für eine andere Form der Öffentlichkeit, für einen anderen »Einsatz« des Wortes, zusammen.

»Und ich, der ich vielleicht der Entschiedenste aller Revoluzionäre bin . . . ich gelte jetzt für einen Abtrünnigen, einen Servilen!«[62] Das augenfälligste Merkmal dieser Verschiebung ist die Abkehr von der »indirekten« zugunsten der direkten Sprechweise; das Aufbrechen der »verschlossenen« Rede. Heine geht von einem »Ermattungskrieg« in eine Offensive des Wortes über. Er ist nicht mehr in dem gleichen Maße wie früher bereit, sich Mißverständnissen »von unten« auszusetzen, um in den »zahmen« deutschen Journalen publizieren zu können oder durch die Zensur zu kommen.[63] Oder wie er bereits am 7. November 1842, diese Wendung vorausahnend, an Laube schreibt:[64]

> Liebster Freund! Wir dürfen nicht die preußischen Doktrinäre spielen, wir müssen mit den hallischen Jahrbüchern und mit der Rheinischen Zeitung harmoniren, wir müssen unsere politischen Sympathien und socialen Antipathien nirgens verhehlen, wir müssen das Schlechte beim rechten Namen nennen und das Gute ohne Weltrücksicht vertheidigen . . .

Daß die Revolution die Zungen löse, war eine frühe Einsicht des politischen Schriftstellers Heine gewesen.[65] Zweierlei indes löst dem Schriftsteller Heine die Zunge: die

Entstehung einer Bewegung, die ihm des vollen, kompromißlosen »Einsatzes« des Wortes erstmalig wert scheint; und die Formen von Öffentlichkeit, die sie ihm anbietet. Denn die große Originalität Heines als politischer Schriftsteller beschränkt sich nicht auf seine akute Wahrnehmung der »großen Suppenfrage«, des sozialen Gegensatzes, als die Hauptfrage einer kommenden Revolution oder gar auf seine Einschätzung von Marx und dessen Kreis als die providentielle potentielle Vereinigung von der Utopie einer umfassenden Emanzipation, wie ihr der Dichter nachhing, mit der Bereitschaft zum ›blutigen‹ geschichtlichen Ernst, die Heine auch von einer politischen Bewegung forderte.[66] So wichtig solche Einsichten auch waren: vielleicht sogar mehr noch als darin, sie gehabt, ist Heines Bedeutung darin zu suchen, sie umgesetzt zu haben in eine neue Strategie des Schreibens. Und wenn Heines Sympathien mit dem Kommunismus sich nicht »im Grundsätzlichen« von seiner kritischen Haltung zum Republikanismus unterschieden haben sollten,[67] so führte dieser angeblich ›graduelle‹ Unterschied in der Anschauung jedoch zu einem Unterschied in der Praxis, wie er für einen Schreibenden nicht radikaler gedacht werden kann: denn den höchsten Ausdruck seiner Solidarität – den als »Spezialist« des Wortes[68] –, den Heine dem Republikanismus stets verweigert hatte, gewährt er dem Kommunismus in vollem Maße. Heine entscheidet sich 1844 plötzlich, in der Zusammenarbeit mit Ruge und Marx, für eine Form von Öffentlichkeit, die er bis dahin eher abgelehnt hatte: eine Öffentlichkeit mit ›Flugschrift‹- und »Winkelblatt«-Charakter.[69] Ganz entgegen seiner früheren schriftstellerischen Praxis und Gewohnheit fängt Heine nun doch an, für zwei »obskure Winkelblätter« der deutschen Linken zu schreiben. Denn nur hier ist ein Medium, ein Raum für jenes politisch sonst Unsagbare vorhanden, das dem ›operierenden‹ Heine jedoch auf der Zunge brennt, und wo er, der »Selbsttortur« der doppelten und dreifachen Zensur entledigt, sein »ganzes Herz« ausschütten, seine wahren Antipathien und Sympathien endlich unzensiert aussprechen kann. Wie befreiend diese Möglichkeit auf Heine wirkte, ist nicht nur in dem berühmten Caput XII des *Wintermärchens* nachzulesen;[70] der Sachverhalt der »gelösten Zunge« findet vielleicht noch beredteres Zeugnis in der Tatsache des erneuten Aufschwungs von Heines dichterischer Produktion. 1843-1844, die Zeit seiner Kontaktaufnahme mit Ruge und Marx und seiner Zusammenarbeit mit dem *Vorwärts*, ist das *annus mirabilis* der politischen Dichtung Heines. In diesem Jahr entstehen sowohl das *Wintermärchen* als auch jenes Dutzend Zeitgedichte, einschließlich des *Weber*-Liedes, die, wie Walter Reese schreibt, »den Grundstock des Kanons« geben, »der von nun an in der Arbeiterbewegung immer wieder gelesen und rezitiert wurde«.[71]

In der Arbeiterbewegung: denn zu sehr war Heine operierender – »in jeder Hinsicht politischer« – Schriftsteller, als daß er nur nach einer Möglichkeit gesucht hätte, sein »Herz auszuschütten«, die »Wahrheit« auszusprechen; es ging ihm auch darum, »jene auszuwählen, in deren Händen die Wahrheit wirksam wird«.[72] So wenig wie Brecht schreibt Heine die »Wahrheit«; er schreibt sie »jemandem«.[73] Seine Wahl fiel auf das Proletariat, beziehungsweise auf die allerersten Ansätze einer proletarischen Bewegung in Deutschland. Insofern bedarf die Aussage, Heine habe »nie versucht, andere, untere Leserschichten anzusprechen«,[74] einer entscheidenden Revision. Ein wesentlicher Bestandteil von Heines Originalität als Schreibender ist eben dieser Versuch: Die neue, direkte Aussprache des Jahres 1844 ist zugleich direkte Ansprache an jenen Flügel der deutschen Opposition, dem Heine die potentielle Realisierung des eigenen politischen Programms am ehesten zutraut: dem deutschen »Kommunismus«. Der *Vorwärts* ist sein Organ.[75] Um mit Benjamin zu sprechen: der Heine des Jahres 1844 gibt den Versuch auf, den herrschenden Diskurs »›von innen her zu schwächen‹«, um dadurch als Verbündeter der revolutionären Klasse zu dienen.[76] Er wendet sich nun an sie direkt als seine eigentliche Adressatin; nicht an die Einsicht der Herrschenden, nicht an ein bloß allgemeines Publikum appelliert er, sondern an die Utopien und Interessen einer neuen sozialen

Bewegung, mit der er sich solidarisch weiß. Die Rede, die im *Atta Troll* noch über die »da unten«, in den »Jammersphären der Gesellschaft« ging,[77] wird zu einer, die an diese gerichtet wird: die unteren »Massen selber« als die »Helden der neuern Zeit«, die *ouvriers* als den »kräftigsten Teil der unteren Klasse«.[78] »Ich hab ein neues Schiff bestiegen«.[79] Heine hatte somit in der Tat die »zarte Sphäre« verlassen; kein Wunder, daß ihm schwindlig war. »Aber der Pfeil gehört nicht mehr dem Schützen, sobald er von der Sehne des Bogens fortfliegt, und das Wort gehört nicht mehr dem Sprecher, sobald es seiner Lippe entsprungen und gar durch die Presse vervielfältigt worden.«[80] Vielleicht allzu lange Zeit hat die Forschung sich in Spekulationen über den mutmaßlichen Grad der Schwindligkeit des »Schützen« ergangen; entscheidend bleibt jedoch die Frage nach der Treffsicherheit des »Pfeils«.

Und diese war bemerkenswert. Denn: Heines Parteinahme für den radikal-kommunistischen Flügel der damaligen deutschen Opposition erschöpft sich keineswegs darin, in typischer Schriftsteller-Manier den berühmten Namen – zeitweise – für die gute Sache herzugeben und dazu noch ein paar wohlgemeinte Gedichte »beizusteuern«. Vielmehr »steht« Heine zu seiner politischen Entscheidung in der tiefsten Konsequenz seiner dichterischen Produktion. Sie modelt ihn als Dichter um: die formal-inhaltlichen Eigenschaften jenes Herzstücks seines Œuvres, des *Wintermärchens* und der *Zeitgedichte*, sind aufs engste mit der Besonderheit von Heines »Parteinahme« verbunden. Damals ist dieser Sachverhalt kaum kritisch gewürdigt worden, und auch heute begegnet man ihm eher am Rande der Heine-Diskussion. Die intime Verflechtung von Poetik und Politik bei Heine – die poetische Praxis als die genaue Umsetzung einer politischen Konzeption – wurde kaum als solche wahrgenommen. Man begnügte sich statt dessen mit dem Hinweis auf Heines unverwechselbaren Ton. Heine ging in die Literaturgeschichte – auch in die marxistische – eher als der große »bürgerliche« Dichter ein, der eine Zeitlang der Sache des Sozialismus wohlgesonnen war, denn als Urheber einer neuen, exemplarischen Form »eingreifender« Dichtung, deren eigentlicher Adressat bereits das Proletariat gewesen ist. Indes, wie wir gleich sehen werden, tat diese empfindliche theoretische Lücke der praktischen Wirkung von Heines Gedichten zunächst keinen Abbruch; und, ungleich mehr als der Umstand von Heines persönlichem Umgang mit Marx, seiner Stellung gleichsam als teilnehmender Beobachter an der Wiege der klassischen Arbeiterbewegung, erklärt diese beabsichtigte und erzielte praktische Wirkung den Status von Heines politischem Gedicht als, von allem Anfang an, organischer Teil der proletarischen Bewegung selber.[81]

Bezeichnend aber für die Mitarbeit Heines am *Vorwärts* war nicht nur die Möglichkeit, die sie ihm gab, sich frei auszusprechen, sondern auch die Form, in der er dies tat: das Gedicht. Die dramatische Verschiebung der Sprechweise um diese Zeit umfaßt also zwei Komponenten: den Entschluß zur Direktheit – zur offenen ›Aussprache‹ und ›Ansprache‹ – sowie die Entscheidung fürs Gedicht. Der Heine des Jahres 1844 berührt nicht nur die ›unzarte‹ Sphäre, er setzt dafür die Ausdrucksform der »zarten Sphäre«, die »schöne Nebensache« Lyrik ein. Denn jetzt hatte er das Beispiel eines politischen Einsatzes von Lyrik vor Augen, das ihm in mehrfachem Sinn zu denken gab. Nur zu begreiflich die seltsame Aufregung, in die Heine der Siegeszug der Vormärzlyriker zu Beginn der vierziger Jahre versetzte; denn hier wurden die beiden Sachen, denen Heine sich verschrieben hatte – Poesie und Revolution –, mit großer Breitenwirkung kombiniert, jedoch auf eine Weise, die Heine weder poetisch noch politisch gutheißen konnte.[82] Das inhaltsarme ›nationale‹ Pathos dieser Gedichte, ihr protestierender Bluff gegenüber den Herrschenden mußten dem wachen politischen Kopf Heine so suspekt vorkommen, wie die Planierung des Dichterischen in diesen Texten – ihr Status als »gereimte Zeitungsartikel« – den Zorn des romantischen »Fabelkönigs« nach sich zog.[83] Ein solcher Einsatz der Poesie war für den Politiker und Dichter Heine also politisch und poetisch ebenso bedenklich wie für den Produzenten Heine schreibtechnisch bemerkenswert; in all ihrer Fragwürdigkeit hatten die

Vormärzlyriker eine ungeahnte Möglichkeit der Poesie doch aufgetan. In dem »besseren Lied«, das Heine ihnen entgegensetzen wollte – und es ist, wie Kaufmann schreibt, vielleicht das größte Verdienst der Vormärzlyriker, dieses »bessere Lied« mit provoziert zu haben[84] –, begegnen und versöhnen sich dann zwei antipodale Aspekte des Gedichts: seine Eigenschaft, als Medium innerster, differenziertester und persönlichster Mitteilung zu dienen, und seine – wenigstens damals noch vorhandene – Fähigkeit, zu »zünden« und zu wirken, ein Massenpublikum zu erreichen. Heines politische Dichtung vereint beides: Lyrik als Ausdruck, Gedichte als Agitationsmedium. Er selber, noch unter dem unmittelbaren Eindruck des Entstehens seines *Wintermärchens*, faßte diese ›inkommensurable‹ Einheit so zusammen:[85]

> Es ist ein gereimtes Gedicht, welches, vier Strophen die Seite berechnet, über 10 Druckbogen betragen mag und die ganze Gährung unserer deutschen Gegenwart, in der keksten, persönlichsten Weise ausspricht. Es ist politisch romantisch und wird der prosaisch bombastischen Tendenzpoesie hoffentlich den Todesstoß geben. Sie wissen ich prahle nicht, aber ich bin diesmal sicher daß ich ein Werkchen gegeben habe, das mehr furore machen wird als die populärste Broschüre und das dennoch den bleibenden Werth einer klassischen Dichtung haben wird.

Gelangten hier tief gehegte Wünsche und lange unterdrückte Vorstellungen des Autors endlich direkt zur Sprache, formte er sie mit allen Mitteln seiner Kunst aus, so bot das Gedicht damals auch noch Wirkungsmöglichkeiten, wie sie die Prosa nicht kannte. Ja, in gewisser Weise entpuppte sich für Heine das Gedicht ganz unverhofft als die doch viel geeignetere Form, sein politisches Programm mitzuteilen, als die »gute Prosa«. Jochmann hatte sich geirrt; der Zeitungsartikel hatte als wirksamstes Mittel der Propagierung von politischen Ideen die gebundene Rede noch keineswegs abgelöst.[86] Auch Heine wird als politischer Dichter eine Wirkung zuteil, die er als Publizist nie hätte erlangen können: und dies hängt nicht nur mit der neuen Direktheit der Aussage zusammen, die ihm, unter den Bedingungen der Zensur, Flugschrift und »Winkelblatt« einzig ermöglichten. Denn die Gedichtform brachte damals noch eigene Wirkungsmöglichkeiten mit.

»Die Massen erreichte der bürgerliche Schriftsteller in der Mitte des vorigen Jahrhunderts überhaupt noch nicht.«[87] Dieser Satz, aus der Feder eines der subtilsten Heine-Interpreten, ist doppelt fragwürdig. Die erste Fragwürdigkeit betrifft das ›Erreichen‹ – sowie das Medium des ›Erreichens‹. Denn ein solches besitzt der Schriftsteller Heine durchaus; es ist der Vers. Der Raum des Gedichts ist im Deutschland des Jahres 1844 nämlich ein anderer als in unseren Tagen; ein ungleich breiterer. Daran hatten einen skeptischen Heine die Vormärzlyriker unmißverständlich erinnern können. »Der Vers war damals ein populäres, nicht exklusives Mittel.«[88] Noch gibt es Volkslieder; noch gehören Gebet, Kirchenlied und Spruch zu den täglichen sprachlichen Verrichtungen; noch werden Gedichte gerne auswendig gelernt, geschrieben, mitgeteilt und rezitiert. »Sogar das Flugblatt dürfte die Kampfkraft der Tendenzgedichte nicht übertroffen haben«, heißt es dann in einem Standardwerk zur Kulturgeschichte der Epoche.[89] Ein solches Potential, einen solchen Raum des Gedichts hat Heine, nach Abschüttelung des »Poesie«-Verdachts, noch ansprechen können; als Form, die »unermeßliche Menge« zu erreichen, konnte das Gedicht es mit Prosa und Zeitungsartikel durchaus aufnehmen, ja war diesen in mancher Hinsicht sogar noch überlegen.[90]

Die Frage dieses Potentials war indes keine rein quantitative; sie war auch eine von Qualitäten, die erforderlich waren, um ein solches Potential überhaupt zu realisieren. Ein Blick auf Heines Sprechweise, auf seine Qualitäten als politischer Lyriker muß, in diesem Zusammenhang, auch das Bild vom »bürgerlichen« Schriftsteller Heine ins Wanken bringen. In der Hinwendung zu Publikationen wie dem Marxschen *Vorwärts* oder Püttmanns *Album* hatte Heine das Terrain des Bürgerlichen ja verlassen; während das Bildungsbürgertum die Stammleserschaft der »zahmen« deutschen Journale ausmachte, bildeten das Zielpublikum solcher radikalen »Winkelblätter« die politisierten deutschen Handwerker und Arbeiter in Paris, und, über tausend Kanäle, in Deutschland selber.[91] Mit anderen Worten: die Öffentlichkeit, der sich Heine jetzt demonstrativ zuwandte, war eine »plebejische«.[92] Und wie neben der Geschichte offizieller und bürgerlicher Öffentlichkeit auch eine minder sichtbare Tradition plebejischer Öffentlichkeit verläuft, gibt es, im Rahmen solcher Öffentlichkeit, auch einen »plebejischen« Diskurs. Heine ist darin Meister; der Tonfall, der gemeinhin als der Heinesche verbucht wird, ist vor allem der plebejische: ein Diskurs der »Kehrseite«.[93] »Die armen Leute haben gesiegt.«[94] Schon früh, nach der Juli-Revolution, hatte Heine sich mit der Hoffnung auf einen solchen Sieg identifiziert, wie er sich mit den Leidtragenden der Enttäuschung solcher Hoffnung dann identifizierte:[95]

> Nicht für sich, seit undenklicher Zeit, nicht für sich hat das Volk geblutet und gelitten, sondern für andre. Im Juli 1830 erfocht es den Sieg für jene Bourgeoisie, die ebensowenig taugt wie jene Noblesse, an deren Stelle sie trat, mit demselben Egoismus ... Das Volk hat nichts gewonnen durch seinen Sieg als Reue und größere Not. Aber seid überzeugt, wenn wieder die Sturmglocke geläutet wird und das Volk zur Flinte greift, diesmal kämpft es für sich selber ...

Die Identifikation reichte bis in die Sprechweise; und alle aristokratischen Allüren, mit denen der Dichter sich umgeben hat, können nicht darüber hinwegtäuschen, daß wir es in ihm mit der klassischen Ausprägung des »plebejischen« Diskurses in deutscher Sprache zu tun haben. Denn kaum etwas von dem, was eher verharmlosend als der Heinesche Tonfall gilt, das nicht vom sozialen Gehalt des Plebejischen durchtränkt wäre: die Entlarvung des Ideellen als Interesse; die korrespondierende Despektierlichkeit im Umgang mit den Herrschenden und ihrer geheiligten Symbolik; der »Sensualismus«, die Weigerung, den von den herrschenden Instanzen auferlegten Verzicht hinzunehmen, das konterkarierende Bestehen auf den irdischen Genüssen; schließlich, der Mut zum Niedrigen, die generelle Lust auf »Umkehrung« der gängigen Verhältnisse von »hoch« und »niedrig«, sei's in der Hierarchie der Gesellschaft oder der Genüsse, sei's in der Sprache oder bei den »ideellen Werten«. In der »eingreifenden« Lyrik nach 1844 wird Heines latentes Plebejertum politisch explizit.[96]

Explizit vor allem auch in der künstlerischen Form; in Heines Sprache. Hier zeigt sich besonders eindringlich die Konsequenz und Meisterschaft von Heines »Spezialistentum« des Wortes. Das offene ›Bekenntnis‹ zum radikalkommunistischen Flügel der deutschen Opposition war auch mit der Entscheidung verbunden, die Basis dieser Bewegung offen anzusprechen. Um aber an dieses Publikum heranzukommen, hatte Heine Schranken zu überspringen, von denen politische Zensur und Repression nicht einmal die bedeutendsten waren. Ein »plebejisches« Publikum ist bekanntlich kein »bürgerliches«; auch Heines nicht. Den Grad an Bildung, den Heine bei der Leserschaft seines *Atta Troll* stillschweigend voraussetzte, besaß es nicht. Damit entfielen für den Dichter viele Möglichkeiten, wollte er den größten Teil seines Zielpublikums nicht von vornherein ausschließen oder befremden. Andrerseits waren die populären kulturellen Traditionen, an die der Lyriker anknüpfen konnte, für einen Text modernen und revolutionären Inhalts nicht einfach übernehmbar. Zensur und Repression würden dann ein übriges tun, um den Versuch einer populären Verankerung revolutionären Gedankenguts zu erschweren.

Imposante Schwierigkeiten: Heine überspielte sie mit der »Differenz« des Gedichts. Schon früh fühlte er sich als Dichter zu den volkstümlichen Formen hingezogen, ohne sie jedoch formal oder inhaltlich bloß reproduzieren zu wollen. Statt dessen sprach er von der Möglichkeit, die alten populären Formen als Grundlage zu nehmen für eine aktuelle, zeitgemäße Form der Dichtung, kurzum von der Möglichkeit, die alten Formen in seinem Sinn ›umbilden‹

zu können.[97] So wurde die Volksliedform im *Lyrischen Intermezzo* zur strophischen Grundlage für den neuen Stoff des Liebeserlebens in der konventionellen Gesellschaft. Die »Umfunktionierung« dieser Form in der eingreifenden politischen Lyrik Heines ist vielleicht weniger ›zweckentfremdet‹, sie ist nicht weniger gründlicher Art. Während Heine den Tendenzbären Atta Troll in den Spalten der *Zeitung für die Elegante Welt* in stilisierten Trochäen und durch ein Geflecht von ausgefallenen mythologischen Anspielungen hindurchtapsen ließ, traf er dafür Sorge, daß im *Wintermärchen,* das sich an eine weniger »elegante« Welt richtete, der politische Gehalt von der volkstümlichen Vagantenstrophe, vom Reim und von einer zwar subtilen, jedoch der populären Imagination unmittelbar zugänglichen Bildlichkeit getragen wurde.[98] Hatte Heine, in der *Romantischen Schule,* Bedeutung und Funktion des Volkslieds im Leben der ›unteren‹ Schichten genau schildern, so hat er sie als Dichter auch ablösen können.[99] »Mein Verbrechen war ... der Stil.«[100] Die soziale Sprengkraft der politischen Verse Heines beruht eben auf dieser Einheit des politischen Gehalts, des »plebejischen« Tons und der ›umgebildeten‹ populären Form.

Hinzu kamen auch »Urschichten« des Dichterischen; eine solche hatte Herder im Gedicht als Erinnerungskunst erblickt: vom »heiligen Gesang« heißt es bei ihm: »Das Volk soll ihn aber mitsprechen, d. i. mitsingen lernen; ihn leicht lernen, ihn behalten. Man sucht also gleichmäßige Füße, die wiederkommen ...«[101] Diesen altehrwürdigen Vorzug der gebundenen Rede – nämlich durch Reim und Rhythmus sich Lesern und Hörern, auch »ungebildeten«, unvergleichlich schneller und tiefer einprägen zu können als die Prosa – nahm Heine also in den Dienst sowie andere Eigenschaften des Gedichts: seine Fähigkeit zur konzentrierten Aussage, die Möglichkeit, ganze Zusammenhänge oder Gedankengänge in einem Bild zu summieren oder zu veranschaulichen; das Deklamatorische, potentiell Tribunhafte oder Bänkelsängerische des Gedichts, das die Haltung – in der Ansprache ans ›plebejische‹ Publikum – von Appell und Angriff, von Bekenntnis und Stellungnahme erleichtert; und schließlich den Kunstgenuß selber, die ästhetische Freude an dem gekonnten, gar eigenwilligen Spiel mit der Sprache, das hier dem Ernst des »Befreiungskrieges« dient. Und so haben viele Heinesche Gedichte nicht nur die neuen geschichtlichen Konflikte der Zeit in sich aufgenommen, sie reflektiert; sie haben selber in sie eingegriffen, sind selber, als Kunstwerke, integraler Bestandteil der ›unzarten‹ Sphäre, der Geschichte proletarischen Widerstands, bürsten die Komplizenschaft der Poesie, als Ausdruck des Klassenprivilegs, kräftig ›gegen den Strich‹, indem sie die populäre Herkunft und Formenwelt der Dichtung aktualisierend aufgreifen. Denn Heines politische Gedichte, zutiefst persönlicher Ausdruck, mit ›allen Mitteln der Kunst‹ ausgeformte Gebilde, sind auch »Gebrauchslyrik«, »brauchbar« im Brechtschen Sinn, eine Art Dienstleistung an der gerade entstehenden sozialistischen Bewegung. Untersucht man die Wirkungsgeschichte dieser Gedichte etwas genauer, so kommt man sogar zu dem etwas überraschenden Schluß: Heine, und nicht Brecht, ist der »klassische« Dichter der proletarischen Bewegung in Deutschland. Denn aufgrund der geschichtlichen Umstände – eine Epoche organisatorischen Aufstiegs der Arbeiterbewegung, ein anderer »Raum« des Gedichts – hat Heines eingreifende Lyrik eine agitatorische Wirkung entfalten können, die Brecht eher verwehrt geblieben ist.

Freilich: den Beweis hierfür anzutreten fällt nicht leicht. »Denn die einen sind im Dunkeln / Und die anderen sind im Licht.«[102] Der Erfolg von Heines »Dienstleistungen« an der Arbeiterbewegung ist ungleich schwerer nachzuweisen als etwa der seiner »Dienstleistungen« am bürgerlichen Seelenhaushalt. Über die Präsenz von Heines *Buch der Lieder* in der guten Stube sind wir genau informiert. Die Präsenz Heines in der Arbeiterschaft ist weniger leicht dingfest zu machen. Dennoch sind wir, um uns hier einen Eindruck von Heines Wirkung zu verschaffen, keineswegs auf das indirekte, jedoch beredte Zeugnis des preußischen Staatsapparats angewiesen, der ausdrücklich wegen der Gedichte Heines gegen die *Deutsch-Französischen Jahr-*

bücher sowie den *Vorwärts* einschritt, das Eingehen beider Zeitschriften bewirkte und von der Pariser Regierung sogar die Ausweisung des Dichters verlangte.[103] Eine Überlieferung ist vorhanden, die viel direkter und nicht minder eloquent Aufschluß über Funktion und Bedeutung des politischen Dichters Heine gibt als selbst die Repressionsmaßnahmen des Staates.

Das erste Beispiel stammt bereits aus dem Jahre 1844.[104] Es handelt sich um eines der frühesten Zeugnisse der sozialistischen Arbeiterbewegung in Deutschland überhaupt: ein Flugblatt, das in Berlin verteilt wurde, einen Kommentar zu Heines *Weber*-Lied, eine, um die Sprache der preußischen Polizei zu zitieren, »in aufrührerischem Tone gehaltene und mit verbrecherischen Äußerungen angefüllte Ansprache an die Armen im Volke«.[105] Wie der DDR-Historiker Walter Schmidt bemerkt, steht dieses Flugblatt dem *Vorwärts* – also dem avanciertesten Blatt der damaligen deutschen Linken – an Radikalität in nichts nach, ja übertrifft ihn sogar; der Verfasser betont nicht nur den Klassengegensatz von Arm und Reich, sondern erblickt lediglich in der militanten Auflehnung der Unterdrückten, »im Umsturz alles Bestehenden«, eine Hoffnung auf Besserung.[106] Für eine gründliche Abrechnung mit »Gott, König und Vaterland« gab Heines Gedicht ihm den Leitfaden: das ist gleichsam die erste ›Dienstleistung‹ des Gedichts. In der Umdrehung dieser drei zentralen Begriffe spricht Heine, anknüpfend an ein patriotisches Motiv,[107] die drei Punkte an, die bis zum Sturz des Kaiserreichs als Hauptlegitimationspfeiler des Bestehenden dienten. Aber nicht nur daß, sondern wie Heine dies tut, macht sein Gedicht so geeignet für ›Agitations‹-Zwecke. Denn der Verfasser des Flugblatts übernimmt nicht nur die Gliederung, sondern auch die Argumentation – die äußere wie die innere – des Gedichts. Gott ist indifferent und fern, der König dient nur den Reichen, das Vaterland ist nicht »Heimat«, sondern Ort der Unterdrückung und Ausbeutung: nur das Handeln der Notleidenden selber könne hier Abhilfe schaffen.[108] Von daher ist das Flugblatt wahrhaftig nur Erläuterung, Kommentar des Gedichts; das Gedicht ist nicht Beiwerk und nicht Zierde, sondern dem Gesagten essentiell: eher könnte es alleine stehen als der kommentierende Text. In Heines *Weber* zeigt sich das Gedicht als gerade in dieser Epoche noch ungleich schlagkräftiger als der politische Zeitungsartikel; denn nicht nur, daß Heine in seiner dichterischen Bearbeitung des Stoffes Marx' Analyse im *Vorwärts* zuvorkommt und damit gleichsam den ›Nachrichten‹-Charakter seines »Zeitgedichts« rettet.[109] Er erreicht damit ein Massenpublikum. Während der Marxsche Diskurs eher dem Studium politisch bereits interessierter »Kader« der Bewegung vorbehalten blieb, kann Heines Text – im Medium des »Massenkommunikationsmittels« Gedicht[110] – unmittelbar an das Zielpublikum selber gelangen. »Heine dichtet jetzt als Kommunist für die Kommunisten«;[111] so dankbar man für diese unverblümte Formulierung des wahren Sachverhalts auch sein mag – um die die Marxisten selber sich ja eher herumdrückten –, so greift auch sie entschieden zu kurz. Das Geheimnis von Heines »Produzententum« für die Arbeiterbewegung ist ja gerade, daß er im Medium des Gedichts die Nicht-Kommunisten, die sich gerade politisierenden Handwerker und Arbeiter, mit den politischen Inhalten des – damaligen – »Kommunismus« erreicht.

Mehr noch: die Fassung des Gedichts im Flugblatt weicht von der im *Vorwärts* ab.[112] Das läßt den Schluß zu, daß das Gedicht nicht direkt vom *Vorwärts* abgeschrieben wurde, sondern über einen Umweg an den Verfasser gelangte oder aber von ihm aus dem Gedächtnis zitiert wurde. »Die Weisheit wurde von Mund zu Mund weitergegeben.«[113] Die Eigenschaft des Gedichts, sich leicht merken zu lassen, schlägt hier wiederum zu Buche. Die gedankliche Konterbande, die Heine in das Deutschland der Zensur und Repression hineinschmuggeln wollte, konnte durch jene Eigenschaft, die Gedichte mit konspirativen Mitteilungen gemeinsam haben, unsichtbar gemacht werden: nämlich dadurch, daß man sie besser auswendig lernt als aufschreibt. Denn anders als die Prosa ist das Gedicht »transportabel«;[114] die Eigenschaft der gebundenen Rede, sich »vom Papier« zu lösen und, »von Mund zu Mund weitergetragen, auch zu jenen« zu gelangen, »die keine Bücher kauften und lasen«,[115] machte das Gedicht damals nicht nur zum populären, sie machte es zum subversiven Medium: am wenigsten »durch staatliche Instanzen kontrollierbar«.[116] So verstand es Heine, durch sein ureigenstes Medium, Lyrik, sämtliche Hürden, die ihn etwa von einem Berliner Arbeiter trennten, zu nehmen und seinen politischen Gedanken »an den Mann« – den Berliner Arbeiter Stendal[117] – zu bringen. »Flugschrift«-Charakter – wenige Texte haben ihn so voll eingelöst wie Heines *Weber*: als einzig mögliches Forum eines sonst Unsagbaren, als Form, die den Repressions- und Kontrollapparat unterläuft; und als beispiellose Aufstachelung zur Revolte, als sensationelle Herausforderung an die Macht.[118]

Ein zweites Beispiel – die Zigarrenmacher. Nach der Niederlage der 1848er Revolution riß die sozialistische Agitation in Deutschland ab; erst Anfang der sechziger Jahre kam sie erneut in Gärung. In einem Gedenkblatt des – Berliner – *Vorwärts* zum 50. Todestag des Dichters beschreibt der Sozialdemokrat Hermann Molkenbuhr rückblickend die Wirkung Heines auf eine neue Generation von Arbeitern in dieser entscheidenden »Akkumulationsphase« der deutschen Arbeiterbewegung.[119] Das Interessanteste und Wertvollste an seiner Schilderung sind vielleicht die Stellen, wo Molkenbuhr auf die Schwierigkeiten zu sprechen kommt, die die damaligen Lebensbedingungen der Arbeiter der Verbreitung von sozialistischem Gedankengut aussetzten. So ist nach der Niederlage 1848/49 die Überlieferung des Revolutionsjahres weitgehend abgerissen: der »Freiheitssänger« Heine – sein politisches Œuvre – ist den Arbeitern nach 1848 nicht mehr vertraut. Marx dagegen liegt noch völlig jenseits ihres Bildungs- und Erfahrungshorizonts, seine Schriften bleiben für ›agitatorische‹ Zwecke fast völlig unbrauchbar. Und nicht etwa aus Bildungseifer, nicht, um ›Kultur‹ unter die Massen zu bringen, sondern aus rein pragmatischen Gründen, um mit den Gedanken der neuen Bewegung überhaupt an die

Arbeiter heranzukommen, greifen die Organisatoren der jungen Sozialdemokratie auf den politischen Lyriker Heine zurück. Oder wie Molkenbuhr schreibt:[120]

> Der sozialistische Büchermarkt bot erst eine geringe Anzahl von Werken. Lassalles Schriften waren weit verbreitet. Marx wurde weniger gelesen, stand er doch dem ganzen Denken der Arbeiter, die meist in kleinlichen Verhältnissen aufgewachsen, noch fern ... Kein Wunder, daß man begierig die Werke der Dichter durchforschte, um aus ihnen Stoff und Waffen zur Agitation zu nehmen! ...
>
> 1869 gaben Hoffmann und Campe die Gedichte aus dem Heineschen Nachlaß heraus, – das war der Teil der Werke, der dann als erster den sozialistischen Arbeitern bekannt wurde ... Es dauerte nicht lange und Heine war ein feststehender Name auf den Programmen der Arbeiterfeste geworden. »König Langohr I«, »Der Wanzerich«, »Die Menge tut es«, »1649-1793-????«, »Die Wanderratten« usw. wurden regelmäßig rezitiert ...
>
> In 1873 gaben Hoffmann und Campe des Dichters sämtliche Werke in Einzelausgaben heraus. Das war nun endlich die Form der Herausgabe, die es auch den Ärmeren ermöglichte, dauernde Freundschaft mit dem Dichter zu schließen.
>
> Den Kern der sozialistischen Bewegung bildeten damals die Zigarrenmacher. Und nun gab es unter den mehr als tausend Arbeitsstätten, wo Zigarren angefertigt wurden, wohl nur ganz wenige, in denen Heines Werke nicht gekauft wurden. So oft ein Abschnitt dieser Werke abgeschlossen vorlag, wurde es vorgelesen ...

Bemerkenswert an dieser Darstellung aus heutiger Sicht ist wohl auch der Umstand, daß die frühindustriellen Arbeitsbedingungen noch das Vorlesen Heinescher Gedichte bei der Arbeit zuließen und daß die Belegschaft auch das Bedürfnis empfand, sie zu hören. Der »Raum« des Gedichts, in dem Heines politische Lyrik ursprünglich ihre

Wirkung getan hatte, ist offenbar noch vorhanden. Und Molkenbuhr stellt fest, daß Heines Texte auf die patriarchalischen Verhältnisse des damaligen Deutschland wie maßgeschneidert erschienen: »Was damals der Bewegung gegenüberstand, war das Geschlecht der Maßmann, war das Spießbürgertum ... Erlebte man es doch, daß ein Gendarm erklärte, mit dem Gedicht ›Erinnerung aus Krähwinkels Schreckenstagen‹ sollten Anordnungen verspottet werden, die der Bürgermeister eines holsteinischen Städtchens zur Aufrechterhaltung der Ruhe und Ordnung getroffen habe.«[121] Nur ist fraglich, ob die Herrschaft dieses Typus, wie Molkenbuhr meint, durch den Aufschwung der Industrie in Deutschland bereits erledigt gewesen sei. Jedenfalls büßte Heines Werk auch in den späteren Jahrzehnten des Kaiserreichs an Aktualität nichts ein. In einem dritten und letzten Beispiel möchten wir auf zwei Rezeptionsbelege jenes Gedichts eingehen, das, zusammen mit dem *Weber*-Lied, wohl als der Höhepunkt von Heines Schaffen auf diesem Gebiet bezeichnet werden darf: das berühmte Caput I des *Wintermärchens*.

Im Jahre 1893 provozierten die bürgerlichen Parteien eine Debatte im deutschen Reichstag über den sozialdemokratischen »Zukunftsstaat«.[122] Die Debatte ist von einiger historischer Bedeutung gewesen; es war, wie Engels schrieb, das erstemal, daß ein Parlament sich genötigt sah, sich mit den Zielen und Vorstellungen der sozialistischen Arbeiterbewegung inhaltlich auseinanderzusetzen.[123] Die Debatte beherrschte fünf Tage lang den Reichstag und wirkte noch viel länger in der Öffentlichkeit nach. Sie wurde zu einem großen Propagandaerfolg der Sozialdemokratie. August Bebel nutzte in einer seiner bedeutendsten Reden die Gelegenheit, die Marxsche Lehre von der Gesellschaftentwicklung und dem – für die Sozialdemokratie naturnotwendigen – Übergang zum Sozialismus in einer volksnahen Form darzulegen. Bebels Rede wurde im *Vorwärts* sowie als Broschüre millionenfach in Deutschland verbreitet.[124] Das Interesse der Heine-Forschung an dieser Rede konzentriert sich auf die Schlußbemerkungen. Höhepunkt von Bebels

Ausführungen an solch inhaltlich und geschichtlich prägnanter Stelle bilden nämlich Heine-Verse:[125]

> Also, die bürgerliche Gesellschaft – das ist ihr innerer Widerspruch – erzeugt aus dem Überfluß die Not und den Mangel. Mit diesem einen Satz ist alles gesagt. Aber indem eine neue Organisation den Überfluß den Massen zukommen läßt, verwirklicht sich das Sprüchlein, was hierauf Heine schon vor mehr als 50 Jahren sang:
>
> Es gibt hienieden Brot genug
> Für alle Menschenkinder
> Und Rosen und Myrthen und Schönheit und Lust
> Und Zuckererbsen nicht minder.
>
> Ja Zuckererbsen für jedermann
> Sobald die Schoten platzen!
> Den Himmel überlassen wir
> Den Engeln und den Spatzen.
>
> (Große Unruhe rechts und im Zentrum.)

Es lohnt sich, auf den genauen Stellenwert des Zitats in dieser Rede etwas näher einzugehen: das gibt vielleicht am ehesten ein Bild von dem anhaltenden hohen »Gebrauchswert« Heines für die bereits »klassisch« gewordene Arbeiterbewegung. Das Zitieren hier ist keines, welches Gemeinsamkeit oder Legitimität sucht oder stiftet durch den Rückgriff auf ein kulturelles Erbe, zu dem alle Beteiligten sich gleichermaßen bekennen würden. Im Gegenteil: Bebel weiß – »große Unruhe rechts und im Zentrum« – um die provozierende Wirkung des Namens Heine auf einen Teil seines Publikums. Doch eben diese Provokation ist ein wichtiger Aspekt des »Sinns« seines Zitierens: eine autonome »andere« Identität der Arbeiterbewegung stiften zu helfen inmitten des bürgerlich-feudalen wilhelminischen Deutschland.[126] Dazu dient Heine. Er tut es, erstens, indem keine bloß allgemeinen – liberalen – Beschwörungen der Menschenrechte oder der Gerechtigkeit, wie bei Schiller, in seinen Versen enthalten sind, sondern exakt der neue sozialistische Gedanke von der Aufhebung des Zeitalters der Not und dem nahenden Anbruch des Zeitalters der Fülle. Diese Vorstellung wird bei Heine an eine anmutige Utopie geknüpft, aber auch an eine Kampfansage von großer Agressivität – und souveräner Gelassenheit. »Den Himmel überlassen wir den Engeln und den Spatzen.« Man muß sich vielleicht erst kurz vergegenwärtigen, wie weit die Identität von Kirche, Staat und gesellschaftlicher Hierarchie damals noch ging und in welchem Maße der erste Konkurrent der Sozialdemokratie um die Loyalität der Arbeiter die Kirche gewesen ist, um sich einen Eindruck von der Sprengkraft solcher Verse zu verschaffen.[127] So wird Heines »Wir« mit dem gewollten »Wir« der sozialistischen Bewegung zur Deckung gebracht: dem »Wir« der neuen Geschichtsphilosophie, die zugleich als irdische Heilslehre dient; dem »Wir« der Siegeszuversicht der neuen Bewegung, wo die utopische Gelassenheit Heines und der virulente Geschichtsoptimismus der II. Internationale sich für einen Augenblick treffen; und schließlich dem »Wir« einer rigorosen (und für die Arbeiterbewegung erst mühsam erkämpften) Abgrenzung und Unabhängigkeit von den alten gesellschaftlichen Mächten, Kirche, Staat und den »Oberen«.[128]

Ein zweiter wichtiger Aspekt: nicht zufällig nennt Bebel Heines Verse ein »Sprüchlein«. Dabei ist nicht an die Worthülsen heutiger politischer Rituale zu denken. Bebels Charakterisierung gehört einer weit älteren Bedeutungsschicht des Wortes an. Heines Zeilen sind »Spruch«, wenn nicht in der ursprünglich magischen, so jedoch in der alten volkstümlichen Bedeutung des Wortes: prägnante, anschauliche, in Reimen zusammengebündelte Lebens- oder Volksweisheit. Gereimte Sprüche und Sprichwörter waren eine der beliebtesten, am tiefsten verwurzelten Formen, solche Weisheiten zu tradieren. Daran knüpft der Dichter auch an; an solch inhaltlich exponierter Stelle trifft er dafür Sorge, »besonders einprägsame Strophen zu bilden, die dem Leser oder Hörer sehr schnell als ›Konterbande‹ im Kopfe haftenbleiben und als Merkverse von Mund zu

Mund weitergetragen werden können«.[129] In solche Form hatte Heine die neue Lehre vom Sozialismus ›umgegossen‹.[130]

Doch mit August Bebel haben wir versehentlich die ›Volksebene‹ dieser kleinen Rezeptionsgeschichte verlassen. Zum Glück aber besitzen wir auch ein unmittelbares Zeugnis von der Wirkung gerade dieses Gedichts auf die Basis der sozialistischen Arbeiterschaft. In seinen Lebenserinnerungen schilderte der kommunistische Arbeiter Karl Retzlaff seine prägenden Erfahrungen als Jugendlicher in dem wilhelminischen Berlin am Vorabend des Ersten Weltkrieges. Er beschreibt die Szene in einem sozialdemokratischen Arbeiter-Jugendheim im Norden der Stadt:[131]

> An unseren Heimabenden wurde aus den Werken der deutschen Klassiker vorgelesen; am beliebtesten war Heinrich Heine. Es wurden Lieder zur Laute gesungen, Dame, Domino und Schach gespielt. Vorträge über Religion und Politik waren polizeilich verboten. Beim Vortragen unseres Lieblingsgedichts von Heinrich Heine mußte stets ein Aufpasser an der Tür stehen, um darauf zu achten, daß wir nicht von Polizisten überrascht wurden:
>
> Ein neues Lied, ein besseres Lied
> O Freunde, will ich Euch dichten:
> Wir wollen hier auf Erden schon
> Das Himmelreich errichten.
>
> Wir wollen auf Erden glücklich sein
> Und wollen nicht mehr darben;
> Verschlemmen soll nicht der faule Bauch
> Was fleißige Hände erwarben.

Aber der Text diene nicht nur als Beleg für die Rolle Heines bei der Popularisierung des Sozialismus-Gedankens. Er ist auch dazu angetan, zu zeigen, wozu, zumindest in Zeiten, wo das Lesen von Gedichten noch verbreitet ist, ein politisches Gedicht gut sein kann, wo noch die besten

Prosa-Texte wohl versagen müßten: für die Einübung einer Haltung. Denn der »Raum« des Gedichts ist auch ein innerer; und die äußerliche Funktion seiner Rede als ›Erinnerungskunst‹ kann die Vorbedingungen schaffen für die Wahrnehmung einer »inneren« Funktion als »Wiederholungs«-Kunst. Eignete sich ein Gedicht in der damaligen Epoche viel besser für die Mitteilung von politischen Inhalten unter ›halbkonspirativen‹ Bedingungen oder unter einem ›ungebildeten‹ Publikum als die diskursive Prosa, so ist dies wiederum Voraussetzung dafür, daß eine zweite Eigenschaft des Gedichts hier zum Tragen kommt. Denn anders als die Prosa-Texte sind Gedichte auch dazu da, vorgetragen, rezitiert – und damit wiederholt zu werden. Und das ermöglicht es ihnen, eine Aufgabe zu erfüllen, die man, mit Hinblick auf die Praxis religiöser Gemeinden, die »Wiederholung« nennen könnte: die »wiederholte« Andacht als kollektive oder individuelle Kristallisierung, Einprägung und Befestigung eines Glaubens. »Von den Bekennern wird das Glaubensbekenntnis ... oft in häufiger Wiederholung rezitiert.«[132] Ähnliches geschieht in Retzlaffs Beschreibung der Heine-Rezitation; wie der politische Publizist Heine die »kleine Gemeinde« der Kommunisten in Paris mit der *Ecclesia pressa* der verfolgten Christen Roms verglichen hatte,[133] begegnen wir auch hier dem Beispiel einer konspirativen Liturgie. Das »Glaubensbekenntnis« hat der politische Dichter Heine jedoch inzwischen selber formuliert; und in ein »unverschleißbares Kleid« authentischer Wiederholbarkeit gekleidet.[134] Denn wie man in der Musik von »unendlicher« Melodie spricht, sind die programmatischen Texte, sind die beiden »bekennenden« Gedichte Heines von einer »unendlichen« Wiederholbarkeit. Ihr unverbrauchbarer Charakter als klassische ästhetische Gebilde wird hier zur Vorbedingung unbegrenzter ›Brauchbarkeit‹. Abgesehen von ihren ›rein‹ dichterischen Qualitäten – auf die hier nicht eingegangen werden kann – verdanken sie diese Eigenschaft ihrer Erinnerung an den Ursprung, die Genese.[135] Sind doch Ausgangs- und Kulminationspunkt dieser beiden Texte die gleichen wie die der Arbeiterbewegung selber. Denn in

Heines *Weber*-Gedicht wie in dem Eingangshymnus des *Wintermärchens* stellt sich das exponierte »Wir«, die angestrebte Identität der Texte von den beiden Polen der Auflehnung gegen die Klassengesellschaft sowie der beschworenen Utopie erlangter Fülle her. Die Identität, das »Wir« des revolutionären Subjekts, nicht leidenden Objekts, der Geschichte will die Dichtung stiften helfen.[136] So formuliert sie das »Glaubensbekenntnis«, dessen einer Teil bereits 1847 als »Eröffnungsgebet« kommunistischer Versammlungen diente,[137] und dessen anderen Teil der künftige Spartakist noch 1910 im Berliner Norden »wiederholt«. Freilich ist der Glaube, der hier eingeübt wird – unterstrichen nicht nur vom ästhetischen Reiz des Gedichts, sondern auch vom »Reiz« des polizeilichen Verbots –, der an den »Umsturz«. »Mancher grauer Arbeitstag wurde den Schaffenden zum Fest durch den Genuß seiner Werke.«[138] Anlaß und Medium für solcherlei Andacht gegeben zu haben, ist auch eine Leistung von Heines Gedicht.[139]

Die geschichtliche ›Tiefenwirkung‹, den realen Erfolg von Heines politischer Lyrik als »eingreifender« Dichtung zumindest in Ansätzen zu dokumentieren, scheint auch deshalb angebracht, weil sie so wenig reflektiert wurde – von den Marxisten selber. Hier erwies sich der kanonische Einfluß des »ersten marxistischen Literaturhistorikers«, Franz Mehring, in vielem als verhängnisvoll. Wie wenig eine Überlieferung unbedingt dort anzutreffen ist, wo man sie zunächst am sichersten aufgehoben wähnt, zeigt die Behandlung Heines durch einen Kritiker, der für diese Aufgabe geradezu berufen erscheint. Jedoch Mehring, Verfasser einer Geschichte der Sozialdemokratie, will als Heine-Biograph nichts wissen von einer möglichen Rolle des Dichters innerhalb der deutschen Arbeiterbewegung.[140] Zwar figuriert der »Produzent« Heine bei ihm als Teil dieser Geschichte selbst;[141] doch wenn es an die »ästhetische« Würdigung des Dichters geht, wird der konkrete dichterische Nutzen Heines für die eigene politische Bewegung ausgerechnet für den Marxisten Mehring zum ausgesprochen blinden Fleck.

»Die Kunst darf ihre Wiedergeburt erst von dem ökonomisch-politischen Siege des Proletariats erwarten; in seinen Befreiungskampf vermag sie nicht tief einzugreifen.«[142] Dieser Glaubenssatz Mehrings, den der Marxist fast zum Dogma erhob, gibt genau jenen »klassischen« Zwiespalt wieder, der die deutsche Kultur der ›Kunstperiode‹ gekennzeichnet hatte; die Zuordnung von Kunst und Politik in voneinander fast völlig abgetrennte Bereiche.[143] Mehring also laboriert immer noch an jenem Widerspruch, den der »Fabelkönig« Heine, mit dem Umschlag in die ›operierende‹ Lyrik, als politischer Schriftsteller und Künstler so stark empfunden und dann exemplarisch überbrückt hatte. Das sieht der Kritiker aber ebensowenig, wie die damit aufgeworfenen Fragen – die nach einer »aktivierenden« Rolle der Kultur, sowie die nach der formalen Beschaffenheit des Œuvres, das eine solche Rolle hat erfüllen können – sich ihm überhaupt ernsthaft stellen.[144] Was Mehring statt dessen schreibt, ist eine Art Geistesgeschichte mit materiellem Unterbau; keine Würdigung der »Materialität« der Werke. So bleibt Heine für Mehring der große »bürgerliche« Dichter, der zwar eine wesentliche Kritik an der entstehenden kapitalistischen Gesellschaft formuliert, und der gegen den deutschen Absolutismus opponiert, jedoch nie über seine ambivalente Haltung gegenüber der ›kunstfeindlichen‹ proletarischen »Massenherrschaft« hinauskommt. Bemerkenswert durch den Umstand seines persönlichen Umgangs mit Karl Marx und seiner zeitweisen Sympathien mit dem Sozialismus, scheint Heine für Mehring so etwas wie eine erste historische Begegnung von Kultur und proletarischer Bewegung zu verkörpern. Aber diese Begegnung – um den Terminus Heines zu gebrauchen – bleibt für Mehring »kinderlos«. Es ist in diesem Zusammenhang bezeichnend, daß der Marxist in seiner – zaghaften – Diskussion Heines als »sozialistischen Lyrikers« die beiden programmatischen, »bekennenden« Gedichte nirgends eingehend bespricht.[145] Denn für Mehring sind nicht die Texte ausschlaggebend, welche die größte Wirkung innerhalb der proletarischen Bewegung entfalteten – diese Frage taucht bei ihm noch gar nicht auf –, sondern vielmehr die, von denen er meint, sie würden die Ansichten des Dichters, seine ambivalente Haltung zum Proletariat und Sozialismus, am genauesten wiedergeben. Dafür fällt Mehrings Wahl auf die *Wanderratten*. Aber auch hier ist es sehr die Frage, ob der marxistische Kritiker diesem Gedicht – als »poetischem« Text – gerecht wird. In ihm wird der Ansturm des Plebs beschrieben aus der Sicht der alten Gesellschaft.[146] Die Zeilen nämlich

Es haben diese Käuze
Gar fürchterliche Schnäuze

sind Teil dieser satirischen Verschiebung, des poetischen Zusammenhangs. Mehring aber ignoriert den Zusammenhang und findet die Zeilen, auf das Proletariat bezogen, »nichts weniger als schmeichelhaft«.[147] Da dachte das Proletariat aber etwas anders; differenzierter. Denken wir an die Aufnahme dieses Gedichts durch die Hamburger Zigarrenmacher zurück. In diesem Fall übertraf ihre Fähigkeit zum raffinierten Kunstgenuß bei weitem die des geschulten Philologen. Auch dies, wenn man so will, ein Tribut an den Erfolg des »eingreifenden« Schriftstellers Heine: er erreicht sein plebejisches Publikum gleichsam über den Kopf des marxistischen Theoretikers hinweg. Dementsprechend kommt aber dieser Erfolg bei dem sozialistischen Literarhistoriker schlechterdings nicht vor; er findet eher bei den »Heine-Fressern« einen – entsetzten – Niederschlag.[148]

Der Marxist also »entpolitisiert« Heine; dazu verleitet ihn auch eine Vorstellung von kultureller Autonomie, in der die sozialpolitische Dimension der Werke bisweilen zu verschwinden droht. So gelangt Heine bei Mehring unter der Hand just zu jenem Status, den der Dichter kraft einer beispielhaften künstlerischen Anstrengung überwunden hatte: dem Status eines »Kulturguts«, welches dem proletarischen Publikum erst »vermittelt« werden müßte, dem Status eines »Erbes« und Beutestücks, dessen Genuß der revolutionären Klasse erst nach ihrem Siege zufällt.

»Aber die deutsche Arbeiterklasse steht in heißem Kampfe, und dringende Pflichten hindern sie, ihr geistiges Erbe jetzt in vollem Umfang anzutreten.«[149] Der Charakter von Heines Gedicht als Hilfestellung in diesem »Kampf« geht dabei vollends unter. So bleiben Heines Dichtungen für Mehring in genau dem Sinne Kunst, der Heine selber an der Kunst verzweifeln ließ. Gilt dies schon für die politischen Gedichte, die Heine in Zusammenarbeit mit Marx und dem *Vorwärts* schrieb (ihre Wirkung wird auf die Meisterhand des großen Dichters zurückgeführt – »treffende, beißende Satire«[150] – statt auf konkrete Eigenschaften der Texte), dann um so mehr für die Liebes- und Sterbenslyrik Heines. Nicht, weil Mehring etwa das *Buch der Lieder*, den *Romanzero* oder die *Letzten Gedichte* geringgeschätzt hätte. Im Gegenteil: sie sind für ihn »unvergleichliche Meisterwerke«, es ist die Rede von »Fülle und Schönheit«, von »neuen und völlig originellen Tönen«.[151] Aber eben »nur« das. Für Mehring ist der Aspekt des Protests, das »Dissonante«, das die zeitgenössischen Kritiker des *Buchs der Lieder* so elektrifizierte, anscheinend nicht mehr spürbar; über die späte Lyrik Heines als, nach 1848, Elegie revolutionärer Hoffnung verliert Mehring ebenfalls kein Wort; er zitiert statt dessen Schopenhauer.[152]

Mehring huldigt der »Kultur«; und dieser opfert er Heine. Er tut es gerade dadurch, daß er Heine unbedingt als ›Klassiker‹ einstufen möchte, dessen Werk aber damit, obzwar dem ›Streit des Tages‹ entsprungen, nunmehr praktisch jenseits des ›Streits des Tages‹ liegt. Deshalb versagt er vor dem politischen Dichter. Und er versagt gleich zweimal. Er ist weder in der Lage, die epochale Originalität von Heines politischer Lyrik als »eingreifender« Dichtung zu erfassen,[153] noch ist er imstande, die »politische« Dimension im gesamten lyrischen Schaffen Heines aufzuspüren: so verfehlt er Heine als Dichter. Aber er vermag auch nicht, das Phänomen »Heine« im Literaturkampf wirksam einzusetzen – oder in Schutz zu nehmen.[154] Zwar entfährt Mehring der prophetische Satz – »Wohl wären Heines Verse mit dem Untergang bedroht, wenn manche der heutigen Strömungen siegten«[155] –, doch er sieht diese

Gefahr schon gebannt in dem sicheren künftigen Sieg des Sozialismus. Ein Leitsatz Mehringscher Ästhetik war, daß »unter den Waffen die Musen schweigen«,[156] und er meinte, in dem steigenden Stimmenanteil der Sozialdemokratie bereits die Entscheidungsschlacht zu hören. Die Einsicht, daß solche »Schlachten«, wenn sie einmal stattfinden, auch Umwälzungen im »Kanon« der akzeptierten Kulturgüter und -praktiken beinhalten, gehört einer späteren Generation von marxistischen Theoretikern an.[157] Nicht aber von »bürgerlichen«; und schon zu Mehrings Lebzeiten meldete sich der völkische Theoretiker, der zu einer solchen Umwälzung – der Ausmerzung Heines aus der deutschen Literaturtradition – bereit war und ihre Voraussetzungen bereits schuf.

II. Front der Unassimilierbarkeit: Hegemonie des »Deutsch-Fühlens«

> »Die Broschüren- und Artikelflut jener Tage wird einmal dem Kulturhistoriker ... wichtiges Material zur Charakteristik der Zeitverhältnisse bieten.«
> Gustav Karpeles

> »Ein Jude, ein Poet –«

Eine böse Ahnung geht bereits durch Heines früheste Briefe: der junge Lyriker macht sich Sorgen um die Aufnahme, die die »Liebeslieder eines Juden« in der christlichen Umgebung Hamburgs wohl finden werden.[1] »Ein Jude, ein Poet«[2] – für den dreiundzwanzigjährigen Heine sind das noch fast die entgegengesetzten Pole des sozialen Universums: der Anspruch des Juden auf den Namen des Dichters wird damit gleichbedeutend mit gelungener »Aufnahme«, mit Assimilation. So selbstverständlich dieser Anspruch auch ist, so hartnäckig wird er, von einem Teil der deutschen Öffentlichkeit, damals bereits bestritten. Heine kann sich als Schriftsteller in seiner Sprache nicht bewegen, ohne daß sein Recht, seine Befugnis, dies zu tun, von einem Gegner grundsätzlich in Frage gestellt, »revoziert« werden könnte. Der Druck, die Spannungen, die dieser Umstand für den jungen, hochempfindlichen Heine bedeuten, sind um so schwerer zu orten, als er, um sich gegen sie zu behaupten, sich einfach über sie hinwegsetzen muß. Heine hat dies dann auch mit allem erdenklichen Erfolg getan. Er hat sich im Deutschen »frei« bewegt, ohne jenem Zwang zu gehorchen, der dem aspirierenden Assimilanten nahelegt, leiser zu treten, um die Chancen der »Aufnahme« nicht zu gefährden. Ist jedoch das Ziel der Emanzipation »gleichberechtigtes« Mitreden, so wäre solche Rücksichtnahme bereits Verrat am Gehalt der Emanzipation. Auch hier ist Heine nicht gewillt, an diesem Gehalt Abstriche zu dulden. Die Individualität und Inhalte des Heineschen Stils kennen keine konformistischen Rücksichten.

Es war jedoch ›ein Weg dorthin‹ zu diesem unbefangenen Sprechen, welches man, wenn man sich mit den näheren Umständen vertraut macht, wohl zu den bedeutendsten Leistungen der Heineschen Biographie wird rechnen müssen: Den Zwang zur »Rücksichtnahme« zu durchbrechen, die »Juden«-Problematik bisweilen offensiv nach außen zu tragen, zeugt von der Charakterstärke dieses späterhin als »charakterschwach« apostrophierten Dichters. Nicht, als ob Heine den Zwang zur Rücksichtnahme nicht gekannt hätte: den als Leugnung der eigenen Identität und Herkunft empfundenen Schritt der Taufe hatte er, wegen der ansonsten versperrten Berufsaussichten, ja 1825 vollzogen.[3] Auch was sein Werk betraf, hatte Heine die Verlockungen der Rücksichtnahme durchaus empfunden. Beunruhigt stellte er fest, daß die verschlüsselte Kritik am Christentum im *Almansor* von kirchlich gesinnten Kreisen durchaus »richtig« verstanden wurde und seine Popularität beeinträchtigte.[4] Während der Arbeit am *Rabbi von Bacherach* spricht er einmal von der »Klugheit, es nicht zu schreiben« – das Fragment wurde erst 1840 veröffentlicht –, und bereitet sich darauf vor, »die Wogen des Judenhasses« gegen sich »anbranden zu lassen«.[5] Nach Platens antisemitischer Anrempelung in den *Gabeln* ließ Heine dann, nicht ohne inneren Konflikt, die »kluge« Rücksichtnahme endgültig fahren.[6]

Hier ist nicht der Ort, jenen »Skandal« erneut aufzurollen.[7] Aufschlußreich ist er aber, in dem jetzigen Zusammenhang, durch das, was er über Heines ausgeprägtes Verhältnis zum Skandal aussagt. Nimmt man den Druck des »Judseins« ernst, so scheint Heines Mobilisierung der Schicht des Skandalösen in seinem Werk wie die genaue Mimesis antisemitischen Umgangs mit dem »Juden« selbst – das heißt, eine »skandalöse« Schicht kann, in der judenfeindlichen Gesellschaft, jederzeit gegen den »Juden« Heine abgerufen werden, zunächst ohne jedes Risiko für denjenigen, der so verfährt: der »Skandal« von Heines Judentum ist schlicht Konsens einer geerbten antisemitischen Grundstimmung der Kulturgemeinschaft. Eine übliche Figur des Skandalösen ist die Verwendung einer Übertretung im Privaten, um eine Person in ihrer öffentlichen Funktion zu erschüttern; beim »Juden« jedoch, bleibt die antisemitische Grundstimmung erhalten oder wird auf sie erfolgreich spekuliert, ist der Skandal, die »Übertretung«, sein Dasein selbst. So sieht sich Heine, permanent und ohne sein Zutun, gleichsam durch seine bloße Existenz, dem »Skandal« ausgesetzt. Daher die große Reizbarkeit des jungen Dichters, was die Berührung seiner »Privatverhältnisse« betrifft,[8] und schließlich sein eigener Zugriff – obzwar in differenzierter, »poetisch« angereicherter Form – auf die Schicht des Skandalösen in dem Umgang mit Gegnern, durch die er sich aufgrund der Antastung seiner »Privatverhältnisse« besonders herausgefordert fühlte.

So zeigt sich der brisante gesellschaftliche Fakt von Heines Judentum – der im Sinne des antisemitischen Skandalons »nie abzuwaschende Jude«[9]– durchaus als, im verborgenen, prägender und bestimmender Faktor im Werk selber, in der Herausarbeitung von Heines Sprechweise. Auch das Beharren Heines, in wiederholten Äußerungen, auf der eigenen Stellung innerhalb der deutschen Literatur- und Geistesgeschichte ist wohl nur zu verstehen vor dem Hintergrund jenes prinzipiellen Absprechens eines jeglichen Platzes für den »Juden« innerhalb dieser Geschichte, wie dies bereits durch den zeitgenössischen Antisemitismus geschah.[10] Zweimal widerruft, in Briefen an Moser, ein gepeinigter und verunsicherter Heine sein »Deutschsein« selbst: »Wäre ich ein Deutscher – und ich bin kein Deutscher – siehe Rühs, Fries, an vielen Orten –«.[11] So kann der junge Lyriker auch der Anerkennung des Erzromantikers Fouqué, die dieser in einem Heine gewidmeten Gedicht ausspricht, nicht recht froh werden; denn die Freude über Fouqués Gedicht wird getrübt durch die Erfahrung ihrer Kontingenz, die Möglichkeit des »Widerrufs«: »Auch dieser wird dieses Gedicht einmal ungeschrieben wünschen, wenn er meinen Stammbaum genauer untersucht hat.«[12] Zwischen Heine und die Anerkennung als deutschen Dichter schiebt sich der Widerruf des »Stammbaums«. Der »Poet« ist »Jude«, nicht anders als in dem späten Gedicht *Der Apollogott,* wo der Gott der Dichtung sich selbst zum

Schluß als entlaufener Sprößling jüdischer Eltern entpuppt:[13]

»Habt Ihr nicht gesehn Apollo?
Einen roten Mantel trägt er,
Lieblich singt er, spielt die Leier,
Und er ist mein holder Abgott.«

»Ob ich ihn gesehen habe?
Ja, ich habe ihn gesehen
Oft genug zu Amsterdam,
In der deutschen Synagoge.

Denn er war Vorsänger dorten,
Und da hieß er Rabbi Faibisch,
Was auf Hochdeutsch heißt Apollo –
Doch mein Abgott ist er nicht.

Seine Mutter ist Cousine
Meines Schwagers, und sie handelt
Auf der Gracht mit sauren Gurken
Und mit abgelebten Hosen.«

So waren – in ihrer Einheit eher bekräftigt als widerlegt durch den derben Scherz der Demaskierung – für den späten Heine die scheinbaren Gegensätze des »Poeten«- und des »Juden«-Daseins dann doch eins. Zu Recht hatte aber der Dichter auf Angriffe, die ihm von antisemitischer Seite kamen, mit vernichtender Schärfe reagiert. Denn »Poet« und »Jude« sollten in der späteren Geschichte der Überlieferung noch mehrmals auseinanderfallen.[14]

Von dieser bedrohlichen Möglichkeit ist die Überlieferung Heines in Deutschland zunächst jedoch keineswegs bestimmt. »Mir jauchzte stets mein Volk, wenn ich die Leier der Dichtkunst schlug.«[15] Heine gelingt eine seltene Verquickung: die einer von den Zeitgenossen als unerhört, bisweilen sogar als ungeheuerlich empfundenen Revolution in der poetischen Sprechweise mit einer gleichzeitigen Durchdringung des populären Bewußtseins. Heines Werke finden, in all ihrer Novität, bemerkenswerte Verbreitung.

Dies gilt nicht nur für den spät einsetzenden Erfolg des *Buchs der Lieder*, sondern auch für die zeitgenössische Aufnahme der *Neuen Gedichte* und des *Romanzero*. Die einmalige Stellung, die Heines Jugendwerk später als Hausbuch des deutschen Bürgertums erlangte, hat für die Forschung die Wirkung auch der späteren Gedichtsammlungen Heines vielleicht allzulange überschattet. Denn auch diese schlagen, und zwar schon bei ihrem ersten Erscheinen, »ereignishaft« in das öffentliche Bewußtsein ein, wirken sowohl provokativ wie populär, bedeutsam für eine Öffentlichkeit, die weit über die im engeren Sinne literarische hinausreicht.[16] »Er ist unser größter lyrischer Formenkünstler«, schrieb Theodor Storm, der uns auch eines der schönsten Zeugnisse von der damaligen Wirkung des *Buchs der Lieder* hinterlassen hat.[17] Heine war, in einer Zeit, wo man Dichter noch gerne zitierte, der mit Schiller am meisten zitierte Dichter und der vor Goethe am meisten vertonte.[18] Er mochte »umstritten« sein: er war – und dies sogar in einem Sinne, in dem es die Dichter nicht mehr sind – zentral.

Die Stellung Heines in der deutschen Literatur schien bis zur Jahrhundertwende also unerschütterlich. Nichts natürlicher als die Vorstellung, daß der zu seinen Lebzeiten so Umstrittene, wie so viele Umstrittene vor ihm, nach seinem Tode die Weihe des Klassikers erhalten würde, der er, nach der Universalität und Tiefe seiner Wirkung zu urteilen, doch längst war. In eben dieser Forderung mündete die große positivistische Heine-Philologie der Zeit, die mit den Namen Strodtmann, Elster und Karpeles verbunden ist. In dem wiederholten Versuch, Heine ein Denkmal errichten zu lassen, wurde diese Forderung auf typisch wilhelminische Weise sinnfällig.[19]

Die Erschaffung des »Juden«

»Was bleibet aber, stiften die Dichter«.[20] Heine hat aber bekanntlich sein Denkmal nicht erhalten; auch nicht die

Weihe als Klassiker. Etwas kam dazwischen: die »Heine-Legende«. Denn im Falle Heines stifteten das Bleibende weniger die Dichter als ein etwas »andersartiges« Geschlecht: die Antisemiten. Denn »die Geschichte des Geistes wird nicht nur durch die Geister ersten Ranges bestimmt«.[21] »Er ist unser größter lyrischer Formenkünstler«, schrieb Theodor Storm, »ich kann nichts dafür, daß er Jude war.«[22] Damit benannte Storm aber die grundlegende Spannung, die die Überlieferung Heines in Deutschland prägen sollte als »Jude« und als deutscher Dichter. Bei Storm bildet der Doppelname »Jude« und »unser größter lyrischer Formenkünstler« noch eine Einheit, obwohl auch bei ihm der Konflikt dieses »Doppelnamens« schon deutlich herauszuhören ist. Er sollte sich zum vollendeten Gegensatz entwickeln. Die Bezeichnung »Jude« wurde dazu benutzt, die Bezeichnung »deutscher Dichter« auszulöschen. Die beiden »Namen« Heines konnten nicht mehr nebeneinander bestehen: der Status als »Jude« schloß den als »deutschen Dichter« aus. Somit ist das Schicksal Heines in Deutschland undenkbar ohne die Geschichte des deutschen Antisemitismus: »Man hat in Deutschland Heine seine jüdische Geburt keinen Augenblick vergessen.«[23] Worin bestand aber dieses Nicht-Vergessen, dieser stete und entsetzte Hinweis auf eine vermeintliche und durch nichts zu überbrückende Kluft zwischen den beiden Namen Heines?

Dieses »Nicht-Vergessen« ist zunächst ein Sich-Erinnern an einen Akt der Brandmarkung. Der »Jude« wurde geächtet; ihm kam in der christlichen Umwelt, die ihn umgab, ein »Paria«-Status zu.[24] Im Rahmen solcher Tradition auf Heines »Judsein« zu bestehen, heißt, durch Emanzipation, Assimilation und Aufklärung hindurch die Ächtung und Ausgrenzung, die dieser »Name« beinhaltet, noch aufrechterhalten zu wollen. Es heißt – wie schon seit Jahrhunderten im christlichen Abendland mit dem »Juden« geschehen –, ein Zerrbild des »Juden« Heine als ein abzuwehrendes Anderes hinstellen zu wollen, ihn, mit anderen Worten, zu »verteufeln«. Und es heißt schließlich, in ein affektives, »leidenschaftliches« Verhältnis zu Heine zu treten; Heines Name ist einer, der zur verzweifelten Abwehr herausfordert: man fühlt sich durch diesen Namen in der eigenen Identität gefährdet und bedroht, provozierend »angesprochen«. Somit steckt in diesem Akt der Ausgrenzung ein verborgener Erkenntniswert: etwas wird von den Heine-»Fressern« gesehen, das sie unbedingt abwehren und vernichten müssen und für die Nachwelt damit »unsichtbar« machen. Im folgenden geht es zunächst darum, um Heine sehen zu lernen, uns auch ein »Sehen« anzueignen, das Heine »unsichtbar« machen wollte – und gemacht hat.

Dieses »Sehen«, diese Wahrnehmung läßt sich vielleicht am ehesten anhand eines Verhältnisses zur Sprache zeigen. In jenen seismographischen Briefen über seine »doppelte« Identität hatte Heine geschrieben:[25]

> Alles was deutsch ist, ist mir zuwider ... Alles Deutsche wirkt auf mich wie ein Brechpulver. Die deutsche Sprache zerreißt meine Ohre. Die eignen Gedichte ekeln mich zuweilen an, wenn ich sehe, daß sie auf deutsch geschrieben sind. Sogar das Schreiben dieses Billets wird mir sauer, weil die deutschen Schriftzüge schmerzhaft auf meine Nerven wirken. Je n'aurais jamais cru que les bêtes qu'on nomme allemands soient une race si ennuyante et malicieuse en même temps ...

Wie genüßlich sollte diese Stelle später angeführt werden, als Beleg für Heines »Haß auf Deutschland«. Wenig gehört dazu, aus ihr den gegenteiligen Affekt herauszuhören; den Ton, wenn man so will, des verschmähten Liebhabers. Das Liebesobjekt – die deutsche Sprache – verhält sich nicht so, wie man wünscht, und wird verworfen. In diesem Zusammenhang heißt das, daß die Sprache, gleichviel mit welcher Mühe, Anstrengung, Hingabe und Genialität man sich ihr widmet, das Ersehnte und Selbstverständliche doch nicht gewährt: die Identität als deutscher Dichter, die mit dem Verweis auf den »Juden« negiert wird, wie Heine dies bereits bei seinem ersten Auftreten befürchten mußte.

Die Sprache war der neuralgische Punkt der jüdischen Assimilation; denn sie war auch neuralgischer Punkt der

Identität der Deutschen.[26] Der Kulturkritiker George Steiner hat einmal die Hypothese aufgestellt, daß das *principium individuationis* der Sprachen dazu führt, daß gerade verwandte und ähnliche Sprachen sich, um ihrer eigenen »Identität« willen, aneinander reiben und voneinander abstoßen müssen. Dies war auch, bei dem deutschen Verhältnis zur »Sprache der Juden«, in einer besonders tragischen Zuspitzung der Fall.[27] Sowohl die Labilität der deutschen Identität selber als auch die tradierte Ächtung der Juden führten dazu, daß die Ähnlichkeit des Deutschen mit der vermeintlichen und faktischen »Sprache der Juden«, dem Jüdischen, von »deutscher« Seite oft eher zur Abwehr als zur erleichterten Aufnahme und Verständigung führte. »Die eigentliche Volkssprache der Juden ist das Hebräische, und das unter dem Namen des Neujüdischen bekannte *Mischmasch* ...«, schreibt der Judenfeind und Heine-Zeitgenosse Rühs. Und weiter: »Ist die deutsche Sprache der Juden nicht immer eine fremde, erlernte ... man sehe die deutschen Bücher jüdischer Schriftsteller an. Sie strotzen von undeutschen und falschen Wendungen, verkehrt ausgedrückten Sätzen, unrichtig gebrauchten u. geschriebenen Wörtern.«[28] Von diesem – ursprünglich religiös begründeten – Zwang zur sprachlichen Abgrenzung tut auch ein frühes Wörterbuch kund:[29]

> Mit keiner Sprach sind die Juden jemals / so / wie man so zu reden pflegt / als mit unserer Teutschen umbgangen / denn sie haben solcher einen gantz fremden Thon und Laut gegeben / die guten teutschen Wörter gestümmelt / geradbrecht / verkehret / neue uns unbekandte erdacht / wie auch / unzählig viele Hebreische Wörter und Red-Arten in das Teutsche gemischt / wer sie Teutsch reden höret / nit anderst glaubt / als sie reden pur lauter Hebreisch / in dem fast kein einziges Wort verständlich fürkommet.

Hier tut es wenig zur Sache, daß der Verfasser dieser Zeilen, J. C. Wagenseil, als Christ seine christlichen Leser im Umgang mit den Juden zum guten Beispiel und zur Nächstenliebe mahnt. Das Jüdische erscheint hier nichtsdestoweniger als »Lästerung« des Deutschen. Das Deutsche ist damit auf geheimnisvolle Weise entstellt und umgewandelt worden in die Geheimsprache einer fremdartigen und ungläubigen, beängstigenden und unheimlichen Identität: in die »Sprache des Juden«.[30]

So auch in der Darstellung Richard Wagners, einhundertfünfzig Jahre später. Der Komponist war einer der bedeutendsten Wortführer des Antisemitismus in Deutschland, auch in diesem Sinne »Klassiker des Dritten Reichs«.[31] Genauso geschichtsträchtig wie seine musikalischen Neuerungen wurde seine Rolle als »Metapolitiker« des 19. Jahrhunderts.[32] Zu dieser Metapolitik gehörten aber auch an exponierter Stelle jene Interventionen, die ihrem Urheber auch den Rang als einen Klassiker des Judenhasses eintrugen. Besonders in ihrer Auffassung von der Sprache der Juden sind die Äußerungen Wagners aufschlußreich. Denn die »Sprache des Juden« ist nach ihm zwangsläufig Lüge und Parodie: »Der Jude spricht die Sprache der Nation, unter welcher er ... lebt, aber er spricht sie immer als Ausländer ... in dieser Sprache kann der Jude nur *nachsprechen, nachkünsteln,* nicht wirklich redend dichten oder Kunstwerke schaffen.«[33] Der »Jude« vermöge als Künstler nicht »auch nur *ein einziges Mal* die tiefe, Herz und Seele ergreifende Wirkung auf uns hervorzubringen.«[34] So ist ein »dichterisch sehr begabter Jude«, Heine, damit, als »Jude«, Dichter eines Zeitalters und eines Deutschland, in dem das Dichten selbst zur Lüge wurde, bis Heine sich selbst »zum Dichter log«.[35]

»Lügensprache«: die Vorstellung von einem im jüdischen Wesen begründeten, notwendig wahrheitsleugnenden Charakter geht eigentlich auf Sakrales zurück; der »verstockte« Jude beharrte darin, die zentrale Erlösungsmythe der Kirche, die Ankunft des Messias, das offenbarte Heil, zu leugnen.[36] Dieses »Wahrheitsleugnende« des Juden überträgt sich dann auch auf die juristische Sphäre – der Eid des Juden ist nicht glaubhaft[37] – wie auf die Ökonomie: der Jude ist, in dem wohl bekanntesten aller judenfeindlichen Stereotypen, Schacherer, Ausbeuter und Schieber. Die Sprache des »Juden« wird so, wie in Wagners summierender Darstellung, zur Sprache der Uneigentlichkeit schlechthin. So ist sie, zumal im deutschen Sprachbereich, auch Sprache einer Usurpation: »deutsch« hatte als Nationalsprache für die Deutschen, die in ihrer Geschichte noch keinen Nationalstaat gekannt hatten, einen ganz besonderen Stellenwert als Ausdruck einer sonst nicht gesicherten nationalen Identität.[38] Dieses – »unser Alterworbenes«[39] – werde von dem »Juden« angeeignet; jedoch nicht in dem Sinne, daß er im deutschen Kulturkreis nun aufginge: sondern so, daß er als Fremdling das Deutsche usurpiere, entstelle und für finstere eigene Zwecke einsetze. Es klingen hier die Motive der »Entweihung« und »Verschwörung« an, die, in der ursprünglichen christlichen Fassung, sich gegen das Christentum richteten,[40] die aber nun auf Deutschland und die deutsche Sprache bezogen werden. »Insbesondere widert uns«, schreibt Wagner, »die sinnliche Kundgebung der jüdischen Sprache an. Als durchaus fremdartig und unangenehm fällt unserem Ohre zunächst ein zischender, schrillender, summsender und murksender Lautausdruck der jüdischen Sprechweise auf: eine unserer nationalen Sprache gänzliche uneigenthümliche Verwendung und willkürliche Verdrehung der Worte ... giebt diesem Lautausdrucke vollends noch den Charakter eines verwirrten Geplappers ...«[41] Dieses Entstellte seines Jargons überträgt sich dann auf alle Äußerungen des »Juden«, auch in der Dichtung, auch in der Musik.[42] Denn seine Sprache ist wesentlich die Entstellung. Insofern hat die als »abstoßend« dargestellte »sinnliche Kundgebung der jüdischen Sprechweise« überragende Bedeutung als Offenbarung des versteckten, wahren »Wesens« des Judentums. Dieses Wesen ist aber nicht bloß minderwertig; es ist auch bedrohlich, eins mit der Entstellung, der Entweihung und – der Verschwörung. Wie in der christlichen Vorstellung die »Sprache des Juden« eine Geheimsprache war, gleichsam ein konspirativer Code zum Gebrauch gegen das Christentum, ist auch für Wagner die »Differenz« des Jüdischen das vom Antisemiten aufgedeckte Geheimzeichen der Verschwörung, die das Judentum angestiftet hat.[43]

Diese Verschwörung ist die Modernität. Wagner setzt die verpönte »Jetztzeit« mit dem »Sieg des Judentums« gleich.[44] Damit formuliert er das fundamentale Ideologem des neuzeitlichen Antisemitismus in Deutschland; denn sein sozial-psychologischer Ursprung ist das »Unbehagen an der Moderne«, seine Verlockung die seelisch-symbolische Abwehr dieser Moderne.[45] Wer einen Blick in die antisemitische Schmähliteratur dieser Zeit wirft, dem muß das Ausmaß des Schmerzes und der Trauer auffallen, mit dem hier der Verlust der traditionellen Lebenszusammenhänge beklagt wird. Wie so vieles Neue, fing die Moderne auch als Trauma an: der Untergang der »alten« war für den Antisemiten gleichbedeutend mit dem Untergang der »deutschen« Welt.[46] Der Ausruf des Meister Anton in Hebbels *Maria Magdalena* darf als beispielhaft gelten für eine Schicht, deren Weltbild mit dem Anbruch der Modernität zusammengebrochen war:[47]

»Ich verstehe die Welt nicht mehr!«

Aus den Hetzschriften des deutschen Antisemitismus ertönt mitunter ein ähnlicher Ruf: seine gesellschaftliche Massenbasis war in eben jenen Gesellschaftsschichten – Handwerkern, Bauern, Kleinbürgern – zu finden, die die Entwicklung des Industriekapitalismus zum Untergang bestimmte oder zumindest existentiell bedrohte.[48] Das Bismarcksche Reich, mit seinem Programm der Modernisierung, erschien diesen nun als »orientalisches«.[49] Ihre Reaktion war Sehnsucht – nach den zur Idylle verklärten vorindustriellen Verhältnissen – und Aggression: gegen den »Juden«. Denn das zutiefst Befremdende der gesellschaftlichen Entwicklung wurde auf den geheimen, allmächtigen und wachsenden Einfluß des »Juden« zurückgeführt: »In dieser sonderbaren Erscheinung des Eindringens eines allerfremdartigsten Elements in das deutsche Wesen liegt mehr, als es beim Anblick dünken mag.«[50] Diese Worte gelten dem »Juden«; sie beschreiben aber gleichzeitig die traumatisierende Auswirkung der Modernität.

Die »rationale« Komponente dieser gesellschaftlichen Paranoia war die Tatsache, daß im Zuge der Industrialisierung nach 1848 der sogenannte »Judenwucher« nunmehr zu den normalen Geschäftspraktiken gehörte;[51] die Kapital- und Geldwirtschaft, die in der populären Vorstellung mit dem »Juden« verbunden war, hatte sich damit gesamtgesellschaftlich durchgesetzt. Überdies waren die Juden, in ihrer traditionellen Rolle als Makler und Finanzkapitalisten, oder in ihrer neuen Rolle als Literaten und Journalisten, als liberale oder sozialdemokratische Politiker eine in jenem Modernisierungsprozeß sehr sichtbare Minderheit, der für die untergehenden Schichten ein einziger Prozeß der »Zersetzung« war.[52] So wurden die Juden, und mit ihnen Heine, mit diesem Prozeß einfach gleichgesetzt.

Ungleich wichtiger als die »rationale« Komponente des Antisemitismus war freilich die irrationale. Noch ein Friedrich Engels war davon ausgegangen, daß der Antisemitismus eine »Reaktion mittelalterlicher Schichten gegen die moderne Gesellschaft« war, die mit diesen zwangsläufig untergehen müsse.[53] Statt dessen erwies sich der tradierte Mechanismus der Ächtung und Brandmarkung des »Juden« als viel zählebiger als sein ursprünglicher Anlaß; und er entschwand nicht mit diesem, sondern erbte sich fort gleichsam als ein kostbares Stück der Überlieferung. Denn er erwies sich als äußerst elastisch und anpassungsfähig; und er fand immer wieder einen gesellschaftlichen Auftraggeber. Weit davon entfernt, mit dem Anbruch der Modernität zu verschwinden, konnte er durch die Modernität ungeahnten neuen Auftrieb erfahren.

Zwei Aspekte sind hierbei zu bedenken, die auch in dem »Streit« um Heine immer wieder auftauchen werden. Der erste betrifft das Ingenium der »Verteufelung«. Sie ist nicht an bestimmte Inhalte gebunden. Entscheidend sind weniger die Vorwürfe, die man an den »Juden« richtet, als die Tatsache, daß der »Jude« – unter der Bedingung einer gewissen augenscheinlichen Plausibilität – als Gegenstand von Vorwürfen dient.[54] Das Projektionsbild des

»Juden« im Antisemitismus ist damit alles andere als konstant. Es ist vielmehr geradezu proteisch in seiner Fähigkeit, sich zu verwandeln und neue Formen anzunehmen: in ihm sammelt sich das abzuwehrende »Andere« stets aufs neue. Damit schafft, nach Sartres entscheidender Einsicht, der Antisemitismus nicht nur den »Juden«; er erschafft ihn immer neu.[55]

Dies wiederum ermöglicht eine Wechselwirkung von Vergangenem und Gegenwärtigem, wie sie Walter Benjamin in seiner Theorie der Moderne anhand des Begriffs des »archaischen« und »dialektischen« Bildes festgemacht hat.[56] In einem solchen »Bild« geht ein »Archaisches« die Verbindung mit einem »Aktuellen« ein: beides – das Archaische wie das Aktuelle – bezieht dann seine Kraft gerade aus dieser Verbindung. Eine solche Wechselwirkung läßt sich auch im Heine-Bild des Antisemitismus beobachten. Ein »Archaisches« – die tradierte Ächtung des »Juden« – verbindet sich mit Aktuellem: mit dem »Unbehagen an der Moderne« sowie mit dem handfesten Bedürfnis einer bestehenden Gesellschaftsordnung, den politischen Gegner zu schlagen.[57] Ludwig Börne, als Jude und Oppositioneller dem gleichen Mechanismus ausgesetzt, hat ihn treffend zusammengefaßt: »Sooft meine Gegner sich in Gefahr sehen, am *Börne* zu scheitern und mit ihrem Verstand Schiffbruch zu erleiden, werfen sie ihren Notanker *Baruch* aus.«[58] Der Notanker »Chaim Bückeberg« leistete noch spektakulärere Dienste.

Um sich einen Eindruck von dem Ausmaß dieser Dienste zu verschaffen, ist es vielleicht hilfreich, zunächst sich jenes »Archaische« zu vergegenwärtigen, das im Bild des »Juden« spukt. Leon Poliakov berichtet im zweiten Band seiner Geschichte des Antisemitismus von Passionsspielen im Mittelalter, in denen die Juden, zum Zwecke der Vernichtung Jesu, ein Bündnis mit dem Teufel eingehen, den Heiland bei der Kreuzigung quälen und foltern, um schließlich die zerstückelten Körperteile des Gemarterten zu bespucken.[59] Das Grundmotiv des imaginierten Judentums als Verschwörung, die auf die Schändung und Zerstörung der heiligsten Güter des Christentums abzielt, kommt auch in einer anderen Dichtung klar zum Ausdruck, die von künftigen Historikern als «Quelle« genannt werden wollte:[60]

> Die große Judenverfolgung begann mit den Kreuzzügen und wütete am grimmigsten um die Mitte des vierzehnten Jahrhunderts, am Ende der großen Pest, die, wie jedes andere öffentliche Unglück, durch die Juden entstanden sein sollte, indem man behauptete, sie hätten den Zorn Gottes herabgeflucht und mit Hülfe der Aussätzigen die Brunnen vergiftet ... Eine andere Beschuldigung, die ihnen schon in früherer Zeit, das ganze Mittelalter hindurch bis Anfang des vorigen Jahrhunderts viel Blut und Angst kostete, das war das läppische, in Chroniken und Legenden bis zum Ekel oft wiederholte Märchen, daß die Juden geweihte Hostien stählen, die sie mit Messern durchstächen, bis das Blut herausfließe, und daß sie an ihrem Paschafeste Christenkinder schlachteten, um das Blut derselben bei ihrem nächtlichen Gottesdienste zu gebrauchen ...

Mit überraschender Leichtigkeit wird dieses Motiv religiösen Argwohns und Hasses später, wie wir bereits gesehen haben, auf die »säkularen« Güter wie Sprache, Staat, Gesellschaftsordnung – »Vaterland« – sich übertragen lassen.

Bei näherem Zusehen ist diese Übertragbarkeit aber vielleicht weniger überraschend; denn war sie nicht immer schon gegeben? In dem Motiv der Verschwörung und Entweihung ist das Motiv der »Verteufelung« bereits angelegt. Zunächst im wörtlichen Sinn: die Juden werden mit »Teufeln« gleichgesetzt. Genauer: sie vereinigen, nach Poliakov, die »Merkmale des Teufels und der Hexen miteinander«. »Die Juden sind gehörnt ...; mehr noch, sie sind ausgestattet mit einem Schwanz und einem Bocksbart (es handelt sich dabei um ein unheimliches vierfüßiges Tier, das schlechthin als Werkzeug für die Ausbreitung aller Sünden dient).« Die Juden scheiden einen pestartigen Geruch aus – den *foedor judaicus*.

> Kurzum, die Juden vereinigen in ihrer Person die ganze Skala der Merkmale des Bösen; sie verlieren darum in der Vorstellung der Christen jede Menschlichkeit und gehören von jetzt an einzig und allein in den Bereich des Teuflischen.[61]

Der »Jude« wird in der »Verteufelung« zum Projektionsbild, zum Sammelsurium des Unheimlichen und Bedrohlichen: dies reicht von der »niederen Sinnlichkeit« bis hin zur Zauberei, von der »unergründlichen Hinterhältigkeit« bis hin zur Schändung der Heiligtümer, von der Allianz mit den Aussätzigen bis zur Brunnenvergiftung.[62] Solche Assoziationen, solche kulturellen Archetypen werden wachgerufen, wenn, in der Moderne, der Antisemitismus den »Juden« erneut heraufbeschwört.

So auch im Falle Heine. Vergleichen wir einen Passus aus Wolfgang Menzels *Deutscher Dichtung*, der im Namen der »Gottesfurcht« und der traditionellen Ordnung die Modernität in Gestalt von Heine, Börne und dem Jungen Deutschland abwehren möchte:[63]

> Daß ... die ältesten Feinde Christi, die Juden, eine ihnen so günstige Zeit benutzten, war nicht zu verwundern. Aus allen dunklen Ecken kamen sie hervor, um mit affenartigem Zähneblecken, Grinsen und Zungenherausstrecken was bisher dem Christen heilig war, zu verhöhnen, höllische Kerkopen, die Jahrhunderte lang unter dem schweren Gebälk der gotischen Kirche halbzerdrückt und ins Finstre verkrochen, nur scheu hervorgelugt, jetzt aber mit frechem Salto Mortale mitten in die verwilderte Gemeinde hinübersprangen und sie zur *Anbetung des Goldenen Kalbes* und Vergötterung der *Fleischeslust* verführten.

»Heinrich Heine ...« setzt dann der nächste Absatz ein: in dem Namen Heines konzentriert sich jene Bedrohung alles »Heiligen und Hohen«, die von den dunklen Mächten der Modernität ausgeht. Diese erscheint, in Menzels

Darstellung, in Gestalt Heines an der Schwelle des traditionellen Deutschland mit der »Physiognomie . . . eines aus Paris kommenden . . . durch Lüderlichkeit entnervten Judenjünglings mit specifischem Moschus- und Knoblauchgeruch«.[64]

Ein solcher Ausbruch, Frucht einer langjährigen Entwicklung, ist um so bemerkenswerter, als er aus der Feder eines ehemaligen Liberalen und Oppositionellen stammt. Menzel, der als der »Denunziant« Heines und Börnes in die Literaturgeschichte eingegangen ist, hatte in seiner Eigenschaft als »Literaturpapst«, als führender Kritiker der jüngeren Generation, Heine und Börne auf den Seiten seines Journals mehrmals gefeiert und ausdrücklich gegen antisemitische Angriffe in Schutz genommen. Auch die Emanzipations- und Assimilationsbestrebungen des deutschen Judentums fanden in ihm zunächst einen emphatischen, bisweilen sogar eloquenten Verteidiger.[65]

Aber: »Es gibt Leute, welche den Vogel ganz genau zu kennen glauben, weil sie das Ei gesehen, woraus er hervorgekrochen.«[66] Und was Heine in Menzels Laufbahn mikrokosmisch vor sich hatte, war die spätere Entwicklung des deutschen Nationalismus. Denn Menzel ließ in dem entscheidenden Augenblick seinen Liberalismus fallen, um sich zu den herrschenden Mächten zu schlagen und für den Rest seines Lebens um so ungehemmter seinen deutschtümelnden Phantasien hinzugeben. Im unmittelbaren Vorfeld des Bundestagsbeschlusses titulierte Menzel, in Berufung auf die antisemitischen Pamphlete, die er einst abgewiesen hatte, das Junge Deutschland ein »Jung-Palästina« und forderte die Machthaber dazu auf, gegen diese unliebsamen Schriftsteller einzulenken.[67]

Öffentlich hat sich Heine stets geweigert, Menzels Abfall von der Opposition mit der Bezeichnung als Verrat gleichsam zu dignifizieren; dieser habe nichts verraten, er habe nur die liberale Vermummung abgestreift, um zu seinen geliebten alt-deutschen Röcken zurückzukehren.[68] Es besteht aber wenig Zweifel, daß Heine den Vorfall privat doch als Verrat empfunden hat sowie als trauriges Lehrstück über den Wert emanzipatorischer Lippenbekenntnisse.[69] Er war Heine wohl auch Lehrstück über den prekären Status des »Juden« im öffentlichen Diskurs. Zwar huldigte dieser damals vorerst noch dem Emanzipationsgedanken. Aber unter der Oberfläche, in der kulturellen Unterwelt, bestand der judenfeindliche Archetyp noch ungebrochen weiter. Und im Augenblick eines Konfliktes oder einer empfundenen Gefahr griff man auf den alten Reflex der Schmähung, des »Judenschimpfens«, dann doch zurück: so Wagner, als es darum ging, den Rivalen Meyerbeer auszuschalten und seine gewaltigen Affekte gegen die Modernität zu entladen; so auch Menzel, mit den gleichen Vorbehalten gegenüber der Moderne – und in einer ähnlichen Lage der Rivalität gegenüber seinen potentiellen Konkurrenten in der Journalistik, Heine und Börne.[70] Es ist ein Reflex, der sich im weiteren Verlauf des Jahrhunderts unablässig vertiefen und verfeinern sollte.

Dabei ist, auf politischer Ebene, der Antisemitismus eines Menzel im Vergleich zum späteren fast noch harmlos, »taktisch«: man schlägt den Gegner, das Junge Deutschland, Heine und Börne, mit der Waffe, die sich gerade anbietet.[71] Erst im Laufe der Jahrzehnte verdichtet sich der Antisemitismus zu einer eigenständigen politischen Kraft, zu einer umfassenden politischen Strategie;[72] und erst später steckt er sich das Ziel, den dichterischen Ruhm, die Stellung Heines in der deutschen Literatur gänzlich auszulöschen. Denn so wechselhaft und keineswegs geradlinig die Geschichte des Antisemitismus in Deutschland auch verläuft, in einem Punkt erweist sich seine Entwicklung als kontinuierlich: je mehr er sich als die Rettung vor der drohenden »Zersetzung« begreift, desto vehementer besteht er auf der Ausgrenzung Heines aus der deutschen Literaturtradition. »Zersetzung« nimmt allerdings wiederum immer neue Gestalt an: sie wird zunehmend zum Codewort für Sozialismus, Arbeiterbewegung, Sozialdemokratie. Mit dieser Gefahr wächst auch die Bereitschaft, auf ein Kulturgut »Heine« zu verzichten, das den Kampf gegen sie kompromittieren könnte. Denn Heine als Jude und sozialdemokratischer »Leibdichter« ist für die politische Strategie des Antisemitismus so etwas wie ein politischer Gnadenfall, der die Identität von »Umsturz« und Judentum »augenscheinlich« belegt, wie ja Heine auch, im Sinne der realen Durchsetzung emanzipativer Werte, eine Chance der politischen Kultur heraufbeschwor.

Das Bedürfnis aber der Antisemiten, Heine als Dichter auszugrenzen, ist gepaart mit einem merkwürdig zähen Unvermögen, dies zu tun. Der Antisemit kann sich von dem Heine des *Buchs der Lieder* nie ganz lösen, und man wird bei der Lektüre vieler Anti-Heine-Schmähschriften den Eindruck nicht los, daß die Autoren sich verzweifelt gegen eine Faszination zur Wehr setzen, der sie am Ende doch erliegen. Dies ist vielleicht nirgends so deutlich zu spüren wie bei dem Gebildetsten unter den antisemitischen Heine-Verächtern, Heinrich von Treitschke.

Treitschke, wie vor ihm Wagner und Menzel, ist einer von den Heine-Gegnern, die eine gewichtige Rolle in der allgemeinen Geschichte des Antisemitismus in Deutschland spielen sollten: Nicht nur, daß seine Intervention im Jahre 1879 dem Antisemitismus wieder zu einer Art geistiger Respektabilität verhalf;[73] bei Treitschke ist auch deutlich zu spüren, wie die herrschenden Kreise den Antisemitismus, den sie früher, wie Bismarck, nur instrumentell eingesetzt haben, nun selbst verinnerlichen. Bei ihm finden wir bereits Gedankengut, das die Rassenlehre des Imperialismus und Faschismus eindeutig vorwegnimmt. Der Antisemitismus schickt sich an, die »Judenfrage« von einem konfessionellen in ein »Rassen«-Problem zu verwandeln. Kurz bevor er den »Antisemitismusstreit« lancierte, schrieb Treitschke seiner Frau beruhigt aus Rom, er sei nicht für einen Italiener gehalten worden; dafür seien seine Augen, seine Hüften zu eindeutig »deutsch«.[74] Treitschke hatte freilich auch ein sehr spezifisches politisches Interesse, einen Heine zu ›verteufeln‹. Hatte er doch eine *Deutsche Geschichte* geschrieben, in der er jenem Gebilde, gegen das Heine wie gegen kein anderes seine satirische Invektive gerichtet hatte – Preußen –, eine geheiligte nationale Sendung zusprach.[75]

Treitschkes Judenhaß steht im Zeichen dieser seltsamen

Verschiebung. Menzel, hierin ein Ideologe noch der Restauration, hatte Heine angegriffen im Namen der Sittlichkeit und »Gottesfurcht«. Treitschke tut es im Namen der Nation. Dabei bedient er sich, in ausdrücklicher Berufung auf Menzel, ja teils in ausdrücklicher Berufung auf die archaische Überlieferung selber, der alten Archetypen des »Juden«, denn:[76]

> das *vaterlandslose* Judentum zersetze und zerstöre alle unsere Begriffe von Scham und Sittlichkeit, und wenn der Pöbelwahn des Mittelalters die Juden fälschlich der Brunnenvergiftung beschuldigt hätte, so müsse *die alte Anklage jetzt mit vollem Rechte* auf dem Gebiet der Literatur *erneuert* werden.

»Ein finsterer Judenhaß . . .«[77] Der Freidenker Treitschke verwirft aber die eine Form des Judenhasses nur, um ihn dann in eine zeitgemäßere Form zu bringen. Nichts anderes war das Projekt seiner antisemitischen Vorgänger gewesen.[78] Von Treitschke wird dann auch folgerichtig »die alte Anklage« erneuert: Das Fremde und Bedrohliche des »Juden«, des »Orientalen« – Heine oder Börne – wird nun in dem »neuen Radikalismus« gesehen, der, »undeutsch . . . von dem Wirbel bis zur Sohle«, manchem deutschen Gesellen an der Seine den Kopf verdreht habe.[79] Die Regierungsversion der Ereignisse von 1848, als von den Juden und Ausländern angestiftet, wird, in Treitschkes schön abgerundeten Perioden, inthronisiert in der Historie. Verführt habe Heine sein deutsches Publikum durch seine Sprache, die »auch das Niederträchtige und Ekelhafte verlockend erscheinen läßt«. Wie immer ist die Sprache des »Juden« die Sprache der Verstellung, der »unergründlichen Hinterhältigkeit«: Treitschke bringt hier ein Motiv ins Spiel, das in der späteren Heine-Diskussion Karriere machen sollte – das Motiv des Anempfundenen, Unechten und Unoriginellen bei Heine, dem als Juden das genuine deutsche Empfinden, die genuine Schöpferkraft, versagt gewesen sei. Denn in der Lyrik mißbrauche Heine »sein virtuoses Formtalent, um seelenlos das anempfundene nachzudichten«; in der Prosa sei sein »schillernder« Stil »geschickte Masche«.[80] Was birgt aber diese Verstellung, diese »Masche« des »gewandten Juden«? Verunreinigung – »unter seinen Händen ward alles unrein« –, »öde Verneinung« und – den Haß.[81] Wie der »Jude« in der christlichen Imagination heimlich auf Ruin und Schändung des Christentums sann, sinnen nun die »Juden«, Heine und Börne, im Bunde mit Frankreich, auf den Niedergang Deutschlands.[82] Ihre politische Position reduziert sich in der Dämonisierung auf das »blödsinnige Wutgeheul jüdischen Hasses«, das jenem geheimen Groll entspringt, den der »Jude« seit jeher für die Christen hegte. Dieser überträgt sich bruchlos nun auf »Deutschland«. Bei Heine ertönt gegen Preußen und sein Herrscherhaus der gleiche jüdische Ruf des »steinigt ihn, kreuzigt ihn« wie einst – Treitschke scheut die Gleichung nicht – gegen den Messias.[83]

So die vordergründige, offensiv nach außen getragene, »ideologische« Ebene des Textes. Es gibt aber auch eine andere, hintergründige, gleichsam »innere« und private. Eindeutig in seiner symbolischen Reduktion des »Juden«, bleibt Treitschkes Heine-Urteil dennoch schizophren, zwiespältig, eine »Kreuzung«, wie Heine in der antisemitischen Kritik oft selber als »Kreuzung« gegolten hat.[84] Denn bei Treitschke ist noch kein Zweifel an Heines Rang als Dichter – und als deutscher Dichter. »In den Stunden, wo er ein Dichter war, empfand er ganz deutsch.« »Sein ›Buch der Lieder‹ brachte ... einige Gedichte, die den besten Werken der Romantik nicht nachstanden«, wie beispielsweise das Lied von dem Fichtenbaum und der Palme, »das für die Wandersehnsucht der Germanen sinnige Worte fand ...«[85]

Man mag sich über die Emphase wundern, mit der Treitschke ausgerechnet dieses Gedicht für germanische Sehnsucht reklamiert; handelt es sich doch um einen Text, der auch sinnbildlich für die gespaltene kulturelle Identität des Dichters stehen mag und der mit einiger Wahrscheinlichkeit ein altjüdisches Motiv zitiert.[86] Noch erstaunlicher allerdings sind die Worte, die Treitschke zur

Charakterisierung des Gedichts findet, in dem Heine jenes Preußen »aufs Kreuz legte«, das dem Historiker heilig war. Hatte der politische Agitator Treitschke in einem Kriegshymnus den preußischen Adler besungen, so ist es weniger der Agitator als der Dichter, der aus ihm spricht, als es darum geht, die Qualitäten eines Textes festzuhalten, in dem Heine jenen »häßlichen Vogel« abschießen ließ:[87]

> Dieser Haß war nicht ganz frivol, nicht ohne naturwüchsige Kraft; in ihm verriet sich der Rheinländer. Wenn Heine über die preußischen Soldaten spottete ... so meinte man einen Düsseldorfer Gassenbuben oder einen Kölnischen Karnevals-Gecken zu hören und erkannte beruhigt, daß dieser Deutsch-Jude doch eine Heimat hatte ...
>
> Auch das leichte Versmaß mit seinen scheinbar kunstlosen, und doch dem Genius unserer Sprache fein abgelauschten Hebungen und Senkungen gab dem ›Wintermärchen‹ einen frechen Schwung ... die alte Sprachgewalt war dem Dichter auch jetzt noch geblieben.

Es ist dies vielleicht die paradoxeste, seltsamste Stelle in der gesamten Heine-Literatur, in der an solchen Stellen wahrlich kein Mangel ist. Bei dem Marxisten Mehring bleibt die Beschreibung von Heines politischer Satire so allgemein – platitüdenhaft –, daß sie fast ebensogut für jede andere satirische Dichtung der Weltliteratur gelten könnte; ungleich tiefer und genauer erfaßt der Antisemit die poetische Eigenart des *Wintermärchens*.[88] Der letzte Ausgang und Zusammenbruch des erkrankten Dichters ist Treitschke dann »erschütternder Anblick für jeden, der Menschenschuld und Menschenruhm menschlich zu verstehen vermag«.[89] Kein Zweifel: Treitschke erliegt selber ganz dem Drama des Dichterlebens Heine, was seine Schriften nicht daran gehindert hat, dem deutschen Antisemitismus – und damit der »Heine-Legende« – neuen Auftrieb zu geben.

Die Verschärfung ging weiter: auf zwei Ebenen. »Wem schmeicheln diese Lehren als der Bestialität und Raublust, die in den Höhlen der Verworfenheit, im Schmutz und Branntwein noch schlummern, aber leicht zu wecken sind.«[90] Wie einmal zuvor, während der Revolutionsereignisse von 1848, sollten die »sozialistischen Hirngespinste« Heines[91] auch in dem neugegründeten Reich bald wieder bedrohliche Gestalt annehmen. Bei aller Gegnerschaft hatte Treitschke Heine immer noch als einen festen, wenn auch problematischen Bestandteil des bürgerlich-nationalen Bildungsschatzes betrachtet, gar als »unsterblichen« deutschen Dichter,[92] und nicht als »Parteiheiligen« des Klassenfeindes. Das sollte sich ändern: wie die Sozialdemokratie sich rasch zur größten Gefahr für das Bismarcksche und Wilhelminische Reich entwickelte, wurde Heine von den Antisemiten zunehmend unter eben diesem Blickwinkel gesehen.[93] »Gesellschaftliche Zusammenhänge erscheinen dem, der zu den wahren Schuldigen übergelaufen ist, als geheimnisvolle Verschwörung«:[94] bei Treitschke, dem Apologeten Preußens, verschwanden die politischen und sozialen Gegensätze des Vormärz hinter der Dämonisierung der »Juden« Heine und Börne. Nun wird auch die Sozialdemokratie als »verjudet« dämonisiert: der Arbeiterbund, schrieb der Engels-Feind Dühring, sei »Judenallianz«, sein Sozialismus beinhalte »das Aufgehen aller Völker in einem Judenreich«.[95] Als Verkünder dieses »Judenreichs« wurde Heinrich Heine begriffen. Der Dichter wird nun vom Antisemitismus förmlich als Ahnherr der Sozialdemokratie aufgefaßt: »Es unterliegt keinem Zweifel, daß Heine, wenn damals die Sozialdemokratie als Partei bestanden hätte, sich dieser angeschlossen hätte.«[96] Denn er habe die gleichen Prinzipien vertreten »wie die jüdische Sozialdemokratie«. Über die Zusammenarbeit Marx–Heine heißt es dann lapidar: »Wie das Judentum im allgemeinen stets zur Revolution neigt ...«; und zu Heines Gedichten – »die nur zu häufig die Revolution predigen« – fällt dem Verfasser nur noch die Frage ein: »Glaubt man nicht, einen Führer der heutigen Sozialdemokratie sprechen zu hören?« Derlei Gedichte waren aber für den Autor um so bedauerlicher, als für ihn Heine immer noch als »geborener Poet« gilt, einer »der beanlagtesten Lyriker überhaupt«. Denn etliche der frühen Gedichte Heines rechnet er zu »den schönsten, welche die deutsche Lyrik besitzt«.[97]

Geraume Zeit hatte der deutsche Antisemitismus mit diesem schizophrenen »Doppelnamen« Heines, mit diesem »Luftsprung«, wie Wilhelm Bölsche es nannte,[98] leben müssen: Heine, der gesinnungslose Jude, Apostel des Umsturzes und großer deutscher Dichter. Aber bald zeichnete sich eine andere Entwicklung ab; man ging dazu über, Heine den Rang als Lyriker schlichtweg abzusprechen. Für die ästhetische bediente man sich der gleichen Mittel wie für die politische Denunziation: der Archetypen des »Jüdischen«. Diese, auch das »Ästhetische« umfassende Diffamierung Heines unternahm Viktor Hehn in dem Heine-Passus seines Buches *Gedanken über Goethe*.[99] Die Verve der Denunziation, der Einbruch des archaischen Archetyps sind hier in vieler Hinsicht bemerkenswert. Zum einen zeigt ihre Wucht, welchen Kraftaufwand, welchen Griff in das Arsenal des Barbarischen man eigentlich benötigte, um Heine aus dem eigenen Bildungskanon wieder hinauszuschleudern, seinen »Namen« als Dichter zu erschüttern. Zum zweiten ist man inzwischen aber – noch Wagner und Treitschke ließen Heines Rang unangetastet – zu einem solchen Schritt bereit. Der Schatten aus der »kulturellen Unterwelt« holt hier die kultivierte Rede ein. Er treibt den Autor in ein gewagtes *vabanque*-Spiel mit dem Geist, das in der weiteren Entwicklung Folgen zeitigt. Denn Hehn schreibt keine Kampf- und Hetzschrift, sondern eine schöngeistige Untersuchung, in die die Kampf- und Hetzparolen dann urplötzlich hereinbrechen. Dadurch wird die Prätention des Textes als »Geist« eigentlich gesprengt, ohne daß Hehn – hier wirkt wiederum das Vorbild Wagners und Treitschkes – sie dennoch preisgibt.[100] Denunziation wird Gesittung; das, was Heine einst den »Buschklepper«-Diskurs titulierte, wird verträglich mit dem guten Ton.[101] Denn in der antisemitischen Imagination ist die Abwehr des »Jüdischen« mit der Verteidigung des Heiligsten so innig verwachsen, daß der Abfall in die Mittel purer Beschimpfung ihr wiederum geheiligt scheint. In diesem Fall handelt es sich um das »Gemüt«. »Zwar gehört Gemüt zur schönen Lyrik und Heine besaß keines ... wohl aber war ihm das Talent der Nachbildung in hohem Maße gegeben.«[102] Aber Heines Sprache ist hier nicht nur die Sprache der Parodie, der geschickten leeren Nachahmung. Sie ist wie bei Wagner die Sprache nicht bloß des »wurzellosen«, sondern auch des »falschen Juden«.[103] Sie ist die Sprache des Betrugs, der »unlauteren Konkurrenz«, als welche, laut Sartre, in antisemitischer Vorstellung der »Jude« obsessiv vorkommt.[104] So wird Heine in dieser Darstellung vollends zum poetischen Betrüger, der den tumben deutschen Michel gleichsam im poetischen Geschäft täuscht, übers Ohr haut, um ihn dann heimlich auszulachen:[105]

> Wie mancher seiner Stammesbrüder mit der Zunge so *kunstreich schnalzen* kann, daß man wirklich eine Nachtigall zu vernehmen glaubt ... – so wußte auch Heine die einfältige Treue des Volksliedes, die Phantasien und Fratzen E. Th. A. Hoffmanns und der Romantik, Goethes Herzenslaute und melodiösen Gesang mit so virtuoser Kunst nachzupfeifen, daß man sich *täuschen* ließ und die Simili-Steine für ächte hielt. Man glaubte an Heines Seelengrazie und bemerkte die *Gemeinheit* nicht, die überall ... hervorsah; ... Wie wird er sich ins Fäustchen gelacht haben, wenn treuherzig-dumme Germanen sich von solchen Stücken rühren ließen!

Heines Sprache ist hier nun vollends die der »unergründlichen Hinterhältigkeit«. An sie heftet Hehn nicht nur die Vorstellung kunstvoll inszenierten Betrugs, sondern auch wie bei Wagner die des »Geplappers«. Man beachte das »Schnalzen«. Heines vorgetäuschte »Nachtigallen«-Laute sind Tarnung des ihm und seinen »Stammesbrüdern« eigentümlichen Mißlauts, das abstoßende Kennzeichen der eigentlichen »Judensprache«, das den subhumanen Status des Sprechenden sinnfällig verrät und seine Unfähigkeit zum vollwertigen menschlichen und poetischen Ausdruck unter Beweis stellt.[106] »Dichtersprache« und »Judensprache« schließen sich gegenseitig aus; damit auch die Namen »Dichter« und »Jude«.

»Judensprache«. Tiefer noch als die Angst des Antisemiten vor jüdischer Verschwörung und Hinterhältigkeit saß seine Furcht vor der Kontamination; einer magischen Befleckung, die durch die bloße Berührung mit dem »Juden« entstehen könnte. Auch hier erwies sich der geerbte Mechanismus der Verteufelung als in der entstehenden Industriegesellschaft noch äußerst lebenstüchtig; die »archaische« Vorstellung der Kontamination findet eine höchst moderne Erscheinung, an die sie sich heften kann: das Zeitungswesen. Die Zeitung war in der Tat Ausdruck des neuen Zeitalters; und mit der Industrialisierung und Modernisierung Deutschlands entstand auch ein modernes Zeitungswesen, an dem viele Juden – als Besitzer oder als Journalisten – beteiligt waren. Dieses wurde dann zur *bête noire* der antisemitischen Kritik. »Nach der Meinung der Massen waren die Juden Meister der okkulten Wissenschaften«, schreibt Poliakov über das Mittelalter:[107] für den Antisemiten waren sie auch Meister einer »okkulten« Wissenschaft der Modernität – des Journalismus. Treitschke macht in seiner Darstellung die Geschicktheit und Meisterschaft der Juden Heine und Börne in diesem okkulten Fach für den Radikalismus des Vormärz verantwortlich:[108] auch hat der Antisemitismus später Heine – als »ersten Feuilletonisten« – rückwirkend zum Urheber des modernen Massenjournalismus gestempelt, an dem der streitbare politische Korrespondent der vornehmen *Augsburger Allgemeinen Zeitung* sich freilich selber nie beteiligt hatte. Aber in der antisemitischen Vorstellung sind politische Kritik und Käseblättchen eins. Denn die Zeitung ist an sich Instrument jüdischer Herrschaft, jüdischer »Welteroberung«. »Die Tagespresse ist überragend in Judenhänden, die aus der Journalistik einen Spekulations- und Industrieartikel gemacht haben«:[109] »Sie fördern durch ihre Zeitungen die sittliche Verwilderung ... vergiften durch die in der Presse sich breitmachende semitische

Gesinnung die Denkweise unseres Volkes.« So weiß der Antisemiten-Katechismus sogar von dem Beschluß eines »jüdischen Oberrathes« zu berichten, in dem es heißt: »›Solange wir nicht die Zeitungen der ganzen Welt in Händen haben, um die Völker zu täuschen und zu betäuben, bleibt unsere Herrschaft ein Hirngespinst.‹«[110] Und an der Perfektionierung dieses Instruments hatten Heine und Börne maßgeblich mitgewirkt.

Die Zeitung war Medium »jüdischer« Herrschaft; sie war auch Medium »jüdischer« Befleckung. Und diese »Befleckung« sollte ausschlaggebend werden für eine Sprachkritik an Heine, die später bestimmend geworden ist: Heine als »Verderber« der deutschen Sprache. Wagner hatte bereits der »jüdischen Journalistik« die Schuld an der »Sprachverfälschung« des Modernen zugeschrieben.[111] Der »klassische« Ort solcher Sprachkritik am Dichter Heine wurde dann die Broschüre des Xanthippus *Was dünket euch um Heine?* In ihr wird die Absage an Heines Dichtertum folgendermaßen begründet: Heine sei nicht bloß leerer Sprachvirtuose, ein Plagiator, den »jeder Kommis nachmachen konnte«. Er sei vor allem gefährlicher Sprachverdreher, ein »Pfahl in unserem Fleische«, der als fremdrassiges Element gleich dem jüdischen Journalismus deutsche Sprache und deutsches Wesen zu unterhöhlen drohe.[112] Der Autor Sandvoß macht als einer der ersten die Gleichung Zeitungsdeutsch / »Judendeutsch« / Heines Deutsch; die Sprachkritik an Heine gilt hier nicht mehr wie früher nur der vermeintlichen Lässigkeit von Heines Vers- und Reimkunst, sondern schlägt um in den Vorwurf einer allgemeineren »Sprachverhunzung«, einer letztlich mystischen Befleckung, die weniger durch bestimmte Praktiken Heines bewirkt werde als durch seine einfache Berührung.[113] Die Beweisführung hierfür entbehrt nicht einer gewissen Pikanterie; denn Sandvoß, der sich dagegen verwahrt, die Namen Goethe und Heine jemals in einem Zusammenhang genannt zu hören, kann nicht umhin, sie selber immerfort in einem Zusammenhang zu nennen: dem Zusammenhang nämlich gemeinsam begangener grammatikalischer Fehler.[114] Bisweilen nimmt er Heines

Sprachgebrauch sogar nachdrücklich in Schutz.[115] Völlig der Gegenstandslosigkeit aber verfällt seine Polemik angesichts des Goethe-Worts, das er selber zitiert:[116]

> Wäre ich noch jung und verwegen genug, so würde ich absichtlich gegen alle solchen technischen Grallen verstoßen, ich würde Alliterationen, Assonanzen und falsche Reime, alles gebrauchen, wie es mir käme und bequem wäre …

Aber *quod licet Iovi, iudaeo non licet.* Sandvoß' Polemik beruht gerade auf der Voraussetzung, Goethe, als »Deutscher«, dürfe das; Heine, als Jude, nicht.

Denn darum geht es. Eine sprachliche Abweichung bei Heine hat einen ganz anderen Stellenwert: sie ist, wie in Wagners und in Hehns Darstellung, die »sinnliche« Kundgebung eines gleichsam Übersinnlichen, die Offenbarung des ansonsten klug versteckten semitischen Wesens, das entdeckte Geheimzeichen der jüdischen Verschwörung. Deshalb ist es immer wieder Anliegen des Antisemiten, mit dem Verweis auf die sprachliche Abweichung die Erinnerung an das »Schnalzen« und »Geplapper« der Judensprache wachzurufen. Sandvoß versucht nun verzweifelt, das »Schnalzen« und »Geplapper« nicht nur symbolisch, sondern auch auf der unmittelbarsten Ebene von Heines Sprachgebrauch, in einem vermeintlichen »Jüdeln«, nachzuweisen. Denn mag, dank der geschickten Tarnung des »Juden«, das »Schnalzen« und »Geplapper« nicht immer evident sein: solches *ist* die Sprache des Juden, auch wenn er Musik oder deutsche Gedichte schreibt.[117] Wie in der »archaischen« Vorstellung bleibt die Berührung der deutschen Sprache durch den Juden »Lästerung«, Entweihung, das Nennen des größten deutschen Dichters im Zusammenhang mit einem Juden im emphatischsten Wortsinn Sakrileg.[118] In der neuen Lehre des Rassismus, die einen übergeschichtlichen Wesensunterschied zwischen »Semiten« und »Germanen« postulierte, hatte der Antisemitismus ein Mittel gefunden, die magische Vorstellung »jüdischer« Kontamination noch im Zeitalter der Wissenschaft aufrechtzuerhalten.[119] So wird auch Heines Sprache zur Quelle solcher Kontamination, zum »Pfahl in unserem Fleische«, zur listig geschlagenen Wunde, an der das »Germanentum« zu verbluten droht.

Die Synthese von politisch, »ästhetisch« und rassistisch motivierter Heine-Abwehr vollzog dann Adolf Bartels in seinem epochemachenden Pamphlet *Heine: auch ein Denkmal.*[120] Über die unverhohlen politische Motivation seiner Kritik läßt Bartels keinen Augenblick Zweifel: sein Kampf gegen ein Heine-Denkmal ist für ihn gleichbedeutend mit dem Kampf gegen den »unser Volkstum verwüstenden Radikalismus«.[121] Klar geht auch aus seiner Schrift hervor, wo Bartels das Haupt der Verschwörung sieht. Das Pamphlet ist gespickt mit Seitenhieben gegen die Sozialdemokratie, die sich »den Juden und Millionärsneffen Heine« zu ihrem »Partei-Heiligen« auserkoren habe.[122] Bartels beschließt dann seine Schrift mit der Empfehlung, wenn schon ein »Literaturjude«, dann Hofmannsthal, weil dieser, so die Begründung, nur »der oberen Zehntausend« gefährlich sei, und nicht – wie Heine – »dem ganzen deutschen Volke«. Denn Heine ist die Kontamination des politischen Körpers. Daß Heine »geistig und sittlich verflacht und verludert«, so die Hoffnung, die Bartels seinen Lesern mit auf den Weg gibt, »dürfte selbst die Sozialdemokratie noch einmal einsehen«.[123]

Das unverkennbare politische Interesse ist aber nur der eine Vorzug von Bartels' Schrift; sie stellt ein wahres Kompendium der Vorwürfe und Klischees dar, deren sich die Heine-Gegner stets bedient hatten und immer wieder bedienen sollten. Paul Massing schreibt, der politische Antisemitismus sei in den letzten Jahren des Kaiserreichs wieder in eine »latente« Phase getreten.[124] Hier liegt er vor in Reinkultur.

Der Antisemitismus erschafft den »Juden«; Sartres These trifft vielleicht nirgends so zu wie im Falle Heine: der Dichter wird, in antisemitischer Darstellung, wiederholt zum Gegenstand einer doppelten Projektion. Erstens wird »Heine« so zurechtgebogen, daß er zum Archetyp des »Juden« wird, wie eben der Antisemitismus ihn erschuf; in einem zweiten Schritt wird dann all das auf Heine projiziert, was, nach der antisemitischen Lehre, dem »Juden« an Bösem und Bedrohlichem zukommt. Dies geschieht wiederum an zwei Fronten: Leben und Werk. Nirgends entfachten die Heine-Gegner eine solche dämonische Energie wie bei ihrer Umdichtung von Heines Biographie. Denn galt, nach der damals gängigen Auffassung, das Werk als der genaue Abdruck des »Dichterlebens«, so war das beste Mittel, das Werk zu treffen, die Destruktion des »Lebens«. Diese unternahm nun Bartels.

Ein Beispiel: Käuflichkeit. Mit dem Aufkommen des Industriekapitalismus feierte dieses Prinzip seinen Siegeszug in allen gesellschaftlichen Bereichen. Für den Antisemitismus hieß dies soviel wie die »soziale und politische Herrschaft des Judenthums«, der Triumph des »sozialen Nihilismus«.[125] Laut Sartre identifiziert der Antisemit diese Eigenschaft deshalb so stark mit dem Juden, weil er sich selber so stark von ihr angefochten fühlt.[126] Jedenfalls identifiziert er sie mit Heine. Der »Jude« ist »Geldmensch«: »alles machen sie käuflich« in dem Glauben, daß »Geld die Welt regiert«.[127] Der in Geldfragen eher unbedarfte, als Schriftsteller freilich um Geld ringende Heine wird so zum Inbegriff des gerissenen jüdischen Geschäftsmanns der Poesie, des ewig geldgierigen Juden. So auch in Sachen seiner politischen Überzeugung: Heines – im Gegensatz zu vielen seiner Kollegen – unerbittlich gebliebene Opposition gegen die Restaurationsmächte wird erklärt durch den Hinweis auf die französische Staatspension, den »Sold« der französischen Regierung.[128] Den ersten Platz in Bartels' dickleibigem Band nimmt eine unersättliche Vilifikation des Dichters ein: Heine als korruptes Subjekt, »Revolverjournalist«, Pornograph und »Macher seines Ruhms«.[129] Erst an zweiter Stelle kommen die ästhetischen Kategorien ins Spiel. Bartels formuliert hier aber mit dankenswerter Klarheit jene Heine-Kritik, die über Jahrzehnte hinweg die Heine-Diskussion in Deutschland beherrschen sollte: »Inwieweit ist der Dichter originell?« und »Hat er gelogen?«[130] Die Theoreme von der »Judensprache« beantworten dann diese Fragen. Sie ermöglichen es Bartels, Heine Originalität und »Echtheit« nun gänzlich abzusprechen. Dessen Bilder und Motive seien bloße »Requisiten«, die er von der Romantik und von Goethe übernommen und geschickt eingesetzt habe, nicht aber im »Gemüt« oder in der »Natur« selber vorgefunden.[131] So stereotyp inzwischen die Darstellung Heines als Parodist, so bezeichnend der Hinweis auf die »Natur«. In sie flüchtet der Antisemit vor der Gesellschaft, in ihr sucht er den Beweis der »Unverrückbarkeit«, der noch vorhandenen Idylle, an ihr spürt er, untrüglich, Heines furchterregendes Neuerertum auf: Natur als »Kunstware«, der Gesellschaftlichkeit und Moderne nicht entrückt, sondern ihnen als Folie unterworfen.[132] Gnadenlos suchte Heine jene Innerlichkeit in ihrer idyllischen Höhle auf, um ihr den Primat der Politik vorzuhalten:[133]

Gelegt hat sich der starke Wind,
Und wieder stille wird's daheime
Germania, das große Kind,
Erfreut sich wieder seiner Weihnachtsbäume.

Wir treiben jetzt Familienglück –
Was höher lockt, das ist vom Übel –
Die Friedensschwalbe kehrt zurück,
Die einst genistet in des Hauses Giebel.

Gemütlich ruhen Wald und Fluß,
Von sanftem Mondlicht übergossen;
Nur manchmal knallt's – Ist das ein Schuß?
Es ist vielleicht ein Freund, den man erschossen.

»Kunstware« in der Tat: die »Natur« entpuppt sich hier als Trug, der über den ›Stand der Dinge‹ allzu wohlfeil hinwegtröstet. Durch solche Subversion wird das deutsche Naturgefühl gleichsam *in flagranti* in seiner Fluchtfunktion ertappt; dem kontert der Antisemit mit der Etikettierung Heines als Parodist, von wahrer Erfassung der Natur und des »Gemüts« für immer ausgeschlossen, und damit auch von dem Status als genuiner deutscher

Dichter. »So bemächtigen sich die Juden der Kultur der Völker, unter denen sie leben, und sie tun das mit großem ... Geschick: wirklich Wurzel schlagen können sie aber nicht, vielmehr nur nachempfinden und nachmachen, kurz, sie werden mit Notwendigkeit Virtuosen ...«[134] So meint Bartels mittels seiner Rassenlehre das »Rätsel« lösen zu können, das ihm die Rassenlehre aufgibt; das Rätsel nämlich jenes Zwitterwesens, jenes vexierenden »Doppelnamens«, Heine als Jude und als deutscher Dichter: deutsch schreibend, doch außerhalb des deutschen Volkstums lebend, war Heine »kein Genie, das schafft, sondern ein Talent, das macht, und das ist unser letztes Wort.«[135]

Die Strategie der Abwehr ist damit perfekt: Heines Diskurs – ob »menschlich«, politisch oder ästhetisch – wird vom Antisemiten nun vollends einem Bereich zugeordnet, der jenseits der Grenzen ernst zu nehmender, gleichberechtigt »mitredender« Äußerung liegt. Neben den Kategorien des »menschlichen«, des ästhetischen oder politischen Diskurses schafft der Antisemit nämlich eine vierte: die des »jüdischen«, die nun Heines ganzen Äußerungsbereich umfaßt und diesen, als wesentlich pariahaften, dann ausschaltet. Der »Jude« verhält sich nicht nur in der Wirtschaft, er verhält sich in jedem Bereich menschlicher Äußerung als Parasit. So ist seine Äußerung nicht in erster Linie als menschlich, politisch oder ästhetisch, sondern schlechterdings als parasitär zu verstehen. Die unermüdliche Suggestion der »Käuflichkeit« und »Korruption« Heines in Bartels' Darstellung dient ja auch gerade dazu, Heines Äußerung der verpönten »jüdischen« Sphäre zuzuweisen. Die Kohärenz und Verlockung einer solchen Betrachtungsweise für die Strategie der ›Abwehr‹ liegen auf der Hand. Hier brauchen die Antisemiten nur jene Irritation, die seit jeher von Heines Werk ausging, zu verschärfen, durch Heines Herkunft zu erklären und damit abzutun. Das Schreckbild »Heine« liegt dann unterhalb des ästhetischen Horizonts. Heines Sensualismus, Dissonanzen, Negativität? Das war die Unfähigkeit des »Juden« zu wahrem, lauterem Gefühl, gar seine ›niedere

Sinnlichkeit‹. Die Deutschlandkritik? Das war der entwurzelte jüdische Kosmopolitismus, mehr: der geheime, perfide Haß des »Gastvolks« auf alles Deutsche. Heines Bruch mit dem überlieferten Konsens der Dichtersprache? Das war das Unvermögen des »Juden«, schöpferisch zu sein, als Parodist dem deutschen Vorbild zu genügen. Von daher ist es müßig, darüber zu spekulieren, ob der Jude oder Sensualist, der »dissonante« oder »Sozialdemokrat« Heine am meisten Anlaß zu Anstoß gegeben hätte; denn der imaginierte »Jude« umschließt alle diese Aspekte, gibt sie sämtlich der Ausgrenzung preis. Schließlich wird der Lyriker in der Heine-Legende zu etwas wie dem »Juden« der Poesie, der unzählige rechtschaffene deutsche Dichter von ihrem gebührenden Platz in der deutschen Literaturgeschichte verdrängt und, als »unlauterer Konkurrent«, sein deutsches Publikum betrogen habe. Was den Juden aber so gefährlich machte, war seine Anpassungsfähigkeit, seine Begabung für Mimikry; dabei hatten es die Verkehrungen der Moderne sogar ermöglicht, daß der Paria von ehedem, dem sich früher jeder überlegen fühlen konnte, sich auf unerhörte Weise vordrängte.[136] Wo kam dies schlagender zum Ausdruck als in der Anmaßung des Harry Heine, als deutscher Dichter den Platz neben Goethe bald erschlichen zu haben? In seiner Analyse beschreibt Sartre, wie für das magische Denken des Antisemiten einer »jüdischen« Brücke, so einwandfrei sie auch konstruiert sein mag, dennoch ein geheimnisvoller Makel anhaftet: nämlich der, »jüdisch« zu sein.[137] So mochte Heine einige der schönsten Gedichte nach Goethe geschrieben haben: es waren aber zutiefst fragwürdige, dubiose, weil »jüdische« Gedichte.[138]

In einem hatten die Antisemiten aber freilich Recht, in einem hatten sie in dem unermüdlichen Haß, den sie Heine entgegenbrachten, durchaus etwas Richtiges gewittert. Für den Antisemitismus ist der Jude »Symbol der modernen Gesellschaft«;[139] und Heine war für Deutschland der Herold der Moderne. Heimisch in der Metropole Paris, war er selber fasziniert und abgestoßen von dem Spektakel, das dieses »Welttollhaus« bot: die Welt der neuen, städtischen Laster und Genüsse, der technischen und sozialen Umwälzungen, der offenen Vorherrschaft der materiellen Interessen, der Kämpfe neuer Gesellschaftsklassen und der in ihnen beschlossenen Möglichkeit »proletarischer« Revolution. In jenen Berichten, die nur mit Mühe und verstümmelt in Deutschland erscheinen konnten, hatte Heine seinen deutschen Lesern die Konflikte dieser neuen Welt eindringlich geschildert:[140]

> Aber die Verwirrungen, Verwicklungen und momentanen Nöten, worin die Regierung ... geraten kann, geben den dunklen Gewalten, die im verborgenen lauern, das Signal zum Losbruch ... Das entsetzliche Rad käme dann wieder in Bewegung, und wir sähen diesmal einen Antagonisten auftreten, welcher der schrecklichste sein dürfte von allen, die bisher mit dem Bestehenden in die Schranken getreten. Dieser Antagonist bewahrt noch sein schreckliches Inkognito und residiert wie ein dürftiger Prätendent in jenem Erdgeschoß der offiziellen Gesellschaft, wo unter Tod und Verwesung das neue Leben keimt und knospet. Kommunismus ist der geheime Name des furchtbaren Antagonisten, der die Proletarierherrschaft in allen ihren Konsequenzen dem heutigen Bourgeoisregimente entgegensetzt. Es wird ein furchtbarer Zweikampf sein ...
>
> Der zweite Akt ist die europäische, die Weltrevolution, der große Zweikampf der Besitzlosen mit der Aristokratie des Besitzes ... Wilde, düstere Zeiten dröhnen heran, und der Prophet, der eine neue Apokalypse schreiben wollte, müßte ganz neue Bestien erfinden, und zwar so schreckliche daß die älteren Johanneischen Tiersymbole dagegen nur sanfte Täubchen und Amoretten wären ... Die Zukunft riecht nach Blut, nach Gottlosigkeit und nach sehr viel Prügel. Ich rate unsern Enkeln, mit einer sehr dicken Rückenhaut zur Welt zu kommen.

Davor ergriff der Antisemitismus instinktiv die Flucht:

Bereits selber Teil des Klassenkampfs, bestanden sein Bedürfnis und seine Strategie darin, »Klassenkampf« zu leugnen im Namen einer Rückkehr zu patriarchal-idyllischen Verhältnissen. Insofern war die »antikapitalistische Nostalgie«, die der Antisemitismus ansprach, in vielen ihrer wesentlichen Impulse dem proletarischen Antikapitalismus diametral entgegengesetzt: »Von zwei Seiten wird also die Zerstörung der Gesellschaft betrieben, von seiten der roten und der goldenen Internationale.«[141] Der Antisemitismus faßte die beiden entgegengesetzten Pole der entstehenden Industriegesellschaft – Kapital und Lohnarbeit – als eine einzige bedrohliche Einheit »semitischer Zersetzung« auf, wobei die Angst vor Marxismus und Proletariat – zu dem der Kleinbürger, sozial degradiert, selber herabzusinken drohte – noch vor der Angst vorm Kapital rangierte, das die Quelle solcher Degradierung war.[142] Denn war nur ein Teil des Kapitals jüdisch, so war der »Umsturz« es schlechthin. Ein entsprechendes Bild entsteht dann auch vom »Juden« Heine: Kapitalist und Kommunist, der »satte Bourgeois« und »Millionärsneffe«, wie Bartels ihn schimpfte – und gleichzeitig der Prediger »sozialdemokratischer« Revolution.

Aber bei Heine kam noch eine weitere Dimension hinzu; die Geschichte des Heine-Bilds in Deutschland blieb paradox auch hier. Denn wie kein anderer deutscher Lyriker wußte Heine jene romantische Deutschland-Idylle heraufzubeschwören, die den Antisemiten so sehr am Herzen lag:[143]

Dem Dichter war so wohl daheime,
In Schildas teurem Eichenhain!
Dort wob ich meine zarten Reime
Aus Veilchenduft und Mondenschein.

Denn nicht nur die äußeren Physiognomien der dürren Hofräte und blonden Predigerstöchter hatte Heine damals in seinen Gedichten aufgefangen, sondern vor allem deren Phantasiewelt, die romantische Traumlandschaft der Schlösser und Zaubernächte, der Geborgenheit in der

Natur und der herzbewegenden Liebe. Eben dem Juden Heine war es gegeben, im *Buch der Lieder* diesem Traum die Form zu verleihen, die durch ein ganzes Jahrhundert hindurch zu den deutschen »Gemütern« sprach. Aber wie André Gide einmal gesagt haben soll: benennen können wir nur, wovon wir für immer Abschied nehmen;[144] und auch die Macht der Heineschen Benennung hing mit der Bereitschaft zusammen, Abschied zu nehmen. Diese Macht lag wohl im Dichterischen, aber sie lag einfach auch im Schriftstellerischen begründet. Bei Heine sind die »Träume« eingerahmt von den Realien, von der prosaischen Gegenwart der zeitgenössischen ›konventionellen‹ Gesellschaft. Gerade in der gleichzeitigen Evozierung beider liegt der mimetische Bann beschlossen, in den das *Buch der Lieder* sein bürgerliches Publikum zog. Ihm erlagen auch die Antisemiten, aber nicht ohne dem Dichter dafür zu grollen, daß er den »Traum« nicht aussprechen konnte, ohne den Traumcharakter anzugeben: Heine erwies sich so als Irrlicht der »Weltflucht«. Denn im gleichen Augenblick, wo er die Traumlandschaft, die Idylle, so treffend evozierte, war bei ihm auch ihre Brüchigkeit gegeben: eine Liebe, deren Entstehung und Verlauf von sinnlicher Begierde und gesellschaftlicher Rücksichtnahme bestimmt waren, und nicht von der Zuneigung zweier verwandter Seelen; eine Natur, die, statt als erhabene Erholung vom Gesellschaftlichen zu dienen, als Projektionsfolie des Gesellschaftlichen nun oft genug »verrückt« spielte; eine romantische Traumlandschaft, die Verhältnisse von Bevormundung und Verzicht, Zwang und Unglück nur verschleierte. Aber die Idylle war auch insofern jetzt brüchig, als sie, welchen Bestand sie auch einmal gehabt haben mochte, nun dem Untergang geweiht war:[145]

> Die höchste Blüte des deutschen Geistes: Philosophie und Lied – Die Zeit ist vorbei, es gehört dazu die idyllische Ruhe, Deutschland ist fortgerissen in die Bewegung – der Gedanke ist nicht mehr uneigennützig, in seine abstrakte Welt stürzt die rohe Tatsache – Der Dampfwagen der Eisenbahn gibt uns eine zittrige Ge-

hirnerschütterung, wobei kein Lied aufgehen kann, der Kohlendampf verscheucht die Sangesvögel, und der Gasbeleuchtungsgestank verdirbt die duftige Mondnacht.

»Altdeutschland, wir weben dein Leichentuch.« Heine war eben bereit, sich jener Moderne zu stellen, vor der der Antisemitismus panikartig zurückschrak; und die Chance dieser Moderne – die Emanzipation des Menschen durch eine kommende Revolution –, die Heine in seiner Prosa kritisch, in seiner dichterischen Praxis jedoch eher unbedingt bejaht hatte – sie war eben jener unaussprechliche Greuel, gegen den der Antisemitismus als politische Bewegung seit jeher seine Spitze richtete.[146] Mit anderen Worten: die unergründliche Gefahr, die im antisemitischen Weltbild vom »Juden« ausging – sie ging tatsächlich von Heine aus.

Der Block des »Deutsch-Fühlens«

»Er hat fanatische Feinde und laue Verteidiger.«[147] Man möchte Sartres Wort über die Situation des Juden im allgemeinen für die akademische Heine-Verehrung um 1900 zunächst einmal nicht gelten lassen; die Expektorationen eines Bartels werden schließlich von Harry Maync in der *Deutschen Literaturzeitschrift* schroff zurückgewiesen, gar als »ekelhaft«, »perfid« bezeichnet.[148] Noch gilt das Urteil, das der damals maßgebliche Literarhistoriker Wilhelm Scherer in seiner *Deutschen Literaturgeschichte* verkündet hatte: »Und doch wird man die Namen Goethe und Heine immer nebeneinander aussprechen müssen, wenn es sich um deutsche Lyrik handelt«.[149] Jedoch spricht aus diesen Zeilen eine unüberhörbare Resignation; und in der Tat kennzeichnet die Haltung der meisten bürgerlichen Heine-Verehrer zu dieser Zeit eine spürbare Defensive, sowohl literarästhetischer als auch gesellschaftspolitischer Art.[150] Ein deutsch-nationales Blatt hatte Bartels' Pamphlet mit den folgenden Worten begrüßt: »Die

Schrift vernichtet den Dichter Heine. Am Maßstab unserer Ästhetik, die vor allem Wahrhaftigkeit erfordert, zerbricht Heines Dichterruhm ganz und gar. Natürlich nur bei denen, die deutsch fühlen können.«[151] Damit wurde die bürgerliche Heine-Verehrung an ihrem wunden Punkt gefaßt.

»Deutsch fühlen« – die Worte umfassen einen ganzen seelischen Komplex, ein Bekenntnis sowohl politischer als auch psychischer Art, das der Antisemitismus immer wieder offensiv ansprechen kann, wenn es um Heine geht. Für die Front der »Deutsch-Fühlenden« bleibt der Dichter in der Tat letztlich unannehmbar. Bemerkenswert aber daran ist der Umstand, daß diese »Front« nicht auf die Ebene der unmittelbaren Politik beschränkt bleibt, sondern daß die politischen Kategorien sich zunehmend auch auf die ästhetischen erstrecken – diese »umkrempeln«. »Deutsch fühlen« bedeutet, wie der Wortlaut nahelegt, Entscheidungen für den Seelenhaushalt; beinhaltet, wie seine Befürworter nicht müde wurden zu betonen, eine »Weltanschauung«.

Der »wunde Punkt« ist Deutschland und die 1848 noch erfolgreich ›abgebogene‹, um 1900 wieder drohende Revolution. Immer wieder sollten die bürgerlichen Heine-Gegner im Kaiserreich von dem verführerischen Einfluß Heines auf die Jugend sprechen: dachten sie dabei auch an die Jugend ihrer Klasse, die mit der biographischen Jugend vieler dieser Kritiker zusammenfiel? Heines *Wintermärchen* und *Zeitgedichte* waren die – seinerzeit noch von einem Teil des Bürgertums mit Begeisterung aufgenommenen – Aufforderungen zum »Umsturz« gewesen. Jedoch nach 1848-49 sollte dieses Bürgertum seinen Kompromiß mit dem bestehenden politischen System eingehen: die Einigung und Industrialisierung Deutschlands findet unter der Ägide Preußens und seines Herrscherhauses statt, und nicht mittels der Zertrümmerung des Absolutismus. »Deutschland«, das im Zeitalter des Nationalismus zum Wert an sich verabsolutiert wird – »die höchste Idee, welche die Männer von Wert in jener Zeit beseelte«[152] –, nimmt damit just die Gestalt an, vor der Heine im *Wintermärchen* gewarnt hatte:[153]

Ein Passagier, der neben mir stand,
Bemerkte mir, ich hätte
Jetzt vor mir den preußischen Zollverein,
Die große Douanenkette.
»Der Zollverein« – bemerkte er –
»Wird unser Volkstum begründen,
Er wird das zersplitterte Vaterland
Zu einem Ganzen verbinden.

Er gibt die äußere Einheit uns,
Die sogenannte materielle;
Die geistige Einheit gibt uns die Zensur,
Die wahrhaft ideelle –

Sie gibt die innere Einheit uns,
Die Einheit im Denken und Sinnen;
Ein einiges Deutschland tut uns not,
Einig nach außen und innen.«

Das Land wird geeinigt, ohne mit der Vergangenheit gebrochen zu haben. »Deutschland« ist nun ein nationalstaatliches Gebilde, an das sich aber keine Vorstellung vom Durchbruch eines revolutionären, ›emanzipatorischen‹ Gehalts mehr knüpfen kann, wie zum Beispiel an das nachrevolutionäre Frankreich. Vielmehr entsteht der deutsche Staat im bewußten Gegensatz zu solchen Impulsen und nicht, wie Heine es gehofft hatte, indem er sie überflügelte.[154] »Deutschland« ist nun vielmehr, sozialpolitisch gesehen, gleichbedeutend mit der Aufrechterhaltung des alten, überlieferten Apparats der Herrschaft. »Deutsch fühlen« heißt nun, mit dem ganzen Schauer des damaligen Nationalgefühls – dem »Wissen um Dinge, die heilig bleiben müssen«[155] –, diesen Apparat bejahen. Das Gebot der Vaterlandsliebe gilt nun diesem Gebilde.[156]

Das hat auch »ästhetische« Konsequenzen. Die gemeinsame nationale Identität, *gloire* und Mythos deutscher Geschichte – dringend notwendig in einem Land, das von tiefen sozialen Gegensätzen geprägt ist und sich in die Rivalität mit anderen imperialen Großmächten gestürzt hat –, wird nicht gestiftet durch den Bezug auf ein modernes revolutionäres Ereignis. Es gilt vielmehr, solche Ereignisse auszublenden als unliebsame Erinnerungen, wenn man das »Deutsche« sucht. So erforscht und ergründet man das »Deutsche« in der feudalen und germanischen Vergangenheit, in der Natur und in der Innerlichkeit, und schließlich – im Gegenzug zur bedrohlichen Kollektivbildung des »Proletariats« – in der »Rasse«.[157]

Damit werden die Voraussetzungen geschaffen für die »Latenz« des Antisemitismus in der deutschen Geschichte: »German Anti-Semitism is a part of German intellectual history. It does not stand outside it.«[158] Im gleichen Moment, wo der Antisemitismus als politische Bewegung zurücktritt, gehen seine Theoreme in den allgemeineren Diskurs ein. 1816 konnte sich der Demokrat Oelsner über »Judenhaß und dergleichen Vorurteile« beklagen, der erste Heine-Biograph Strodtmann die »niedere Schmähung« Heines noch als eine solche abtun.[159] Jedoch die unaufhaltsame Verkümmerung des Liberalismus nach 1848 und 1871 trifft nicht nur die Existenz – die Emanzipation wird nie ganz durchgesetzt –, sie trifft auch das »Bild« der Juden. Werden, in einer gängigen Gedankenfigur, Politik, Großstadt und Gesellschaft, die »Modernität«, im Gegensatz zur Natur und Innerlichkeit als mindere, uneigentliche und »unechte« Sphären herabgewürdigt, so rechnet man sie häufig der »jüdischen«, im Gegensatz zur »deutschen«, Sphäre zu. Das antisemitische »Unbehagen an der Modernität«, deren Identifikation mit dem »Juden«, wird so zum Gemeingut der »Deutsch-Fühlenden«.[160] Der völkisch-nationalen »Weltanschauung« erscheint bald jede kritische Denkweise suspekt, entwurzelt, »jüdisch« und dekadent. Oder wie Habermas schreibt:[101]

> ... das Instinktlose und Entwurzelte des abstrakt allgemein denkenden Intellektuellen verbindet sich mit einem Mangel an patriotischer Gesinnung und Loyalität, mit bodenloser Dekadenz und fehlender Charakterfestigkeit, mit der zersetzenden Kritiksucht des »Fremdstämmigen«, des Juden, dem nichts heilig ist. Wer dieses Bedeutungssyndrom mit den bekannten

Topoi der zeitgenössischen Heine-Kritik vergleicht, ist von den Konvergenzen überrascht: In den polemischen Kennzeichnungen ... scheinen sich jene Prädikate, die seinerzeit entrüstete Kritiker auf Heines Person bezogen hatten, nun zum anonymen Rollenstereotyp zu verdichten.

»They loathed Heine«:[162] Und diesem hielten die Völkischen ein anderes »Diskursmodell« entgegen: »Was in deutscher Sprache geschrieben ist und aus ... deutscher Kultur heraus, muß ... von der Natur her treu durch die Seele des Menschen fliegen und rein und treu wiedergeboren werden – andere Lyrik kennen wir gar nicht.«[163] So Adolf Bartels. Aber die meisten dachten genauso. Goethes »Erlebnislyrik« galt nunmehr in Deutschland als das einzig-gültige Modell des Dichtens.[164] Die Goethe-Apotheose aber, die gleichsam selber wie ein Stück »Natur« in die Überlieferung eingegangen ist, hat eine politische Genese hinter sich. Während Goethe noch vielen moralischen Instanzen des frühen 19. Jahrhunderts als »frivoler« und damit geradezu als subversiver Schriftsteller gegolten hatte,[165] wurde sein Desinteresse am politischen Leben Deutschlands, seine Bevorzugung der »Natur« von den vormärzlichen Literarhistorikern als schmerzlicher Mangel empfunden, für den sie bei Schiller den Ausgleich suchten.[166] Sie sekundierten damit in gemäßigter Form jene radikale Kritik Börnes, Heines und der Jungdeutschen am »Fürstenknecht«, die seinerzeit noch zu den Ohren des Hofmanns von Weimar vorgedrungen war und dort einige Bestürzung auslöste.[167] Die universelle Goethe-Verehrung im Kaiserreich ist damit keineswegs einfach übernommen worden aus einer bereits vorhandenen Tradition; sie speist sich durchaus aus eigenen Quellen. Es galt nun, die Verbindung der klassischen Literatur mit dem neuen normativen Fluchtpunkt der deutschen Geschichte, der Reichsgründung, herzustellen.[168] Das geschah bei Goethe, indem man bei ihm das »Harmonische« herausklaubte, den Politikverzicht – das »Vergraben ... der geistigen Freiheit zugunsten der Natur«[169]

– ihm nunmehr nur zugute hielt. Goethe als der Sänger beglückender, transparenter – und unpolitischer – Verhältnisse, des »harmonischen Weltgebäudes«, wirkte gleichzeitig als die beruhigende Suggestion, daß Deutschland selber sich immer noch in solchen Verhältnissen befände.[170] Goethes lyrische Weltbejahung wurde somit in den Dienst genommen für die Affirmation des Kaiserreichs; nahm doch auch sein Status als »Deputierter beim deutschen Feudalismus« die spätere »Hinziehung zu den alten Mächten« des deutschen Bürgertums vorweg.[171] Insofern war der bürgerliche Goethe-Kult im Kaiserreich auch die narzißtische Apotheose der eigenen Klassenallianz. Die Anbetung des »Dichterfürsten« ist damit selber Teil der ›Verklärung‹ der deutschen Rückständigkeit,[172] der antimodernen Nostalgie. Nicht ganz zu unrecht beruft diese sich auf Goethe: sie tut es aber, um das bedrohliche Neue abzuwehren: »das Angegriffene des Gefühlsleben des modernen Menschen«, wie Georg Brandes schrieb,[173] die Loslösung des Menschen aus den vertrauten Zusammenhängen, das Herannahen der Klassenkämpfe.

Wie sehr eine bestimmte politische Konstellation sich mit einer ästhetischen Kategorie verweben kann, zeigt sich in der damaligen Vorliebe für das »Organische«. Diese Vorliebe berief sich freilich noch auf Goethe; sie war aber gleichzeitig ein zutiefst ideologisches Gebilde. Sehr früh hatte die jungdeutsche Kritik die deutsche Naturbeschwörung als »den faulsten Fleck unsers geselligen Lebens« erkannt;[174] vom deutschen Konservatismus wurde deren ideologisches Potential voll ausgeschöpft. Die Vorstellung des »organisch Gewachsenen« – so verstand sich das Bestehende – wurde bewußt dem Begriff der Revolution entgegengesetzt.[175] Denn letztere war »unorganisch« – wie der »Jude«: »... der Jude denkt in Gegensätzen und geht überall auf isolierende Scheidung, nicht auf genetisch-organische Zusammenhang aus.« Von daher richtet sich Heines und Börnes »Witz« »stechend und giftig gegen alle ererbten, im langsamen Wachstume der Zeit geschaffenen, objektiven *Bildungen und Mißbildungen*«.[176]

Es ist wenig Zweifel, daß mit diesen »objektiven Bildungen und Mißbildungen« die – Hohenzollern gemeint sind. Hier widerruft der Antisemit Hehn, stellvertretend für viele, die eigene Vergangenheit: 1848 hatte er den Autor des *Wintermärchens* durchaus noch als »Retter Deutschlands« begrüßt.[177] 1887 sah die »Rettung« Deutschlands anders aus. Zwei »ererbte ... Mißbildungen«, Preußen und sein Herrscherhaus, hatten die deutsche Einigung herbeigeführt. Also wird dieses »Organische« – und nicht das »stechende und scheidende« – retrospektiv gefeiert.[178]

Heines Werk »stach« aber »giftig und scheidend« weiter: und mußte gerade deshalb, im Namen einer noch als prekär empfundenen Allianz, abgewiesen werden.[179] Schluß und Höhepunkt etlicher Heine-Polemiken dieser Epoche bilden, neben dem Schlußtableau des *Wintermärchens*, wo das »organische Gewachsene« Deutschlands im Nachttopf Karls des Großen als einziger Kothaufen dargestellt wird, eine andere skatologische Szene an einem dunklen und obskuren Ort, wo der Leser Einblick in die bestbehüteten Geheimnisse der deutschen Politik bekommt:[180]

SCHLOSSLEGENDE

Zu Berlin im alten Schlosse,
Sehen wir aus Stein gemetzt
Wie ein Weib mit einem Rosse
Sodomitisch sich ergötzt.

Und es heißt, daß jene Dame
Die erlauchte Mutter ward
Unsres Fürstenstamms. – Der Same
Schlug fürwahr nicht aus der Art.

Ja, fürwahr, sie hatten wenig
Von der menschlichen Natur!
Und an jedem Preußenkönig
Merkte man die Pferdespur.

Das Brutale in der Rede,
Das Gelächter ein Gewiehr,

Stallgedanken – und das öde
Fressen – jeder Zoll ein Tier.

Du allein, du des Geschlechtes
Jüngster Sprößling, fühlst und denkst
Wie ein Mensch, du hast ein rechtes
Christenherz und bist – kein Hengst!

Dieser ungeheuerliche Text ist in der Tat geeignet, jede Vorstellung des Skabrösen zu erfüllen, die der damalige Biedermann mit dem Griff in die Bestände der verruchten Bücher verbunden haben mochte: das Gedicht ist Giftigstes aus dem »Giftschrank« der »verbotenen Literatur«.[181] Es spricht das Unaussprechliche, das schier Undenkbare aus; mit radikalsten sprachlichen Mitteln werden »Preußen und sein Herrscherhaus« hier entweiht. Das Gedicht – ausgelöst wohl durch die Erinnerung an eine authentische »Jagd-« und Skandalgeschichte der Dynastie[182] – ist getragen vom »plebejischen« Ton, dessen Despektierlichkeit auch nicht vor den Größten dieser Erde Halt macht und diese so auf ihr anfechtbares menschliche Maß reduziert. Aber selbst solche Charakterisierung verharmlost geradezu die Dimension des »Schimpfens« in diesem Gedicht. Eine Art *non plus ultra* der Majestätsbeleidigung, scheint der Text zunächst nur aus einer maßlosen persönlichen ›Anpöbelung‹ zu bestehen. Freilich einer unvergeßlichen; statt daß die Beschreibung des »Höchsten«, das Königshauses, den gehobenen oder feierlichen Rand der Sprache streift, durchbricht, »unterschreitet« sie die Sprachgrenze zum »Niedrigsten« hin, nennt die Herrscher in einem Atemzug mit skatologischem Unflat, mit Unzucht und Bestialität. »Unbedeutend«, wie noch ein Houben meinte,[183] ist das Gedicht, ästhetisch wie politisch, damit jedoch keineswegs. Da hatten die Heine-Gegner wiederum das bessere Gespür, die auf seiner »Bedeutung« bestanden. Denn die radikale Umkehrung ist das zutiefst poetische Prinzip des Textes: nicht nur, was die »Ränder der Sprache«, sondern auch, was Heines raffiniert-derbe Bildlichkeit betrifft.

Sie kann schlagen, weil sie stimmt. Denn die »unzüchtige« Nähe des Herrscherhauses zum Tierischen ist hier nicht primär anekdotischer Art. Sie ist Physiognomie der Macht. Der Anspruch der adligen Dynastie auf Herrschaft leitete sich von ihrer Abkunft her. Dieser »Abkunft« spürt nun, im Sinne der Umkehrung, auch Heine nach. Für ihn ist der Ursprung dieser Herrschaft »das Brutale«, die Gewalt. Es ist diese »Pferdespur« – Pferde verkörperten im Feudalismus zugleich Standesprivileg, Waffe und Macht –, die das Herrscherhaus nie abstreift. Erinnert sei an Heines Zeilen über die Zerschlagung der Revolution in Ungarn, *Im Oktober 1849*, wo er das Los der Aufständischen mit dem der mythischen Helden der Nibelungensage assoziiert:[184]

> Es ist dasselbe Schicksal auch –
> Wie stolz und frei die Fahnen fliegen,
> Es muß der Held nach altem Brauch,
> den tierisch rohen Mächten unterliegen.

»Und diesmal hat der Ochse gar / Mit Bären einen Bund geschlossen«: die politische Heraldik Österreichs und Rußlands wird hier »hinabgezogen« zum Bild »unzüchtiger« Vereinigung. Der Sieg der restaurativen Mächte erscheint – »das heult und bellt und grunzt« – als Triumph des Tierreichs. Mit jenen »tierisch rohen Mächten« sollte aber, nach 1848, auch das deutsche Bürgertum seinen »Bund« schließen, seine, wenn man so will, politische »Unzucht« treiben. Das zeigte sich in der Folgezeit auch dadurch, daß diese Klasse sich den politischen »Stallgedanken« – die »Rassenlehre« also, der Pferde- und Tierzucht einst entlehnt, um die adligen Privilegien zu verteidigen[185] – selbst aneignen sollte, zum Hohn jenes Menschenrechtsgedankens, in dessen Namen sie zuerst politisch aufgetreten war. In seiner Abscheu vor den »Roßkammgedanken« der Altdeutschen hatte Heine bereits diese Möglichkeit beunruhigt vorausgeahnt.[186] Seine Anwendung einer Bildlichkeit des Tierreichs auf den politischen Gegner in den späten Gedichten – wie zum Beispiel *Die Wahlesel*:[187]

Sie waren alle national,
Und stampften mit den Hufen.

– ist die prophetische Talion, die poetische Umkehrung jener Reduktion alles Menschlichen auf das Tierische, auf »Rasse« und »Biologie«, die diese Gegner dann selbst vornahmen.[188]

Heines Mut zum »Niedrigen«, gekoppelt mit dem raffinierten Formwillen der Umkehrung, ist hier Voraussetzung für eine politische Dichtung von durchschlagender Kraft. Die Hohenzollern werden aufgespießt mit der Inversion ihrer eigenen Mythen von Zucht, Abkunft und Rasse; dabei werden sie selbst »invertiert«, als die »Höheren« selbst nur benannt im Zusammenhang mit unbenennbar Niedrigem. Das ist das Ingenium der Heineschen ›Frivolität‹.[189] Die doppelte sprachliche Tabuverletzung macht das Gedicht dazu noch unvergleichlich einprägsam. In ihm wird, in einer Art *camera obscura*, das dunkle Negativbild der Reichsgründung gezeigt. Folglich blieb es im Kaiserreich »unsagbar«, aussprechbar nur in der Konfrontation, als, pro oder contra, herausfordernder politischer Akt.[190]

Heines Name war damit der drastische Hinweis auf den »Emanzipationsverrat« des deutschen Bürgertums, auf den wunden Punkt der Reichsgründung und des sie tragenden »historischen Kompromisses«.[191] Somit wird die Gestalt Heines im Kaiserreich paradoxerweise nicht immer weniger, sondern immer mehr zum Skandal. Die ursprüngliche Sensation seiner Lyrik, das »Disharmonische« und die »Dissonanz«, wird einer Ästhetik zunehmend unverdaulich, der die Aussparung der Dissonanz zum prioritären Bedürfnis geworden ist. Schon Elster hatte in einer Einleitung seiner Heine-Ausgabe beklagt, daß »unsere dem Unharmonischen mehr und mehr abgewendete Zeit« die Aufnahmefähigkeit für Heines Werk zusehends verliere.[192] So gerät das Phänomen Heine zunehmend in Konflikt mit den Imperativen des »Deutsch-Fühlens«: Innigkeit vor Provokation, »Natur« vor Politik, Harmonie statt Dissonanz, Zucht statt Sensualismus,

»Goethe«, wenn man so will, vor »Heine«, das »Germanische« vor – dem »Jüdischen«.[193] So wird Heine, in den dissonanten, »plebejischen« und modernen Impulsen seines Werks, zum genauen Gegenentwurf des »Deutsch-Fühlens«. Der Denkmal-Streit markiert damit einen weiteren Einschnitt in der Entwicklung des wilhelminischen Systems selbst: eine »Umwertung der Werte«, eine Verschiebung der national-liberalen in die neue völkisch-imperiale Ideologie.[194] Die Konsequenzen des Emanzipationsverzichts werden immer mehr ins Ästhetische und ›Weltanschauliche‹ verlängert. Wie im Kaiserreich das Korsett der Affirmation und des ›Harmoniebedürfnisses‹ immer enger geschnürt wird, muß die Bereitschaft, Heine aufzunehmen, dahinschwinden.[195]

Dieses »Dahinschwinden« nimmt dann zum Teil auch drastische Formen an; zum Beispiel die des Verschwindens. Richard Wagner hatte mit Heine in Paris freundlichen Umgang gepflegt; auch verdankte er die Anregung zu einigen seiner Opern-Libretti seiner Heine-Lektüre: aber nach seiner Hinwendung zum Antisemitismus, nach seinem eigenen, höchstpersönlichen ›Hingezogensein‹ zu den deutschen Monarchen hat er alle Hinweise auf den Dichter aus seiner Biographie entfernt. Der Revoluzzer des Jahres 1848 ging nun »mit dem König«; und ist Wagners Entwicklung für das deutsche Bürgertum in vielem exemplarisch, so auch in der Verdrängung Heines. Wagner, der große Zubereiter von »Vergessens- und Erinnerungstränken«, gab damit das Signal zum Vergessen aus.[196]

Es gibt aber mehrere Möglichkeiten des Vergessens – wie des Verschwindens und Verdrängens. Schließlich konnte die Literaturgeschichte, anders als die Person Wagner, den Namen Heine aus der Vergangenheit nicht einfach streichen. Dies noch nicht; aber sie konnte ihn »verdrängen«: ihn in seiner bisherigen Gestalt von seinem angestammten Platz vertreiben und mit anderem ersetzen. »Es wäre vom deutschen Liberalismus sehr undankbar«, schrieb 1848 der Literarhistoriker Hehn, wenn er den Bundesgenossen »verleugnen wollte«. Keiner hat ihn dann so radikal verleugnet wie Hehn selbst. Das »Schnalzen«, die »Simili-Steine« und der »Jude« ersetzten dann bei ihm jene frühere Würdigung des Dichters, die, hätte der Verfasser sie nicht selber unterdrückt, in ihrem umfassenden Bekenntnis zum politischen, witzigen und romantischen Heine hätte modellhaft wirken können.[197] Diese Abwendung von Heine war zwar extrem, aber durchaus beispielhaft für die allgemeinere Entwicklung. »Jenes unwillkürliche, freudige Verständnis, das große Dichter bei ihrem Volke zu erwecken wissen, hat Heine nie gefunden.«[198] Freilich gehörte das Erwecken vom »freudigen Verständnis« keineswegs zu den Anliegen der Heineschen Poesie; aber Treitschkes Satz registriert nicht nur den Schock darüber, er will diesen auch ideologisch ausnutzen: um jenes »freudige Verständnis« wieder rückgängig zu machen, das dieser Dichter durchaus noch fand und auch einmal gefunden hatte. So ist Heine für die damalige Literarästhetik fraglos authentisches »Ärgernis«; dennoch hat man den Eindruck, daß dieser Skandal von seiten der Literarhistoriker auch aktiv betrieben wird, und nicht, wie so oft, beschwichtigt oder stillschweigend übergangen.

»Denn alles Skandalöse, was nicht zur Erscheinung kommt, existiert nicht für die Gesellschaft.«[199] Warum wird das »Skandalöse« gerade dieses Falls immer wieder an die Öffentlichkeit gezerrt? »Dieser sein Zwiespalt mit dem deutschen Nationalcharakter spricht sich auf eine in der That furchtbare Weise an einer Stelle ... aus, welche an Härte und zugleich an Energie des Hasses Alles übertrifft, was je bei irgend einem Volke und in irgend einer Zeit gegen die Deutschen gesagt worden.« Die Rede ist von Hölderlin.[200] »Ich glaubte lange Zeit, daß — ein unmoralischer Schriftsteller sei, dessen Werke junge Leute nicht lesen dürften. Auch S. sprach von ihm mit einer Art Grauen, wie von einem Manne mit wilden stolzen Leidenschaften, der sein schönes Genius gemißbraucht habe.« Die Rede ist von Goethe.[201] Nicht nur den Jakobiner Hölderlin, nicht nur den ›frivolen‹ Goethe hat man dann noch assimiliert, sondern auch das politische und sonstige Abenteurertum Richard Wagners, das betont provokante

Auftreten Nietzsches hat deren Avancement zu Bildungsgöttern mitnichten verhindern können. Schließlich hätte wenig dazu gehört, wie Franz Mehring schrieb, auch aus einem Hebbel »einen dreifach so potenzierten Lumpen zu destillieren«[202] als aus Heine. Das obsessive Bedürfnis der Kritik, dies im Falle Heines zu tun, sich mit einer ansonsten gänzlich unbekannten Wollust förmlich an dem »Skandalösen« des Falls zu weiden, ist keineswegs nur darauf zurückzuführen, daß Heine, durch seine prinzipielle Neigung, den Skandal zu provozieren, selber dazu einlädt. Es gehört viel eher zur Strategie der »Skandale« in der bürgerlichen und politischen Öffentlichkeit. Um eine unliebsame politische Figur auszuschalten, entdeckt oder erfindet man um sie einen persönlichen Skandal. Die Strategie der Heine-Abwehr ist mit dieser allgemeineren Strategie des Skandals zutiefst verwandt. Man bediente sich in Sachen Heine, wie Mehring sich ausdrückte, gerne »der Maske der sittlichen Entrüstung«.[203] Die empörte Reaktion auf das vermeintlich Skandalöse in Heines Werk und Leben speist sich aus dem aktiven eigenen Interesse, bei Heine den Skandal zu suchen und zu finden. »Jetzt wird der ganze Landsturm des Patriotismus über mich herfallen. Ueber meine Frivolität wird ja nur deßhalb beklagt, weil ich nicht zu der Partey gehöre ...«[204]

Mit anderen Worten: selbst wenn es hier vordergründig um den literarästhetischen und biographischen »Skandal« Heine geht, handelt es sich grundsätzlich, in dem gegebenen kultur-historischen Kontext, stets um den »politischen«. Heine gehört nicht zur »Partey«. Warum aber konnte seine Kritik nicht einfach vergessen werden oder stillschweigend übergangen? Elsters Editionspraxis legte doch, wie im Falle der *Schloßlegende*, diese Lösung nahe: Heines Kritik, als »unassimilierbare«, schlicht zu unterschlagen. Aber Heine ist für das politische System des Kaiserreichs doppelt unassimilierbar: als Erinnerung an die kaschierte Vergangenheit und als Hinweis auf eine bedrohliche Zukunft. Denn es gab eine politische Kraft in Deutschland, die aus dem Dichter noch den agitatorischen Nutzen zog: der »Schrecken des Jahrhunderts«, die

Sozialdemokratie. Die revolutionäre Gefährdung der »organischen Bildungen« war damit noch nicht ganz ausgestanden: »Heine« als politischer Dichter kein bloßer historischer Hinweis auf das nun vergessene »tolle Jahr«, sondern immer noch Name einer bestehenden Bedrohung. Die Wahrnehmung Heines als »Leibdichter« der Sozialdemokratie blieb keineswegs auf den Antisemitismus beschränkt, der ihn am aggressivsten befehdete. Gerade hier konnten die »Heine-Fresser« sich auf den tiefergreifenden Konsens aller »Deutsch-Fühlenden« berufen. In einer Broschüre eines Mitglieds des deutschen Reichstags gegen die »Schmach« eines Heine-Denkmals heißt es:[205]

> Wie man weiß, verehrt die Sozialdemokratie in Heine einen ihrer besten Schrittmacher, einen der hervorragendsten Krieger im »Befreiungskrieg der Menschheit«; sein »Deutschland, ein Wintermärchen« ist ihre Religion. In den Programmentwürfen des »Zentralausschusses der sozialdemokratischen Partei« bildet Heine den eisernen Bestand ...

Heines *Wintermärchen* nennt der Verfasser »den heiligen Koran der Internationale«, das »Kommunistische Manifest« Heines.[206] Vor diesem Feind greift der Deutsch-Nationale dann zum bewährten Mittel der »Schmähung«; er ergeht sich in rassischen Rundumschlägen gegen Heine und dessen Fürsprecher. Bezeichnend der Terminus, den er in Anlehnung an eine Heinesche Prägung für den Dichter findet: »echt juden-demokrätzig«.[207] »Ein Gespenst geht um in Europa.« Das Gespenst des »Schreckens des Jahrhunderts« geistert auch durch einige der streng literaturwissenschaftlichen und germanistischen Wertungen Heines in dieser Periode.

Christian Petzet, der national-liberale Historiker der Dichtung des Vormärz, hatte Heines *Wintermärchen*, bei allen Bedenken, noch als negativen »Stachel« einer positiven nationalen Entwicklung retten wollen. Vor den *Schlesischen Webern* kapitulierte aber auch sein bemerkenswerter Liberalismus. »Herb sozialdemokratisch«, heißt es dann, und damit ist die Diskussion beendet.[208] Auch Elster distanziert sich vom *Wintermärchen* mit dem dunklen Hinweis, daß die »Lebensphilosophie des Eingangskapitels zu keinem gedeihlichen Ziele führt«.[209] In der Tat verhält es sich so, daß das »Gespenst«, der »Schrecken« auch in dem Sinne in dieser Zeit tabu bleibt, als darüber eher vornehm geschwiegen wird: man hüllt sich in Andeutungen. Jedoch ist die »Andeutung« als Form der Abwehr nicht unbedingt weniger virulent als die direkte Polemik. So auch bei zwei repräsentativen Literaturwissenschaftlern der Zeit, Wilhelm Dilthey und Karl Goedeke.[210]

»Heine, homme de lettres, nez et menton pointus, type israélite marqué . . . c'est un débauché dont le corps affaisé dênote l'epuisement.«* So lautete 1844 der Steckbrief der preußischen Regierung auf den Dichter Heine.[211] In ihm wird die Mobilisierung der Skandal- und »Schmäh«-Schicht von der Imagination der Abwehr aktenkundig. An die Vorstellung Heines als Revolutionär werden zwei andere Angstbilder des Abstoßenden, »Abzuwehrenden« – des »Juden« und des syphilitischen *roué* – gleich geknüpft. So auf der Ebene der realen politischen Auseinandersetzung, wie sie »realer« als ein Steckbrief wohl nicht wird: im Moment der Gefahr greift auch die offizielle Instanz auf das Mittel der »Schmähung« zurück. Dieses Mittel steht einem »Juden« gegenüber immer offen. Ist es aber für die Heine-Legende bezeichnend, daß die »Schmähung« nicht auf die Steckbriefe und Pamphlete beschränkt bleibt, sondern auch in den »gehobenen« Diskurs hereingebrochen ist, so geschieht dies sowohl »offen« – wie bei Hehn und Treitschke – als auch »latent«. Und wie der Antisemitismus selbst in die deutsche Geistesgeschichte ›latent‹ einging, handelt es sich im folgenden um die weitreichende Wirkungssphäre eben dieser Latenz: um ›latente‹ Schmähung als Antwort auf ›latente‹ Gefahr.

* »Heine, Schriftsteller, Spitznase und spitzes Kinn, ausgeprägter israelitischer Typ . . . ein Wüstling, dessen verfallener Körper vom Siechtum gezeichnet ist.«

Wilhelm Dilthey hat vielleicht wie kein anderer Literarhistoriker der Zeit dazu beigetragen, die »kanonischen« Vorschriften der Literaturgeschichtsschreibung im Kaiserreich, sowie den »Kanon« selbst, festzulegen.[212] Die Formulierung dieses Kanons setzt jedoch mit einer Ausgrenzung ein: der Ausgrenzung Heinrich Heines. »Verborgener Schlußstein« des literarhistorischen Werkes Diltheys, so heißt es in einer kritischen Darstellung, ist der Heine-Aufsatz des Jahres 1876, der diesen Ausschluß begründete.[213] Auch Diltheys ganze Vorstellungswelt steht im Zeichen des »Harmoniebedürfnisses.« Er ist einer der wesentlichen Mitgestalter jenes auf »Harmonie« bedachten Goethe-Bildes, das die »Weltbejahung« des Weimarers in affirmativen Einklang brachte mit der neuen »Welt« des deutschen Reiches. »Der Jubel dokumentiert Diltheys neuen politischen Standort.«[214] Jedoch auch seinen ästhetischen. Vor den imponierenden Erfolgen von Bismarcks Machtpolitik kapitulierte Diltheys zaghafter Liberalismus; die Entstehung des Heine-Aufsatzes fällt zusammen mit diesem Bruch in Diltheys politischer Biographie. Die Preisgabe Heines ist gleichbedeutend mit der Preisgabe der eigenen Oppositionshaltung.[215] Der konfliktbeladenen Heineschen Poetik des »Weltrisses« setzt Dilthey nun implizit sein Bild des »harmonischen Weltgebäudes« entgegen.[216]

Um welchen Konflikt es sich dabei handelt, läßt sich bei Dilthey auch in der »Andeutung« heraushören. Es geht um den »sozialen Haß«. Heine ist für ihn »gewaltiger Faktor der zerstörenden Mächte seiner Zeit«, die sich von Frankreich, als Ort der Zerrissenheit, auf Deutschland, als Ort der positiven Weltansicht, zu übertragen drohen.[217] Eine dieser »zerstörerischen Mächte« bestimmt Dilthey dann etwas genauer als »den sozialen Brennstoff des Saint-Simonismus«. Diesen nennt er:[218]

> Die wilde Stimmung ... welche bestimmt war, als Ideal des jungen Deutschland zunächst in den Reihen der Gebildeten ungeheueres Aufsehen zu erregen um alsdann mit Lassalle in den unteren eine Umänderung der Ge-

fühle hervorzubringen, deren Ende heute niemand absieht...

Diese »wilde Stimmung« wird dann mit »Schmutz« in Zusammenhang gebracht, wie vorher mit Heines »Herkunft«; an sie wird dann der »Skandal« von Heines ›Haltlosigkeit‹ und ›Charakterschwäche‹ – gar seines zaghaften Auftretens beim jugendlichen Duellieren – affiziert.[219]

Freilich – und das gilt es in dem jetzigen Zusammenhang festzuhalten – verfällt Dilthey nirgends in den Gestus offener Schmähung. Ist diese aber als latente hier deshalb weniger wirksam und präsent? Alle Grundstrukturen des antisemitischen Ausgrenzungs-Kalküls sind bei Dilthey auch vorhanden. Heines Rede ist für ihn letztlich auch unecht, »künstlerisch drapiert«; der Schriftsteller Heine ist Medium der Übertragung des »Schreckens« des »Saint-Simonismus« von Frankreich nach Deutschland. Mit genuiner Hellsicht – und ohne hier an der ›Echtheit‹ einen Augenblick zu zweifeln – heißt es, Heine sei »jemand aus der am meisten gedrückten Klasse, der der Verachtung und dem Haß gegenüber allen bestehenden Verhältnissen leidenschaftlichen Ausdruck gibt«. Dieser »soziale Haß« hat jedoch keine Aussagekraft; denn seine Quelle ist Heines »soziale Stellung als Jude«, welche »sein positives behagliches Verhältnis zu Vaterland und Gesellschaft« zerstört habe.[220] Diese scheinbar neutrale Formulierung kann nicht darüber hinwegtäuschen, daß der Status als Jude hier dazu benutzt wird, um die Rede Heines in ihrem Anspruch zu erschüttern, als repräsentativ für die »Gesellschaft« gelten zu können. »So wird die Gesellschaftskritik als jüdisches Produkt abgetan und neutralisiert...«[221] Auch bei Dilthey erscheint Heine als die Verkörperung des Bedrohlichen, Fremdartigen und Anderen, ein Status, der durch den Hinweis auf sein Judentum gleichsam besiegelt wird. Dieser »Bestandteil« Heines – so die ›abwehrende‹ Schlußfolgerung des Aufsatzes – »gehört nicht zu dem bleibenden Besitz unserer Nation.«[222]

Ähnliches geschieht bei Goedeke, dessen *Grundriß* noch

zum lexikalischen Fundament der deutschen Philologie gehört. Goedeke selber war eine glänzende Verkörperung jener biedermeierlichen Beschränktheit, die Heine vor 1848 in die Opposition innerhalb der Opposition getrieben hatte.[223] Der Literarhistoriker hätte einer Heineschen Satire entsprungen sein können; entsprechend sah sein Heine-Urteil aus. Hatte er, unter Ablehnung von Heines »Unsittlichkeit«, es vor 1849 noch über sich gebracht, Gedichte Heines in seine Anthologien aufzunehmen, so revoziert er, in der 1905 posthum erschienenen Endfassung seines Standardwerks, im Interesse der Abwehr vollends die ästhetische Anerkennung.[224] Goedekes Lexikon-Artikel wird zu einem Amoklauf der »sittlichen Entrüstung«, der nun eine globale Ablehnung der Erscheinung Heines umfaßt, die von der »Art von Geliebten« bis hin zum wenig geschäftstüchtigen Verhalten des Dichters in dem Hamburger Kontor seines Onkels reicht.[225]

So genuin die »Entrüstung« in diesem Fall auch sein mag; auch sie ist politisch interessiert.[226] Sie gilt, in ihrer Bekämpfung von Heines »durchaus verderblichem« Einfluß, der »Frivolität« nicht nur als Form der Lebensführung, noch bloß als poetologischem Skandalon, der das »gehobene menschliche Dasein«, das »Wesen aller Poesie«, in das »Alltagsleben« herunterziehe, statt dieses »emporzuheben«. Denn diese Frivolität Heines, so Goedeke, schone »nichts im Himmel und auf Erden . . . was der Menschheit heilig ist«.[227] Was damit gemeint sein mochte, ist insofern schon expliziert, als bereits von Heines Haß »gegen Besitz und gegen Christentum« die Rede gewesen ist. Die sonderbare Nähe dieser beiden Begrifflichkeiten schärft vielleicht auch das Ohr für eine weitere Eigenheit des Textes. Eingangs heißt es – faktisch völlig unstimmig –, daß Heine eine »strenge jüdische Erziehung« genossen habe und zur »unverbrüchlichen Erfüllung der jüdischen Gebote« angehalten worden, später, daß er »im Herzen ein Jude« geblieben sei. Auch Heines »Kampf mit der Sprache« wird große Aufmerksamkeit geschenkt, einschließlich des grammatischen Schnitzers, der Heine angeblich bei der Disputation entschlüpft sei.[228] Goedekes

Darstellung wird damit als ›Subtext‹ der wohl perfideste, »archaischste« antijüdische Archetyp unterlegt; der von der jüdischen Verschwörung, die sich gegen das »Heilige« (»Besitz«/»Christentum«) richtet, und als dessen getarnter Kader Heine hier erscheint, der sich aber an der sprachlichen Abweichung des »Juden« dann doch verrät. So ertönt auch bei Goedeke jener kennzeichnende Mißlaut des jüdischen Hinterhalts, das »Gezischel und Geflüster«, das bereits einer der ersten Heine-Kritiker mit dem Dichter assoziiert, das Heine selber als Schüler schon zu hören bekommen hatte.[229] Selbst die Figur Moses Mendelssohn, der klassische »gute Jude« also, hatte Goedeke in seinem Lexikon nur zweideutige Worte des Lobs entlockt, so tief saß bei ihm das Befremden über die »jüdischen Dichter«.[230] Der bedrohliche Jude Heine wird hier assoziativ vollends mit dem vertrauten Stigma gebrandmarkt. Wiederum bewahrheitete sich: »Eine Chance für die sachgemäße Bewertung besteht so lange, wie sich der Kritiker nicht in einer Konfliktsituation mit dem Objekt seiner Untersuchung befindet. Tritt eine Spannung zwischen die beiden auf, stellt sich leicht eine stereotype Zuordnung cin.«[231] Die politische und begriffliche Nähe das *Grundriß*-Projektes zum Antisemitismus, was die Beurteilung Heines betraf, mündet dann in der Begrüßung der *Literaturgeschichte* Bartels' als »das Beste, das neuerdings ... über H. Heine gesagt worden ist«.[232]

In dem Bedürfnis, Heine abzuwehren, wird also, ob im ›gehobenen‹ Diskurs oder im franken politischen Handgemenge, ob bewußt oder unbewußt, direkt oder sublimiert, immer wieder auf die Mittel der »Schmähung« zurückgegriffen. Gerade bei der Abwehr der politischen Bedrohung, des »Sozialdemokraten« Heine, kann man immer weniger auf sie verzichten. Braucht man, um den Gegner auszuschalten, den »Skandal«, so bleibt, angesichts der erneuten Übermacht des antisemitischen Archetyps, das Skandalöseste an diesem skandalumwitterten Dichter immer noch sein Judentum. »Ein klägliches Stück Mittelalter« wird für die Wertung des Dichters nunmehr bestimmend.[233] Mit dem Aufkommen der Rassenlehre, mit dem gesamten »antimodernen« Hang des deutschen Geisteslebens teilt, ja formuliert der Antisemitismus viele der Voraussetzungen damaliger »deutscher« Ideologie. Und nirgends macht sich sein Einfluß auf die »Deutsch-Fühlenden« so bemerkbar wie in dem gemeinsamen Impuls, Heine auszugrenzen.

Wenn das wilhelminische Deutschland Heine ein Denkmal errichten würde, schrieb einer der geistreichsten Heine-Kritiker, würde es jenen heidnischen Völkern gleichen, die auch die unheilstiftenden Gottheiten in ihrem Götzendienst berücksichtigten und anbeteten.[234] Dies war auch die ›Einsicht‹ der Antisemiten. Heines »Erotika« und »Politika«, wie Goethe das Zu-Unterschlagende des eigenen Werks kennzeichnete,[235] entfachen bei ihnen ihre volle Kraft der Irritation. Während die National-Liberalen noch bereit gewesen waren, Heine als »Liederdichter« in den Kanon aufzunehmen, wiesen die Heine-Fresser entsetzt auf die Totalität jenes Œuvres hin, das damit das Prädikat des Klassikers erhalten hätte: ›Gemeinheit‹ und Sensualismus, zügellose Erotik, Natur als »Kunstware«, Fäkaliensprache, Verhöhnung des Vaterlandes und der Herrscherhäuser, »sozialdemokratische« Verhetzung. Das »Ausweichen vor plebejischen Konsequenzen«[236] umfaßt bei ihnen auch die »plebejische« Konsequenz in der Literatur. »Dazu ist zu bemerken: Heine war allerdings ein Mensch von der Art, wie auch ich sie mir in der Regel sorgsam zehn Schritte vom Leibe halte.«[237] Aber auch der Liberale Maync weicht also vor der Erscheinung Heine zurück; und sein Gestus instinktiven Zurückbebens, der die Kodierung als Paria und Gewaltverbrecher – als »Jude« und Proletarier – schließlich selber akzeptiert, besagt mehr als seine Rede zugunsten des Lyrikers. Der symbolische »Körper« des Kritikers hält die Begegnung mit Heine nicht aus, sosehr auch Maync noch ideell für sie plädieren mag. Der Antisemitismus aber ist die Artikulation solcher »Körpersprache«. Und in diesem Zusammenhang muß man ihm einen wahren Erkenntniswert zusprechen; er hat offen auf dem Status Heines als politischem Dichter bestanden, er hat den Bruch des Dichters mit herrschender Ästhetik und herrschender Moral gnadenlos dokumentiert.[238] Dies aber um den Preis von Erkenntnis schlechthin, wie ja, laut Sartre, der Reiz des Antisemitismus weniger in Erkenntnis als in der Befriedigung eines Affekts, einer Leidenschaft, begründet liegt:[239] »... nicht einmal bei poetischen Produktionen habe ich den fortreißenden Dämon in dem Maße gespürt, wie bei diesem Buch«, schrieb Bartels rückblickend über die Erstellung seines »Heine-Denkmals«.[240] Die Bartelssche Leidenschaft sollte sich dem Andenken Heines noch tiefer aufprägen.

Die Ächtung

Was dann nach 1933 in Deutschland mit Heine geschieht, ist in zweierlei Hinsicht bemerkenswert: Einerseits wird ein Dichter, dessen Einfluß bereits »historisch« geworden ist, so behandelt, als lebe er und stelle noch eine unmittelbare Bedrohung für das Regime dar; Heines Werke werden verfolgt wie die eines politisch unliebsamen zeitgenössischen Schriftstellers. Andererseits bringt die nationalsozialistische Bewegung die ganze verzweifelte Energie auf, die Überlieferung Heines, die inzwischen bis in die feinsten Fasern deutscher Sprache und Kultur eingedrungen ist, auszulöschen. So hat es immerhin einige Jahre NS-Herrschaft und der beherzten Intervention einiger besonders Beflissener bedurft, bis Heine nicht mehr wie selbstverständlich in den Reihen der deutschen Klassiker aufgelegt wurde.[241] Noch heikler wurde die Sache freilich bei den unzähligen Heine-Vertonungen, insbesondere denen Schumanns, die doch, auch für das Regime, zum kostbarsten Bestand des deutschen Liedguts zählten. Hier sah man sich vor die unerfreuliche Wahl gestellt, wollte man das »Jüdische« konsequent entfernen, entweder auf die Schumannschen Lieder ganz zu verzichten oder – wie, vielleicht nicht ohne eigennützige Berechnung, ein NS-Lyriker vorschlug – sämtliche Texte neu zu dichten.[242] Die Lösung, die für die *Lorelei* gefunden wurde, ist bekannt; aber bezeichnend, daß selbst am äußersten Punkt der antisemitischen Verfolgung in Deutschland man auf den Dichter Heine nicht ganz zu verzichten vermochte.

Man will indes den Dichter in der Tat »erledigen«.[243] Selbst Bartels (»man möchte dem Halunken an die Kehle springen«) hatte »ein, zwei Dutzend« der besten Gedichte Heines in den Anthologien nicht missen wollen;[244] aber nach gut einem Jahrhundert hat der Antisemitismus in Deutschland sich endlich dazu durchgerungen, dem so haßgeliebten Dichter den Garaus zu machen. Das ist ja das Bezeichnende an der Auslöschung Heines aus der deutschen Literaturtradition: die Überlieferung stirbt, wenn man so will, keines »natürlichen« Todes, sondern ist Opfer politischer Gewalt. Dennoch sah man sich als Nazi gelegentlich genötigt, die Ausmerzung Heines literarästhetisch zu begründen. Eine kurze Aufarbeitung des faschistischen Heine-Bildes kann dazu dienen, die fundamentale Kontinuität, die »aufsteigende Linie« der Heine-Abwertung in Deutschland aufzuzeigen.

So ist Heine in den Augen der NS-Literarhistoriker kein »Virtuose« mehr, sondern schlicht ein »Stümper«.[245] Heine wird der Rang als Lyriker – »der letzte Rest der Überschätzung Heines« – nun endgültig abgesprochen. Die Heine-Abwertung der NS-Theorie vereinigt sowohl die Zuspitzung der alten antisemitischen Denunziation des Dichters als auch die Grundzüge jener »deutschen« Ideologie der imperialen Epoche, die, im Namen des »Elementaren« und »Organischen«, alle Modernität, Gesellschaftlichkeit und Reflexion ohnehin als »uneigentlich«, als abgeleitet und minderwertig herabwürdigt. So ist Heines »Dichten nur ein ... Kleben von nicht zusammengehörigen Elementen, Motiven, Stimmungen ... und darum nicht echt, organisch ... zutiefst im Erleben bedingt.«[246] Anders als beispielsweise Eichendorff gehe Heine nicht restlos in den Naturbildern auf, die er evoziere; er verhalte sich reflektiv, wie ein »sentimentaler Intellektueller«.[247] Nichts ist aber dem Antisemiten verdächtiger als die Tatsache, daß Heine sich nicht identisch mit der »Natur« zeigt.[248] An einer zweiten, besonders prägnanten Stelle glaubt der

Faschist, Heine gegenüber einem »deutschen« Dichter des glatten Unvermögens überführt zu haben: »Für Hölderlin ist das Schloß von Heidelberg die ›gigantische schicksalskundige Burg‹, für Heine der Kölner Dom ein ›kolossaler Geselle‹, dem er ohne den geringsten Schauer mit jüdischen Fingern auf die Schulter klopft.«[249]

Das Verhältnis von Schulterklopfen und Schauer ist hier tatsächlich aufschlußreich: an solchen Stellen zeigt sich so etwas wie eine faschistische Sensibilität für gewisse Qualitäten von Heines Sprache. Denn der Kölner Dom bezieht seine Symbolträchtigkeit für Heine wie für den Faschisten gerade daraus, daß er, um Benjamins Terminus zu benutzen, als »archaisches« Bild fungiert, das verschiedene Zeitebenen und Sinnschichten, wie auch die Verschiebung einer »sakralen« in eine politische Funktion, in sich vereinigt. Der Kölner Dom ist zunächst »versteinertes« Sinnbild des Christentums, des religiösen Schauers. Dieser Symbolwert, dieser »Schauer« ging dann in den Besitz des Nationalismus über; der Dom wurde zum Inbegriff »deutscher« Baukunst, seine Vollendung zur patriotischen Pflicht, Chiffre für das Werk der Vollendung der »unfertigen« Nation. Damit aber nicht genug; wie der Dom wohl immer schon als Repräsentationsobjekt der Herrschaft gedient hatte, so wurde diese Funktion auch in die heranbrechende »Moderne« übernommen; die Unterstützung des Preußenkönigs für das Projekt des Dom-Ausbaus diente als Ausdruck sowohl der restaurativen Einheit von »Thron« und »Altar« als auch dafür, daß der Preußenstaat sich der neuen »nationalen« Frage angenommen hatte. »Sakraler« Ort des Christentums sowie des Nationalgefühls, »repräsentierte« der Dom auch die konkreten Herrschaftsverhältnisse, die sich auf Christentum wie Nationalgefühl beriefen; der »Schauer«, den der Dom einflößte, sollte sich auch auf diese Verhältnisse von Herrschaft übertragen. Nicht anders will es der Faschist: in seiner Imagination geht die Aura des Doms als Sakrales nahtlos auf »Deutschland« – und seine Herrscher – über. Den »Schauer« braucht er für den Führer, die sakrale Ehrfurcht vor dem Dom soll in Ehrfurcht vor dem Herrscher münden. Aber die »jüdischen Finger« kommen dazwischen.

Ihre »schulterklopfende« Arbeit ist in der Tat bemerkenswert. Heines Sprache vollzieht an dem Dom die »entzaubernde« Wirkung der Moderne; der Dom flößt ihr keinen »Schauer« mehr ein. Aber mit dem Dom sind auch die traditionellen Herrschaftsverhältnisse entmystifiziert, »entzaubert«; ihre Legitimation ist brüchig. Denn der »Himmel« war auch Schlupfwinkel der »Dienstbarkeit«.[250] Das weiß Heine und das weiß auch, beunruhigt, sein faschistischer Widersacher. Gerade die beanstandete Stelle zeugt von der Gefahr, die von der »Entzauberung« ausgeht. Hölderlin, hierin nationalsozialistischem Sprachgebrauch durchaus konform, nennt den Krieg, der das Heidelberger Schloß verwüstet hat, noch ›Schicksal‹. Heines Dom als »kolossaler Geselle« dagegen gibt keinen Anlaß für Stimmungen von sakraler Ehrfurcht oder Ergebenheit, die sich dann »übertragen« ließen. Im Gegenteil nimmt solche Sprache den gesellschaftlichen wie symbolischen Enteignungsprozeß zurück. Das heißt: statt daß der Dom hier als Auslöser eines religiösen oder nationalen »Schauers« erschiene, erscheint er als das, was er zunächst ist: Vergegenständlichung menschlicher Arbeit (»kolossaler Geselle«). Die Grandiosität des Baus überträgt sich so auf die ›Arbeitskraft‹ selbst – und nicht auf die kirchlichen oder weltlichen Herrscher, deren Repräsentationszwecken er dienen soll. Das ist ja der ›soziale Mittelpunkt‹ jenes Vorwurfs der Frivolität an Heine, das Hohe erniedrigt und das Niedrige erhöht zu haben: die Mystifikation, die ›Aura‹, die die ›Frivolität‹ angreift, hält das Gefälle zwischen ›Hoch‹ und ›Niedrig‹ aufrecht.[251] So huldigt auch der Faschist dieser Mystifikation, ja, er weiß sich als ihr Erbe.[252] Im »archaischen« Bild des Kölner Doms kommt dieses Erbe klar zum Ausdruck; und wie der Dom in solcher Vorstellung die Kontinuität der Herrschaft – als ›Erbe‹ – dokumentiert, so auch die Kontinuität des »jüdischen« Angriffs auf dieses Erbe: auf das Christentum, auf das Nationalgefühl, auf den traditionellen ›auratischen‹ Ordo und sein soziales Gefüge. Alles das wird durch den Zugriff der »jüdischen« Finger entzaubert und entweiht.

Jüdischer Finger – jüdischer Zungenschlag. Zentral in der faschistischen Heine-Abwertung ist die alte antisemitische ›Sprachkritik‹. Weil die Sprache Medium der jüdischen Assimilation war, ist die Abwehr der Nationalsozialisten hier besonders ›magisch‹ und virulent. Viel analytische Mühe wird dafür aufgebracht, das »Jüdische« an Heines Gedicht zu demonstrieren. Dabei geht es nur vordergründig um den vermeintlichen Einfluß der realen jüdischen (jiddischen) Sprache auf Heines Gedichte. Das ist, wie bei Wagner, wie bei Sandvoß, ja nur das äußerliche Kennzeichen eines weit tiefergreifenden Übels. Heines Gedichte, Werke eines »Sprachgeschultesten«,[253] wie selbst NS-Theoretiker gelegentlich zugeben, sind nur scheinbar auf deutsch verfaßt: ihre eigentliche Sprache ist die ›Sprache des Juden‹, »widerwärtig ölig und sentimental«, »im Tonfall wie Inhalt verlogen«.[254] Das Verhältnis des »Juden« zur deutschen Sprache ist notgedrungen äußerlich, manipulativ und schädigend: so habe Heine »sich der deutschen Sprache als bloßen Ausdrucksmittels bedient«[255] und dabei »den unheilvollsten Einfluß auf die deutsche Sprachform« ausgeübt.[256] Denn das Wesen der ›Judensprache‹ bleibt Befleckung und Kontamination, Rückfall in den vormenschlichen Zustand des »Schnalzens« und »Geplappers«, jener als Signum des Untermenschlichen eigentlich vorsprachlichen Form der Äußerung, jener ›Sprache der Stotterer‹, »zu der er sich neben dem Mundwerk auch der Hände und Füße bedient«.[257] In diesen Rückfall droht der »Jude« den »Deutschen« mitzureißen, wie beispielsweise durch die Anfangszeile der *Lorelei*: »Sofort fahren uns die Worte in die Arme und zwingen uns zu einem Zucken der Achseln, während die Handflächen auseinandergehen: eine typisch jüdische Geste ...«[258] Stracks wird der nichtsahnende Arier ›kontaminiert‹.

Worin bestand aber konkret diese Ansteckung? So sehr die Kontamination durch den »Juden« dem magischen Vorstellungsbereich angehört, so sehr fand sie, wie wir gesehen haben, in der modernen politischen Auseinandersetzung dankbare Anwendung. So auch in dem, was das gemeinsame Projekt der »deutschen Ideologie« und des Nationalsozialismus betrifft, in der symbolischen Abschaffung des ›Klassenkampfs‹. Es ist in diesem Zusammenhang aufschlußreich, sich zu vergegenwärtigen, daß im deutschen Sprachgebrauch der Begriff der Ansteckung nicht nur dem medizinischen, sondern auch dem politischen Bereich angehört. »Angesteckt« wird man nicht nur mit einer Krankheit, sondern auch politisch, mit dem »Aufruhr«. Empfand nun die deutsche Ideologie den Zustand der Gesellschaftlichkeit, des inneren politischen Konflikts, bereits als unerträglich, so lieferte der Antisemitismus eine Erklärung für diesen »gefallenen« Zustand – den »Juden« – sowie einen Ausweg aus ihm: Abschaffung des »Juden«. Ähnlich verhielt es sich bei der Frage der politischen Ansteckung: sie war »jüdisch«. Die Anfälligkeit der »Masse« für die Ansteckung, die der »Jude« ihr verursacht, ist Gegenstand einer interessanten literaturtheoretischen Untersuchung aus der NS-Zeit, die sich zur Aufgabe machte, den Unterschied zwischen dem bekannten Volkslied des schlesischen Weberaufstands und Heines noch berühmterem Gedicht herauszuarbeiten.[259]

Die Gegenüberstellung fällt vernichtend aus; jedoch zunächst, wie es scheint, für das Volkslied. Man kann auch hier, an dieser ideologisch exponierten Stelle, durchaus von einer geschärften faschistischen Sensibilität für Heine, von einer verqueren Anerkennung seines künstlerischen Ranges sprechen, die jedoch in dem Bedürfnis mündet, ihn nicht »anzuerkennen«, sondern auszulöschen. In diesem Falle streicht der Kritiker den Abstand, der Heines *Weber*-Lied von dem Volkslied trennt, geradezu heraus. So bleibt das Volkslied nach seiner Ansicht diffus, auf der Stufe einer »unbewußten Gruppenexistenz«, »verliert sich in Leidensbetrachtungen ... und in Wiederholungen, deren Blickpunkt immer enger wird ...«, bringt es »nicht einmal zum klaren Erfassen eines Tat-Ziels, zum Racheaufruf, der die formlosen Verse ... zusammenrisse«. Dagegen Heine: sein Rhythmus fingiere »den stampfenden Takt des Webstuhls, um die Vorstellung ›Weber‹ so zwingend wie möglich zu machen«:[260]

> In diesen ... Arbeitsakt hinein preßt er den Haßgesang, dem er von vornherein das politische Ziel gibt: Arbeiterrevolution gegen Deutschland. Gleichlautend setzen die Strophen ein: ›Ein Fluch‹, und sie schließen mit dem drohenden »Wir weben, wir weben«, als dröhnten alle Webstühle den Aufstand mit. Gegen solche Kultur der Form fällt das wirkliche Aufruhrlied der Weber in seiner formlosen Breite ab ...

Der große Vorzug der Heineschen Dichtung gegenüber dem ursprünglichen Weber-Lied wird also von dieser Kritik ohne weiteres anerkannt: eine ungeheuerliche Konzentrierung des Stoffes sowohl künstlerischer als auch politischer Art.[261] Gerade dies wird nun aber zum Indiz der Unwahrhaftigkeit erklärt, zum Beweis für den ›uneigentlichen‹ Charakter von Heines Sprache; sie bleibe bloß »Gewirk«.[262] Neben den unvermeidlichen Hinweisen auf Heine als Intellektuellen, Leitartikler und Juden ist die grundlegende Argumentation hier ein eigentümlicher Zirkelschluß. Denn indem Heine den »dumpfen Lebensgroll« der Weber künstlerisch wie politisch ausformt, um »ein erstes Hetzlied des Klassenkampfes zu dichten«, »schafft er eine ebenso unwahre Konstruktion vom Kollektivwesen Weber, wie Karl Marx sie vom Proletarier geschaffen hat«. Heines Gedicht ist unwahr, weil der Klassenkampf unwahr, ja, weil der Zustand der »Masse« selbst unwahr ist. »Masse zeigt sich hier als Zustand einer Gruppenexistenz, die aus der natürlichen Ordnung des sozialen Gefüges abgedrängt ist in den Gegensatz der Klassen ... In dieser Abschnürung ist die Masse lebensentwurzelt, daher ein Spielball der eigenen Erregungen oder fremder Verführung.«[263] Dem »elementaren«, »dumpfen Lebensgroll« der Weber kann solche Kritik durchaus noch etwas abgewinnen: unerträglich aber ist ihr die Vorstellung ausgeprägten, eigenen ›proletarischen‹ Bewußtseins. Ein solches Bewußtsein ist selbst nur noch »Gewirk«, Ergebnis verführerischer fremder Einwirkung. Wie früher der Antisemit Treitschke das Wesen des »Germanen« auf »Treue« festlegte, kann »Arbeiterrevolution« hier nicht mehr in, sondern lediglich gegen Deutschland stattfinden. Die proletarische Masse lebt jedoch »entwurzelt« und schwebt von daher in permanenter Gefahr, zur Revolution »verleitet« zu werden durch die »uneigene« und »berechnende« ›Sprache des Juden‹. Die Art der Ansteckung, die in der faschistischen Imagination von Heines Versen auf den »arischen« Leser überzuspringen drohte, tritt hier nun endlich nackt hervor: es ist die der proletarischen Erhebung.[264]

Bei solcher Kritik ist das Wechselspiel von Erkenntnis und Vernichtungswillen noch deutlich zu spüren. Ein Moment »entsetzter« Erkenntnis und abgenötigter Anerkennung haftet noch den extremsten Handlungen und Äußerungen der Nationalsozialisten in Sachen Heine an. Ja, es fragt sich, ob nicht selbst ihre »Auslöschung« des Dichters das Mal solcher Erkenntnis trägt. Laut Adorno beschleicht den Antisemiten ein geheimes Wissen um die Sinnlosigkeit seines Tuns;[265] gilt dies auch für die Nichtigkeit seiner Behauptungen? »Dichter unbekannt« – in dieser Bezeichnung Heines durch die Nationalsozialisten, die seine *Lorelei* in dem gleichen Moment in ihren Kanon aufnehmen, wie sie den Namen des Verfassers tilgen, ist dieses Moment vernichtender Anerkennung beispielhaft präsent. Auch in dem Augenblick, wo sie siegten und den verpönten Namen aus den Listen der deutschen Literatur endlich streichen konnten, mußten die Heine-Feinde seinen Status als deutschen Dichter faktisch selber eingestehen. »Heine« war damit nicht nur die Chiffre all dessen, was den Nazis und der hegemonialen »deutschen« Ideologie seit jeher verhaßt war –, er war zudem noch der schlagendste Beweis für die Haltlosigkeit ihrer Theoreme; der Beweis dafür, daß Historizität und Akkulturation ungleich mächtigere und bestimmendere

Faktoren waren als der magische Biologismus und mystische Rassismus ihrer ›Theozoologie‹. Das Pänomen Heine war an sich die Widerlegung des faschistischen Weltbilds; und vielleicht weniger der Affekt, daß der Jude Heine kein deutscher Lyriker sein dürfe, als vielmehr das Wissen, daß er es sehr wohl war, gab Anlaß für die Gewaltsamkeit des faschistischen Vernichtungsfeldzugs gegen ihn. Seine Weigerung, sich als französischer Staatsbürger naturalisieren zu lassen, hatte Heine einmal auf den »närrischen Hochmut des deutschen Dichters« zurückgeführt. Und er schrieb: »der Steinmetz, der unsere letzte Schlafstätte mit einer Inschrift zu verzieren hat, soll keine Einrede zu gewärtigen haben, wenn er dort eingräbt die Worte: ›Hier ruht ein deutscher Dichter‹.«[266] Heine hatte damit seinen Anspruch an die Nachwelt unmißverständlich formuliert; und es schien wohl die gewaltsamste ›Einrede‹, als im März 1941 auf Anordnung des Führers jenes Grab in Paris eingerissen wurde.[267] Es fragt sich aber, ob nicht auch durch diesen Akt der Vernichtung der Status Heines als deutscher Dichter eher unterstrichen als widerrufen war.

Was aber blieb, war die Vernichtung. So ruchlos oder gar absurd – »dumm«, wie eine Literarhistorikerin sie nannte[268] – die Nazi-Kritik an Heine auch gewesen sein mag, sie sollte sich durchsetzen. »Auch die Toten werden vor dem Feind, wenn er siegt, nicht sicher sein.«[269] Die Auslöschung Heines belegt Benjamins These, daß die Sieger die geschichtliche Überlieferung diktieren: bemerkenswert aber, daß in Sachen Heine der Nationalsozialismus zunächst einmal Sieger blieb. Denn so selbstverständlich, hierin in authentischer Berufung auf eine Tradition der Arbeiterbewegung, in der späteren DDR Heine der Rang als Klassiker zuerkannt wurde, blieb im dominanten Strang der Überlieferung, im westlichen Teil Deutschlands, der antisemitische Bannstrahl gegen den Dichter effektiv noch zwei Dezennien in Kraft. »Man gibt dem Nationalsozialismus gern die Schuld daran, als ob zwölf unselige Jahre genügten, einen wirklichen Dichter zu entthronen.«[270] Beides ist in diesem Satz enthalten: die stolze Lehre von der Erhabenheit des Geistes über die Geschichte und seine praktische Wehrlosigkeit vor ihr. So behauptet man die Ohnmacht der Nationalsozialisten vor dem »wirklichen Dichter« und übernimmt gleichzeitig deren These, daß es sich bei Heine um keinen solchen gehandelt haben kann. Eine »fremdrassische Persönlichkeit« nannte um diese Zeit eine ansonsten um Ausgewogenheit peinlich bemühte Monographie Heinrich Heine: die Sprache der Heine-»Fresser« war zur Sprache der wissenschaftlichen Objektivität avanciert.[271] Daß dieses besonders grelle Motiv der Heine-Legende ausgerechnet dort auftaucht, wo man sich ausdrücklich von ihr lossagen möchte, ist Omen für die allgemeinere Entwicklung. In den ersten beiden Jahrzehnten des Bestehens der Bundesrepublik wurde das Heine-Programm der NSDAP in seinen beiden Hauptbestandteilen stillschweigend aufrechterhalten. Erstens hielt man an der rigorosen Abwertung Heines als Lyriker fest; zweitens blieben die ideale Ausgrenzung aus der ›eigentlichen‹ Tradition deutscher Dichtung sowie die gleichsam physische aus der faktischen Überlieferung dieser Tradition beide weiterhin bestehen. »Bartels ist nicht tot, er schlummert nur«, schrieb ein zeitgenössischer Literarhistoriker,[272] und man kann das gängige Heine-Bild dieser Jahre getrost zu den Kuriosa der Überlieferung rechnen. Der Antisemitismus eines Bartels wird zwar ausdrücklich verworfen; aber sein Programm wird nichtdestoweniger eingelöst. Hatte Bartels Heine in die Rolle einer bloßen Randfigur, einer verhängnisvollen Zeiterscheinung abdrängen wollen, so ist dies just die Rolle, die Heine in vielen literaturgeschichtlichen Darstellungen dieser Zeit nun einnimmt.[273] Wollte Bartels Heine von seiner zentralen Stellung in der deutschen Literaturgeschichte entfernt wissen, so ist es genau dies, was in dieser Zeit der zweiten Ächtung Heines geschieht – auch auf der elementarsten Ebene der Überlieferung: »Wer nach 1945 in einer westdeutschen Schule seine

Kenntnisse der deutschen Literatur erworben hat, dem ist Heinrich Heine kaum mehr als ein Name«, hieß es dann 1966 in einem ersten kritischen Fazit.[274] Als – um nur noch ein Beispiel zu nennen – eine größere Heine-Ausgabe 1964 lanciert wurde, wird sie kurz darauf wegen Mangels an Interessenten eingestampft.[275]

Vollends aber erhärtet sich der Verdacht eines zweiten – getarnten – Triumphs des Adolf Bartels, wenn man die Argumente untersucht, die nun der Abwertung Heines dienen. Damit, daß die Verfechter solcher Argumente selbstverständlich jeglichen Zusammenhang ihrer Heine-Kritik mit der des Dritten Reiches leugnen, den Antisemitismus ausdrücklich verurteilen, hat es seine etwas eigentümliche Bewandtnis; denn die Verwerfung des Antisemitismus dient hier nicht dazu, den jüdischen Dichter Heine in einem neuen Licht zu sehen, sondern lediglich dazu, die Abwertung des Dichters selbst vom Stigma des Antisemitischen zu befreien. Fast möchte man sagen: der mystische, unaustilgbare Makel der Heineschen Gedichte, den der Antisemitismus ihnen als »jüdischen« einst anheftete, wird beibehalten, gleichsam »hinübergerettet«. Lediglich die verruchte geschichtliche Herkunft solcher Stigmatisierung wird in der Folgezeit verschüttet.[276]

Das heißt, die Tradition der »Schmähung« wird nicht überwunden, sondern bloß sublimiert; man argumentiert, statt rassistisch, biographisch oder – vordergründig – politisch motiviert, nun strikt literarästhetisch gegen Heine. Nur daß diese literarästhetische Argumentation bisweilen bis aufs Haar derjenigen gleicht, die seinerzeit ein Sandvoß, Bartels oder Lutz gegen Heine ins Feld geführt hatten, Autoren, die nun in dem gleichen Atemzug als indiskutabel abgetan werden, wie man ihre zentralen poetologischen Thesen übernimmt.

Es sei kurz daran erinnert: für die Antisemiten galt Heine als leerer Sprachvirtuose oder gar als »Stümper«, der nie zum wahren lyrischen Gefühl habe vordringen können, dessen literarischer Einfluß verheerend gewesen sei. Wenn wir aber einen Blick in die Heine-Diskussion dieser Zeit werfen, so ist es genau dieses Bild des Dichters, das uns entgegenschlägt. »Die Größe vollkommenen lyrischen Gefühls war ihm verschlossen.«[277] Heines »mitteilende«, »gesellige« Rede, seine »helle Bewußtheit« (ein »sentimentaler Intellektueller«?) trennten ihn von der »archaischen Mächtigkeit des Wortes«, von der »Hingabe an Klang und Bewegung«, die große Dichtung deutscher Sprache traditions-, gar wesensmäßig auszeichne.[278] Heines literargeschichtlicher Ort wird wiederum bestimmt als verhängnisvolle Zeiterscheinung – »Liquidator der goldenen Bilder«[279] – oder als kuriose Randfigur der deutschen Lyrik, an deren innerstem »Urlaut« er nicht teilhat.[280] Der alte Vorwurf des Nachahmers und Parodisten wird erhoben, auch der des poetischen Betrügers.[281] Heines Dichtertum bleibt folglich nicht frei von »Beschattung«.[282] »Nicht schöpferisch zu sein und einen zersetzenden Verstand zu haben« – Sartres Zusammenfassung des antisemitischen Stereotyps vom »Juden« ist fast gleichlautend mit dem Heine-Bild dieser Kritiker, die nichts vom Antisemitismus wissen wollen.[283] Aber die Wahrheit ist einfach die, daß ihre zentralen Denkfiguren zuerst und am emphatischsten mit dem Verweis auf Heine als »Jude« Eingang in die Literaturgeschichte gefunden hatten.[284]

III. Barbarei in der Kultur: Karl Kraus und die Folgen

»Was hat die Welt aus uns gemacht?«
Karl Kraus

Daß man aber bei der Ächtung Heines auf einen Juden sich berief, berufen konnte – das bildet das heikelste Kapitel in der Geschichte des deutschen »Streits« um Heine. Kein Geringerer als Karl Kraus hat Adolf Bartels' Urteil über Heine vollstreckt; denn erst Kraus' Stellungnahme gegen den Dichter verschaffte diesem Urteil den Anschein von Bildung und Gesittung sowie einer durch keinerlei politische oder rassistische Gesichtspunkte getrübten, rein »ästhetischen« Legitimation. Kraus trug damit entscheidend dazu bei, der Anti-Heine-Position aus dem Ghetto des Deutsch-Nationalen herauszuhelfen. »Es war Karl Kraus, der dem Vorurteil gegen Heinrich Heine bis heute Argumente geliefert hat.«[1] So groß war die Autorität des Wiener Satirikers, daß selbst dem Kommunismus nahestehende Autoren seine Heine-Kritik als »geistreich« bezeichnet haben.[2] Ein Literarhistoriker nannte sie sogar »sublim«, »das klügste, was über Heine gesagt worden ist«,[3] und mit Vorliebe wurde zur Zeit der zweiten Ächtung Heines auf Kraus als unanfechtbaren Gewährsmann zurückgegriffen.[4] Wie sieht es aber, um mit dem erwähnten Literarhistoriker zu sprechen, mit diesen »sublimeren Vorwürfen« aus?

»Es ist niemals ein Dokument der Kultur, ohne zugleich ein solches der Barbarei zu sein.«[5] Die Worte Walter Benjamins passen mit einer besonderen Schärfe auf die Heine-Kritik seines Vorbilds Kraus. Geist als Ungeist: Kraus' Schrift *Heine und die Folgen* ist das unwahrscheinliche Amalgam eines – nicht zuletzt an Heine geschulten – stilistischen Glanzes mit den rüden Thesen des deutschen Antisemitismus. Und sind seit einigen Jahren die Stimmen zu dieser Schrift immer kritischer geworden,[6] so blieb bis heute weitgehend unbeachtet, wie sehr dieses »Dokument der Kultur« Dokument einer historisch sehr bestimmten Übermacht der Barbarei gewesen ist: der Verinnerlichung nämlich des Antisemitismus durch seine Opfer, jenes »jüdischen Selbsthasses« also, als dessen »leuchtendes Beispiel« Theodor Lessing in seinem gleichnamigen Buch Karl Kraus nannte.[7] »Es wurde«, heißt es in einer neueren Untersuchung, »bislang in der Geschichtsschreibung noch nicht hinreichend nachgegangen, in welchem Maße und in welcher Weise der Antisemitismus im letzten Stadium der jüdischen Assimilation die Selbstachtung und das Innenleben der deutschen Juden beeinträchtigte und zerstörte.«[8] Im folgenden möchten wir versuchen, die Destruktion des Lyrikers Heine durch den Polemiker Kraus als Dokument dieser innerlichen Zerrüttung zu begreifen.

»Jüdischer Selbsthaß«: wer einen so brisanten und geladenen Begriff verwendet, setzt sich der Gefahr des Mißverständnisses aus. Um dem nächstliegenden dieser Mißverständnisse vorzubeugen: der Begriff »jüdischer Selbsthaß« ist hier eine gesellschaftliche Kategorie; er trifft keine Aussagen über ein imaginäres »überzeitliches« Wesensmerkmal jüdischer Identität. Vielmehr ist der Begriff am ehesten eine Aussage über die Umwelt, in der die Juden als geächtete Minderheit sich aufhielten. Das Selbstverständnis der Juden hatte sich stets zu behaupten gegen die denunziatorische Spiegelung durch ihre gesellschaftliche Umgebung.[9] Mit der Eröffnung der Perspektive der Emanzipation und Assimilation durch die Moderne wurde diese Reibung akut, und um 1900 kristallisierte sich so etwas wie eine Pathologie des »jüdischen Selbsthasses« heraus, wie sie Lessing in seinem Buch dokumentiert. Für viele der sensibelsten jüdischen Intellektuellen um diese Zeit, die auf das trügerische Emanzipations- und Assimilationsangebot eingingen, wurde die erwähnte Reibung tragisch. Ihre Identität wurde zerrieben von den Erfordernissen der Assimilation einerseits und dem neuen Aufleben des Antisemitismus andrerseits, der als Ventil des Unbehagens an der kapitalistischen Moderne neue und gefährliche Energien entwickelt hatte.[10] Arthur Schnitzler hat in einer autobiographischen Notiz diesen Druck auf eine Weise beschrieben, die auch in dem jetzigen Zusammenhang beherzigenswert ist:[11]

> In diesen Blättern wird viel von Judentum und Antisemitismus die Rede sein, mehr als manchem geschmackvoll, notwendig und gerecht erscheinen dürfte. Aber zu der Zeit, in der man diese Blätter möglicherweise lesen wird, wird man sich, so hoffe ich, kaum mehr einen rechten Begriff zu bilden vermögen, was für eine Bedeutung, seelisch fast noch mehr als politisch und sozial, zur Zeit, da ich diese Zeilen schreibe, der sogenannten Judenfrage zukam. Es war nicht möglich, insbesondere für einen Juden, der in der Öffentlichkeit stand, davon abzusehen, daß er Jude war, da die andern es nicht taten, die Christen nicht und die Juden noch weniger. Man hatte die Wahl, für unempfindlich, zudringlich, frech oder für empfindlich, schüchtern, verfolgungswahnsinnig zu gelten. Und auch wenn man seine innere und äußere Haltung so weit bewahrte, daß man weder das eine noch das andere zeigte, ganz unberührt zu bleiben war so unmöglich, als etwa ein Mensch gleichgültig bleiben könnte, der sich zwar die Haut anaesthesieren ließ, aber mit wachen und offenen Augen zusehen muß, wie unreine Messer sie ritzen, ja schneiden, bis das Blut kommt.

Das eigentlich Skandalöse des Begriffs »jüdischer Selbsthaß« ist also nicht bei den Juden selbst zu suchen. Es liegt woanders begründet, in dem Rütteln an einem Tabu: der zähen sankrosankten Vorstellung von Kultur und Geist als Bereichen der »Autonomie«, wo der Mensch für einen Augenblick den profansten Bedingungen seiner Existenz entwunden wäre und sich von ihnen in einem substantiellen Sinne befreien könnte. Dem ist nicht so:

aber diese schlichte Erkenntnis, die so wohl keiner bestreiten würde, birgt Konsequenzen, die bisweilen schwer assimilierbar sind. »Denn um Menschen in Hunde zu verwandeln, braucht man ihnen nur lange genug zuzurufen: ›Du Hund!‹« (Lessing)[12] Die Existenz eines »jüdischen Selbsthasses« in ihrem vollen Ausmaß anzuerkennen zwingt uns zu der Einsicht, daß ein so brutaler Mechanismus wie der Antisemitismus in einem so durchschlagenden Sinn »Erfolg« haben kann, daß seine Vorstellungen in das Selbstbild der Opfer selbst eingehen, und zwar so tief, daß »Kultur« und »Geist«, daß ein differenziertestes Reflexions- und Artikulationsvermögen sich hergibt zum Medium des bloßen Ausagierens gesellschaftlichen Zwangs. Der nordamerikanische Kritiker Fredric Jameson spricht in einem verwandten Zusammenhang von dem wiederholten »skandalösen Einbruch« eines kraß Materiellen in die Produktionen des Geistes.[13] Bei Karl Kraus in seiner Heine-Polemik handelt es sich um einen solchen »skandalösen Einbruch«.

Diesem »Einbruch« Rechnung tragen heißt, dem Selbstverständnis eines Textes wie *Heine und die Folgen* radikal zu widersprechen. Denn ein Kunstgriff dieses Textes ist seine betonte »Ätherisierung«: Kraus spricht hier, wie es scheint, als un- und überparteiliche Instanz – ohne eigenes »politisches« Interesse am »Streitobjekt« Heine –, die den Dichter nach streng ästhetischen und sprachtheoretischen Gesichtspunkten beurteilen möchte.[14] So die Prätention des Textes, als »Kultur«, als »Geist«. Hier gilt es, diese Prätentionen zu durchbrechen, den Text, wie Benjamin es forderte, »gegen den Strich« seines eigenen Selbstverständnisses »zu bürsten«.[15] Denn jeder Umgang mit Kraus' Polemik auf der Ebene ihrer eigenen Argumentation, ob kritisch oder zustimmend, verfehlt die fundamentale Dimension des Textes: nämlich den Affekt, die pure Antipathie, die aus Kraus' Zeilen spricht. Sie blieben damit ungeklärt, und doch gibt der Text der Nachwelt gerade sie als zu deutendes Rätsel auf. Schon vom Sprachgestus her ist er, um Sartres Termini zu gebrauchen, ein Werk weniger der »Erkenntnis« als der »Leidenschaft«.[16] Mit anderen Worten: hier war wieder ein »Dämon« am Werk. Es handelt sich also zunächst um die Identifizierung des »Dämons«, der in den Autor Kraus hier hereingefahren ist. Denn die Gestik des Textes verrät zwar die Anwesenheit dieses »Dämons«, verschweigt aber dessen Identität: der Text verweist damit auf etwas »außerhalb« seiner, das er selber nicht benennen mag. Erst mit der Benennung des »Dämons« wäre das Rätsel des Textes gelöst; erst dann wäre man in der Lage, den tragenden Gestus der Schrift, ihre fundamentale »textliche« Dimension, zu erfassen.[17] Dabei ist das Wort »Dämon« hier sogar auf eigentümliche Weise zutreffend. Denn es handelt sich in *Heine und die Folgen,* genau besehen, um einen Exorzismus.

Wenige haben dem Projekt einer Aufnahme der Juden in die Kultur Europas so leidenschaftlich nachgehangen wie Karl Kraus. Schon in seiner frühen Jugend war er geprägt von dem Glauben »an die Notwendigkeit einer unbedingten Assimilation der Juden«.[18] Im Jahre 1897 trat er aus der jüdischen Gemeinde aus, 1911 konvertierte er zum Katholizismus.[19] In seinem antizionistischen Pamphlet *Eine Krone für Zion* legte der junge Kraus ein Bekenntnis ab, das der spätere nie zurückgenommen hat:[20]

> Es ist hier nicht Gelegenheit und wohl auch überflüssig, die Assimilationslehre gegen die Übergriffe der Jüdischnationalen in Schutz zu nehmen und wider die Starrheit der zionistischen Köpfe die Wandlungsfähigkeit des Stammes auszuspielen. Aber ich möchte den Herren, die es nur noch nicht an sich selbst versucht haben, den Rath geben, doch endlich mal den Anfang zu machen. Der widerhaarigste Zionist müßte sich in wenigen Jahren unschwer zum Europäer civilisieren lassen ...

Dabei war Kraus' eigener Wille zur Assimilation so ehrgeizig wie unbedingt. Jean-Paul Sartre hat in seinem klassischen *essai* auf die schwierige Problematik des Juden hingewiesen, der, angesichts des judenfeindlichen Stereotyps, sich dennoch Aufnahme in die Gesellschaft verschaffen möchte: Eine gängige Strategie dazu, schreibt Sartre, ist die des »Ausnahmsjuden«, der versucht, seine von ihm selbst als abstoßend empfundenen »jüdischen« Züge zu leugnen, beziehungsweise abzustreifen. Dabei ist es in Sartes Darstellung nicht einmal ausgeschlossen, daß der Betreffende sich in einer Art snobistischer Manie versteigt, indem er Aufnahme in immer exklusivere Kreise der Gesellschaft sucht, um sich selber zu beweisen, die Operation sei gelungen.[21] Eine genauere Beschreibung des Assimilationsprojektes von Karl Kraus, auch und gerade in seinen Schriften »um Heine«, gibt es nicht. Beide große Heine-Polemiken fallen in die Zeit der von Kraus selber so genannten »Sehnsucht nach aristokratischem Umgang«,[22] jener »Hinwendung zu feudal-konservativen Idealen«, die für die jüdischen Intellektuellen seiner Zeit nicht untypisch war.[23] Diese »Sehnsucht« wurde für Kraus später auch eine persönliche: in der Form seines Werbens um die Hand der Aristokratin Sidonie Nadherny, das nicht zuletzt an seiner jüdischen Abstammung scheiterte.[24]

Otto Weininger – selbst ein klassisches Beispiel jüdischen Selbsthasses – beschrieb den Haß als Phänomen der Projektion: »der Mensch haßt nur, durch wen er sich unangenehm an sich selbst erinnert fühlte«.[25] Der Kraussche Affekt gegen Heine speist sich letztlich auch aus dieser Quelle: sie verleiht den – freilich vorhandenen – ästhetischen und politischen Differenzen ihre Heftigkeit. Es ist der Affekt des »Ausnahmsjuden« gegen den »Projektionsjuden«. Von daher kommt das antisemitische Projektionsbild »Heine« Kraus nicht einmal ungelegen. Im Gegenteil: er übernimmt, er braucht sogar das antisemitische Zerrbild, um dann die Möglichkeit zu haben, sich von dem »Juden« Heine rettend zu distanzieren. Eine ideologische Komplizenschaft, eine Entsolidarisierung liegt hier vor, ein Fall von Identifikation mit dem Angreifer: Kraus greift nun selber den »Erzjuden« Heine an, um sich selbst vom Verdacht und Makel des »Jüdischen« zu befreien. Das ist die Arbeit seiner Heine-Schriften, ihr gesellschaftspolitisches Substrat.[26]

Diese Absicht wird freilich nirgends offen ausgesprochen;[27] zu ihren Erfolgsaussichten – auf Überspielung der eigenen Herkunft – gehört ja, daß sie unausgesprochen bleibt. Kraus hat sich auch nie dem rassistischen Antisemitismus genähert; wohl aber dem gesellschaftlichen.[28] So wird Heines jüdische Abstammung dem Dichter von Kraus nie zum direkten Vorwurf gemacht; das hätte ja Kraus' eigenes Assimilationsprojekt negiert. Aber sein Heine-Bild bleibt trotzdem vom antisemitischen Vorurteil geprägt. So fällt die Argumentation seiner Polemik weitgehend mit der des Antisemitismus zusammen; vom fundamentalen Gestus her – dem Willen zur ›Vernichtung‹ Heines – bis in die einzelnen Argumentationsschritte hinein.

Ein Talent, doch kein Charakter – wie für Bartels steht für Kraus die imaginierte Biographie des Dichters im Mittelpunkt. Kraus postuliert wie Bartels die unteilbare Einheit von Leben und Werk – »beim Genie ist nichts zu trennen«[29] –, wie sie von Goethe exemplarisch vorgelebt wurde. An diesen Maßstab reicht aber, für Kraus wie für den Antisemiten, Heine nicht heran. Und zwar lautet, für diesen wie für jenen, der zentrale Vorwurf an Heines Adresse: Käuflichkeit, »jüdische« Betriebsamkeit. »Es ist ein Lyriker, der in einer Vorrede schreibt, sein Verleger habe durch die großen Auflagen, die er von seinen Werken zu machen pflege, dem Genius des Verfassers das ehrenvollste Vertrauen geschenkt, und der stolz auf die Geschäftsbücher verweist, in denen die Beliebtheit seiner Lyrik eingetragen stehe.« (*HuF, S. 202*) Heine also wiederum als Geschäftsmann der Poesie, den Kraus, mit unverkennbarer antijüdischer Spitze, die Firma »Veilchenduft und Mondschein« – und nicht etwa Hoffmann und Campe – mit Lyrik beliefern läßt (*S. 203*). »Es ist möglich, daß just der fehlhaft Geborene zum Weltrichter wird. Er wird Zuchtmeister, Eiferer, Sittenforderer, Bußprediger.«[30] Es fällt schwer, bei dieser

Charakteristik des jüdischen Selbsthassers nicht an einen fundamentalen Gestus des Kraus'schen Werkes zu denken. Aber in diesem Kraus'schen Weltgericht ist das Opfer schuldig: einer, der mit dem unverkennbaren Tonfall der Kritik auf die wachsende Allmacht des Geldes verwies – man denke an Gedichte des Spätwerks wie *Lumpentum, Jammertal, Der Dichter Firdusi* –, wird kurzerhand zum Anbeter und Komplizen dieser Allmacht abgestempelt.[31]

Daß ein solcher »Charakter« keine große Dichtung hervorbringen kann, ist für Kraus wie Bartels evident. Und wie für diesen gilt auch für den Wiener Satiriker die »Erlebnislyrik« als einziger Maßstab. Für Heine, als bloßen Lieferanten eines Marktes, als »prompten Bekleider vorhandener Stimmungen«, habe sich »nie, bis etwa zur Sterbenslyrik, eine schöpferische Notwendigkeit« in seiner Dichtung ausgeprägt *(HuF, S. 200 u. 203).* Für Kraus aber geht es um die »Echtheit«, die er, wie früher die Antisemiten, Heine prinzipiell abspricht.[32] Und es geht um die »Ewigkeitswerte«. Heine stiftet keine; er ist »Dichter der Gesellschaft«, kein »Dichter der Menschheit« *(S. 200).* Die panikartige Flucht der Antisemiten vor den Erscheinungen kapitalistisch-industrieller Zivilisation treibt Kraus noch weiter: Gesellschaftlichkeit überhaupt wird bei ihm zum Sündenfall der Lyrik. Heine ist der Dichter der »Beziehungen zur Außenwelt«, der »weltläufigen Allegorien« *(S. 200).* »Wie zeitlos wird mir«, schreibt Kraus dagegen in einem Vers, und verlangt allgemein von Versen, daß sie ihn in diesen Zustand versetzen. Er, der seinem Publikum versicherte, er sei als Konservativer noch nicht einmal bei der Französischen Revolution angelangt,[33] fällt damit hinter den geschichtlichen Stand von Heines Kritik am »Zeitablehnungsgenie« Goethe zurück. Das Gedicht ist für Kraus die »Offenbarung des im Anschauen der Natur versunkenen Dichters« *(S. 200)* – und nur dies. Lyrik und Naturbetrachtung haben eine »Vergewisserung der Harmonie« zu liefern, die das verkommene Jetzt verwehrt.[34] Und wenn Kraus Heine – dem genuinen Heine – etwas nicht verziehen hat, dann den mangelnden »Respekt vor dem Sonnenuntergang« *(S. 204)*. Dies durchaus im tiefen Sinn des Witzes: das Heinesche Gedicht ließ die Natur ja von der Gesellschaftlichkeit nicht unberührt; gerade dort aber sucht Kraus, nicht anders als das Geschlecht der deutschen Philister, Zuflucht vor der bedrohlichen Gesellschaft:[35]

WIESE IM PARK
(Schloß Janowitz)

Wie wird mir zeitlos. Rückwärts hingebannt
weil' ich und stehe fest im Wiesenplan,
wie im grünen Spiegel hier der Schwan.
Und dieses war mein Land.

Die vielen Glockenblumen! Horch und schau!
Wie lange steht er schon auf diesem Stein,
der Admiral. Es muß ein Sonntag sein
und alles läutet blau.

Nicht weiter will ich. Eitler Fuß, mach Halt!
Vor diesem Wunder ende deinen Lauf.
Ein toter Tag schlägt seine Augen auf.
Und alles bleibt so alt.

Das Gedicht jedoch ist Ideologie. Auch dem jungen Marx waren die steten konservativen Hinweise auf die ›Natur‹ verdächtig erschienen, und er schrieb: »Die jetzigen sozialen Verhältnisse sind ›Natur‹, d. h. unabänderlich. Die Behauptung ihrer Unveränderlichkeit ist natürlich der schlagendste Beweis gegen den Vorschlag jeder Veränderung. Wenn die ›Monarchie‹ Natur ist, ist jeder republikanische Versuch eine Auflehnung gegen die Natur.«[36] Marx benennt damit aber auch, was Kraus und den Antisemiten an Heines »Auflehnung gegen die Natur« so eklatant mißfiel. Denn die ›Natur‹ war in ihrer Vorstellung Chiffre jener noch »intakten Welt«,[37] als welche man die alte Ordnung begriff, der man die gleiche Unabänderlichkeit und Dauer wünschte. Gegen diese »Unverrückbarkeit« hatte Heines Gedicht dann verstoßen.[38]

Auch ein Karl Kraus klammerte sich mit allen Fasern seines Seins an diese alte Ordnung. An ihr hing seine Utopie der Aufnahme in die »exklusivsten« Kreise der Gesellschaft. »Schloß Janowitz« – der Untertitel gibt den Ort des Gedichts als das Landgut der Familie Sidonie Nadhernys an, wo Kraus der erhofften Integration in die vornehmsten Kreise des alten Österreich am nächsten kam.[39] An diesem paradiesischen Ort endlich angelangt (»ich ... stehe fest im Wiesenplan«), möchte Kraus ihn in die »Zeitlosigkeit« hinüberretten. »Er hätte gern die Zeit an den Raum festgenagelt.«[40] Denn in jenem Augenblick, wo die Utopie seiner »snobistischen« Integration eintritt, seine »Sehnsucht nach aristokratischem Umgang« erfüllt wird, will Kraus, daß Zeit und Geschichte aufhören: »Nicht weiter will ich ... / Vor diesem Wunder ende deinen Lauf«. So lebt das Gedicht auch keineswegs von seinen Naturbildern, die von einer bemerkenswerten Steifheit und Unbeholfenheit sind (»Die vielen Glockenblumen ...«), sondern von der verblüffenden Wendung am Schluß, wo die Utopie der »Aufnahme« in die Utopie eines Stillstands der – geschichtlichen – Zeit hinübergleitet: »Ein toter Tag schlägt seine Augen auf. / Und alles bleibt so alt.« So gesehen ist Kraus' Gedicht weniger ein Bekenntnis zur Natur als zum *ancien regime* (»Rückwärts hingebannt ...«). Dies erklärt auch einen Teil von Kraus' »Komplizenschaft« mit dem Antisemitismus.[41] In eben jenen alten Ordo, der den »Juden« ächtete, möchte der Jude Kraus, als »Ausnahme«, sich Eintritt verschaffen.[42]

»Komplizenhaft« ist Kraus auch in seiner Auffassung poetischer Sprache: allgemein, wie auch in dem, was die Sprache Heines betrifft. Für ihn wie für die Antisemiten Sandvoß und Bartels hat die lyrische Sprache genauso wie die Natur ein Ort der Unverrückbarkeit zu sein, der »Vergewisserung der Harmonie«, Wunschbild und Erinnerungsstück zugleich einer »noch intakten Welt«, jener von Heine bedrohten »Ganzheit« und »katholischen Harmonie der Gefühle«. »Im stimmigen Einklang zweier Wörter scheint ihm die Welt geheilt ... nach

Zweifeln, ob in einer mißgeratenen Welt der Reim sich in Unschuld wiegen dürfe, sucht man vergeblich«, heißt es dann in Peter Rühmkorfs Kritik an Kraus' Aufsatz *Der Reim.*[43] In Kraus' harmonischer Auffassung der Dichtersprache werde die »zeitgeschichtliche Notwendigkeit«, sich auch in der Lyrik dem »wandelhaften Wesen« der Gesellschaft zu stellen, von vornherein ausgespart.[44] Eben dies käme nach Kraus der fatalen Unterhöhlung einer noch wesenhaften Sprache der Dichtung durch die »niedere Zeitläufigkeit« *(HuF, S. 211)* gleich.

Wie diese Unterhöhlung in Kraus' Augen aussah, kann man am besten an der Charakterisierung der Sprache Heines ablesen, die man seiner Schrift entnimmt. Heine ist »Vermittler«, »Techniker«, Urheber eines »sprachschwindlerischen Tricks«, seine Sprache flach, sentimental, ein »glatter Verkehr«, »nichts unmittelbar«, angesiedelt in der Nähe von »Lumpentum« und der »Glasur der Korruption«. Es ist die Sprache des »Juden«: die Sprache der »List, Verschlagenheit, Heuchelei und Lüge«,[45] welche die »niedere Zeitläufigkeit« nun dominiert, ein »Inbegriff alles Negativen der modernen Zivilisation«.[46] Nie wäre der Sprachmystiker Kraus auf den Gedanken gekommen, seine tieferen poetologischen Theoreme – von Widerstand und Anziehung des Reims sowie dessen »Gedankenwert« – auf Heines Gedichte anzuwenden.[47] Denn ihr verpönter Status schließt sie von vornherein von solcher tiefergehenden Betrachtung aus. Auch für Kraus kann die ›Sprache des Juden‹ schlechterdings nicht Sprache der Dichtung sein.

»Das Geheimnis der Geburt des alten Wortes war ihm fremd.« *(HuF, S. 213)* So lautet dann das Urteil zu dem Dichter Heine. In jener Apotheose der Sprachmystik, auf die er sich beruft, heißt es dann bei Kraus, daß ein »sprachschöpferischer Kopf« keine eigenen neuen Gedanken haben müsse; er sei bloß das erwählte Gefäß für Gedanken, die er auf geheimnisvollen Wegen wittere, die von aller Ewigkeit her für ihn da seien *(S. 205)*. Folgerichtig umgibt das stilistische Feuerwerk, mit dem *Heine und die Folgen* schließt, ein Gedankengut, das wir bereits aus einem anderen Zusammenhang kennen: Kraus gebiert, zur Beurteilung des Dichters Heine, das »alte Wort« der Antisemiten. »Er war kein Genie, das schafft, sondern ein Talent, das macht«, hieß es lapidar bei Bartels. Das liest sich dann bei Karl Kraus so: »Heine hat aus dem Wunder der sprachlichen Schöpfung einen Zauber gemacht. Er hat das höchste geschaffen, was mit der Sprache zu schaffen ist; höher steht, was aus der Sprache geschaffen wird«. *(S. 213)* Und aus der Sprache eines Bartels ist bei Kraus ein »salonfähiges« und vorzeigbares Kulturprodukt geworden, ohne daß der »Gedanke« sich allzu sehr ändern mußte, dessen »erwähltes Gefäß« hier Karl Kraus' ziselierte Worte wurden. Der Geist ist hier nicht Gegenpol; er ist bloß Plagiator der »Schmähung«, der bei ihr abschreibt, ohne seine Quelle anzugeben.

Aber nicht nur mit den Thesen der Antisemiten zeigt Kraus' Heine-Polemik verblüffende Ähnlichkeit; denn Kraus teilt auch deren Denkweise. »Der übermächtige Haß gegen die als jüdische Kapitalisten gesellschaftlicher Mißachtung ausgesetzten Väter blieb der Motor ihrer Kritik ... am Kapitalismus, und verhinderte bei den meisten eine rationale Auseinandersetzung mit dem Gesellschaftssystem«, lautet ein Fazit über die Gedankenwelt der jüdischen »Selbsthasser«.[48] Die notorische Unfähigkeit von Kraus, gesellschaftliche Kausalitäten zu erkennen, gehört zweifellos auch hierher. »In der Metaphysik von Karl Kraus ist die Kausalität aufgehoben.«[49] Diese Unfähigkeit ist zwar von der Kritik oft bemerkt, aber gleichzeitig eher ins Heroische verborgen worden. So widmet Benjamin dem – blinden – »Seher« Kraus ein »Kriegerdenkmal«:[50]

> Kein Posten ist je treuer gehalten worden und keiner je war verlorener ... Was hilfloser als seine Konversion? Was ohnmächtiger als seine Humanität? Was hoffnungsloser als sein Kampf mit der Presse? Was weiß er von den wahrhaft ihm verbündeten Gewalten? Doch

welches Sehertum der neuen Magier läßt sich vergleichen mit dem Lauschen dieses Zauberpriesters, dem eine abgeschiedene selbst die Worte eingibt? ... Blind wie die Manen ruft die Sprache ihn zur Rache auf ... *er kann nicht irren. Unfehlbar* sind ihre Mandate. Wer ihm in den Arm läuft, ist schon gerichtet ...

Diese Blindheit mutet vielleicht weniger erhaben an, wenn man sie mit Sartres Charakterisierung des antisemitischen Weltbildes vergleicht. Sartre zählt folgende Merkmale dieses Denkens auf: erstens, eine Neigung, »die Geschichte durch die Wirkung individueller Willensakte«, »die Massenereignisse durch die Initiative einzelner zu erklären«.[51] Für den Antisemiten, betont Sartre, »handelt es sich nicht um Interessenkonflikte, sondern um den Schaden, den ein böser Geist der Gesellschaft zufügt. Demzufolge besteht das Gute vor allem darin, das Böse zu vernichten.« »Für den antisemitischen Manichäisten« liegt von daher »die Betonung auf der Zerstörung«. »Es kann nicht die Rede davon sein, eine neue Gesellschaft aufzubauen, sondern nur dic bestehende zu säubern.«[52] Sartre beschreibt damit auch das Weltbild des Satirikers Karl Kraus, eine grundlegende Haltung seines Werkes. Für Kraus waren die Negativerscheinungen der zeitgenössischen Gesellschaft auf die Verschwörungen und bösen Handlungen einzelner Cliquen und Individuen zurückzuführen, die es – durch das Wort – aufzudecken und zu vernichten galt, damit die »alte« Gesellschaft wieder in einen Zustand der Harmonie eintreten könnte.[53] So waren, in Elias Canettis unvergeßlicher Schilderung, die Polemiken von Kraus getragen von einer »mörderischen Absicht«, die Vorlesungen ein »Vorgang vernichtender Strafe«, dem beizuwohnen der Anwesenheit bei einer öffentlichen Hinrichtung glich:[54]

Jedes Urteil war auf der Stelle vollstreckt. Einmal ausgesprochen war es unwiderruflich. Wir alle erlebten die Hinrichtung ... Es hat Jahrzehnte gedauert, bis ich begriff, daß es Karl Kraus gelungen war, eine Hetzmasse aus Intellektuellen zu bilden, die sich bei jeder Lesung zusammenfand und so lange akut bestand, bis das Opfer zur Strecke gebracht war . . .

Und im Falle Heine deckte sich nicht nur der Vernichtungswille Kraus', sondern auch sein »Opfer« mit denen der Antisemiten.

»Heine und die Folgen«. Jeder Versuch, die Krausschen Vorwürfe gegen Heine rational aufzulösen, geht an dem »Sinn« dieses Textes vorbei; denn neben dem Aspekt des »Exorzismus« handelt es sich hier um eine »magische« Schuldzuweisung, die sich jeglicher Rationalität entzieht. Kraus macht Heine, als »großen Mann« des Schlimmen, zum mystischen Urheber jener zeitgenössischen Gesellschafts- und Kulturentwicklung, die ihm, Kraus, nicht behagt. »Ohne Heine kein Feuilleton.« *(HuF, S. 189)* Es fällt heute schwer, den unbändigen Ingrimm zu begreifen, mit dem hier dieser Vorwurf erhoben wird. Aber in dem Angriff auf die Presse durch Kraus wird – auch was den »Feuilletonisten« Heine betrifft – ein charakteristisches Motiv antisemitischer Propaganda, die Zeitung als Instrument »jüdischer« Zersetzung, aufgegriffen und weitergegeben.[55] Nicht anders als Marr, Fritsch und Sandvoß vor ihm elidiert Kraus, in einem abenteuerlichen Sprung »magischen« Denkens, Feuilleton / modernes Zeitungswesen / moderne Gesellschaft. In der verqueren Kraus'schen Kausalität ist die Presse der Ort des Bösen, von dem die ganze unheimliche Entwicklung ausgeht.[56] Dafür macht er Heine – als ersten »Feuilletonisten« – dann haftbar. Heine wird damit für Kraus wie für die Antisemiten zu einer Art stellvertretender Chiffre – »Sündenbock« – für die Entstehung und Übermacht der verhaßten industriell-kapitalistischen Zivilisation.

Das gleiche gilt für den Lyriker Heine. »Prosa ist Trumpf«;[57] in diese Wehklage des Antisemiten Sandvoß stimmt auch Karl Kraus ein: sie meint nicht nur die Literatur, sie meint auch den Triumph jener »Prosa des Lebens« im allgemeinen, den das bürgerliche und industrielle Zeitalter nach sich zieht. Heine hat sich in seinem Werk jener »Prosa« gestellt, sie in seine Lyrik aufgenommen. Das ist für Kraus der zweite Verrat des – historischen – Heine. Dadurch entstehe bei dem Dichter eine »gefährliche Vermittlung« von Kunst und Leben *(HuF, S. 189)*; damit habe Heine nur noch »skandierten Journalismus« geschrieben *(S. 202)*. Schlimmer noch: die Verse sind beliebig herstellbar und austauschbar geworden *(S. 201)*, wie in der Gesellschaft der Massenfabrikation die Produkte, Menschen, Werte und Erfahrungen. Heine ist damit nicht nur der Geschäftsmann; er ist nun auch der Industrialist der Poesie. Und spätestens an dieser Stelle schlägt das Heine-Bild bei Kraus wieder um in reinste Projektion: denn hinter Kraus' Abwehr des »Prosaischen« in Heines Gedicht steckt hier die verzweifelte Abwehr gegen Erscheinungen des zeitgenössischen Industriekapitalismus, wie ihn der junge Heine ja selber nicht kannte.[58]

Kraus beklagt sich über die Liquidierung der Einmaligkeit; er selber aber liquidiert die Einmaligkeit Heines, indem er die fein abgestufte und durchkomponierte Bilanz von Verhöhnung und Sentiment, Ernüchterung und Ergriffenheit beim jungen Heine destruktiv verkennt und leugnet,[59] sie zur beliebigen und übertreffbaren Schablone macht *(HuF, S. 196, 201)*. Damit zerfällt für ihn diese Lyrik in die beiden Pole »Witzigkeit« und »Sentimentalität«.[60] Von diesen beiden Polen aus läßt sich das Kraus'sche Konstrukt eines Heine-Epigonentums, das eine so zentrale Rolle in seiner Polemik spielt, ins schier Endlose extrapolieren. Hier ist es nicht nur so, daß Kraus – dubios genug – Heine für seine Epigonen verantwortlich macht; sondern dieses Epigonentum ist selber in seiner entscheidenden Dimension eine Kraussche Erfindung. Unerträglich ist für Kraus, wie für die Antisemiten, jenes »Angegriffene des Gefühlslebens des modernen Menschen«, das Heine in seiner Lyrik ansprach: also ist Heine schuld. Er ist es, indem der Begriff seines Epigonentums so weit gefaßt wird, daß er, nach der »witzelnden« Seite hin, jeden zynischen Skribenten umfaßt, und nach der »sentimentalen« – jeden verkitschten Liebeslyriker.[61]

Hier endlich wird Kraus originell; aber nur, um den Antisemitismus an Destruktivität zu überbieten. Kraus setzt Heines Lyrik mit dem Kitschbedürfnis, das sie – wie andere Kunst auch – im Publikum befriedigt, schlichtweg gleich. »In der Tat – der Gesangverein ›Halbe Lunge‹ singt die ›Lorelei‹ wunderschön« – so hatte sich Franz Mehring über eine Spielart »herabgesunkener« Heine-Rezeption mokiert;[62] diese stilisiert Kraus aber zur authentischen *(HuF, S. 199 f).* So erscheint Heine als eine Art Ahnherr der Schlagertexter, als eifriger Lieferant des verdorbenen Zeitgeschmacks mit »Operettenlyrik«, mit Erzeugnissen aus der lyrischen Massenproduktion. Kraus veranstaltet hier eine »Razzia« auf die Literaturgeschichte wie später auf die Literarhistoriker.[63] Mit ihr wird nun eine ähnliche »Geschichtsklitterung« betrieben wie davor mit der Biographie Heines: Heine nun als flotter Zeilenschinder, der seine auf den Geschmack des Publikums getrimmten Lyrikbestseller nur so auf den Markt schmeißt. Kraus führt damit den Mythos von der »Fragwürdigkeit« Heines nun auch in die Literaturästhetik ein. Schließlich war die Popularität Heines in erster Linie die des inkommensurablen Lyrikers und großen Oppositionellen – Kraus beruft sich, wie es scheint, gerade deshalb auf die »herabgesunkenen« Formen der Heine-Verehrung, um diese anderen zu verdunkeln. Aber mehr; es fragt sich, ob die durch Kraus verbreitete Sicht Heines, in ihrem Exzeß und Dämonismus, letztlich mehr ist als eine sublimierte Version jenes mystischen Schadens, den, in antisemitischer Vorstellung, der »Jude« der Gesellschaft zufügt.[64] Und wie dieser entbehrt sie trotz aller Suggestion jeder faktischen Grundlage. Daß jede von Heines Lyriksammlungen neue Ausdrucks- und Themenbereiche erschloß, daß jede von ihnen – auch das *Buch der Lieder* – bei ihrem ersten Erscheinen eine Herausforderung an das Publikum und an den Zeitgeschmack darstellte, und daß, wenn überhaupt jemand, höchstens Heines Verleger Campe sich an Heines Lyrik bereichert hat:[65] alles das verschweigt Kraus genauso wie die eigentliche »Situation der Lyrik« um 1900.

Heines *Buch der Lieder* nämlich besitzt kein Monopol auf dem damaligen Lyrikmarkt. Und wenn es einen Lyriker gegeben hat, der sich auf den Geschmack der Zeit verhängnisvoll auswirkte, indem er die gängigen *Topoi* der deutschen Dichtersprache schablonenhaft zusammenbraute – so heißt er Emanuel Geibel und nicht Heinrich Heine. Um 1900 konnten Geibels Gedichte mit denen des *Buchs der Lieder* an Popularität wetteifern:[66] gerade aufgrund ihrer Verkitschtheit, die dem Harmoniebedürfnis der Zeit eher entgegenkam. Deswegen wurde Geibel auch von den Zeitgenossen als Antipode Heines empfunden und gelegentlich sogar – weil er die »dichterische Harmonie« einlöste – als der bessere Dichter gefeiert.[67] Aber wie Kraus sich generell in seinem Denken vor gewaltsamen Elisionen nicht scheut, so auch hier: eine Entwicklung des Zeitgeschmacks, die Heine eher zuwiderlief, wird Heine zugeschoben.[68] Und in der Tat: ausgerechnet dem Ironiker und »disharmonischen« Heine die sentimentale Verflachung der deutschen Dichtersprache vorzuwerfen, war ein Kunstgriff, auf den der deutsche Antisemitismus von sich aus nie gekommen wäre: zu tief saß bei ihm die Furcht vor Heines »jüdischem Witz« und »Nihilismus«. Kraus schaltet aber den »disharmonischen« Heine aus mit dem Hinweis auf das weniger furchterregende Merkmal des »Juden« – seine Sentimentalität *(HuF, S. 203)*. Schwingt das Unheimliche des »Juden« bei Kraus im Hintergrund durchaus noch mit, so steht das Verächtliche der »Judensprache« bei ihm im Vordergrund.[69] So hat der Kritiker, im Auftrumpfen des Überläufers, die Heine-Abwehr von jenem Bann der Bedrohung und Bestrickung weitgehend befreit, den der Dichter noch über seine schlimmsten antisemitischen Gegner geworfen hatte. Kraus traf damit also weniger die sentimentale Heine-Verehrung der Deutsch-Nationalen und Antisemiten, als daß er diese, in der Bereitschaft, Heine abzuwehren, kompensierend übertraf. Das Kraus'sche Verdikt gegen das *Buch der Lieder* schloß die letzte Lücke, durch die Heine in den Kanon akzeptierter Klassiker noch hätte aufgenommen werden können.

Die Verlotterung aber, die Kraus dem Dichter Heine vorwarf, war auch eine immanent sprachliche: und vielleicht kein Aspekt seiner Heine-Polemik ist schwerer ins Gewicht gefallen als die Kritik des großen Sprachreinigers Kraus an der Sprache Heines. Auch Kraus gilt Heine in einem allgemeineren Sinn als »Sprachverderber«.[70] Denn auch der Sprache fügt Heine in Kraus' Darstellung den mystischen »Schaden« zu. »Kein reinbürtiger (sic) Deutscher konnte so polternd das Welschwort verfolgen«, heißt es bei Lessing über Eduard Engel, »den jüdischen Reinerhalter der deutschen Sprache«.[71] Und kein Ort, wo auch Karl Kraus den »Eifer des Überläufers« so an den Tag gelegt hätte wie in seiner eigenen Rolle als Gralshüter des Deutschen. So selbstsicher sich Kraus dabei gab, so große Autorität er sich dabei erwarb; der neueren Forschung – wie manchem kritischen Zeitgenossen – ist nicht entgangen, daß er damit auch seine tiefe sprachliche und kulturelle Verunsicherung als Jude in Wien überspielte.[72] Die Sprache war der neuralgische Punkt der jüdischen Assimilation. An ihr hatte sich der Aspirant unbedingt auszuweisen, seine Sprache legitimierte seinen Anspruch auf Aufnahme oder sie vernichtete ihn, falls er sich die leiseste Blöße gab, die allzu viel von seiner verruchten Herkunft verriet.[73] Man kann den Sprachfetischismus Kraus' als den Ehrgeiz auslegen, sich nie eine solche Blöße zuschulden kommen zu lassen. Und es fragt sich, ob seine Sprachkritik an Heine bei näherem Zusehen nicht entscheidende Elemente einer blanken jüdischen Selbstzensur enthält.

Diese Selbstzensur beruht auf einer Art sprachlicher Doppelmoral, wie wir sie schon bei dem Antisemiten Sandvoß beobachtet haben: Sprachformen, die bei einem »reinbürtigen« deutschen Dichter unbedenklich sind, sind bei einem »jüdischen« nicht erlaubt. So auch für Kraus.

Jedenfalls meinen wir, daß in dem berühmten Passus, wo er mit Heine wegen eines »unreinen« Reimes ins »Gericht« geht, nichts anderes hinter der Kraus'schen Kritik steckt als die – hier freilich unausgesprochene – Sprachangst des Juden, durch unbedachten Sprachgebrauch einen Vorwand für den beliebten Vorwurf einer »schädlichen Auswirkung auf die deutsche Sprachform« zu liefern. Denn nicht nur, daß Kraus andernorts unreine Reime ausdrücklich verteidigt, während er die Heineschen verwirft;[74] daß er sich der einfachen Erkenntnis verschließt, daß Heines Reimpraxis – in Sachen »Reinheit« oder »Unreinheit« – von der des 19. Jahrhunderts generell in nichts sich unterscheidet;[75] und nicht nur, daß er die offensichtliche und sorgfältig abgewogene poetische Wirkung des »unreinen« Reims an der von ihm gerügten Stelle schlichtweg übersieht:[76] sondern an dieser angeblichen »Klapperstrophe« des *Wintermärchens* ist Kraus wohl auch etwas anderes so unangenehm aufgestoßen, daß es ihn gleich in die Positur des Strafenden bringt:

Von Köllen bis Hagen kostet die Post
Fünf Taler sechs Groschen preußisch
Die Diligence war leider besetzt
Und ich kam in die offene Beichais'.

»Der Dichter hat getrost einen Hinweis unterlassen können, daß ›preußisch‹ ›preußäsch‹ ausgesprochen werden soll, um den Reim zu ermöglichen. Es hätte ihm ohnedies nicht geholfen, da ›Beichais‹ ... leider nun einmal ›Beischäß‹ und nicht ›Beißäsch‹ ausgesprochen wird. Da kann einer nur das Dichterwort zitieren, daß die Diligence leider besetzt war; bei solchem Mangel an Sorgfalt für das Wort muß man wohl oder übel in die Beichais' kommen.«[77] Später hat Kraus mit dem Hinweis auf die mögliche Verwurzelung des Heineschen Reims im Dialekt diese Kritik zu einem kleinen Teil zurückgenommen.[78] Wohl: denn der sprachliche Einschlag, der ihn an diesem Vers so gestört haben muß, ist der jüdischer »Entwurzelung«. »Preußisch« reimt sich auf »Beichais« nicht nur in etlichen deutschen Dialekten, sondern auch in jenem »Dialekt« des Deutschen, der Kraus ein Greuel sein mußte: dem Jüdischen. Der Vorwurf des »Mauschelns«, das die deutsche Sprache angeblich verunreinige und zugrunde richte, war ein Standardvorwurf des Antisemitismus an das Judentum und damit, rückwirkend, auch an Heine. Der Versuch, sich das »Mauscheln« und »Jüdeln« auszutreiben, wurde damit eine Herzensangelegenheit der assimilationsbedachten deutschen Juden.[79] Heine aber, indem er einen durch die dichterische Praxis seiner Zeit, durch den Dialekt und durch den ästhetischen »Sinn« gleichsam dreifach legitimierten Reim verwendet, setzt sich nichtsdestoweniger hier als »Jude« dem gefürchteten Vorwurf des »Mauschelns« aus.[80] Und dieser alleine scheint – unterschwellig – für Kraus zu zählen; er reicht aus, um den Bann gegen den Dichter auszusprechen. Die extremste antisemitische Charakterisierung Heines – als »Stümper« – wird damit von Kraus vorweggenommen.

Daß dem so ist, daß es Kraus in seiner Sprachkritik an Heine um die Zurückweisung eines vermeintlichen »Mauschelns« geht, kann vielleicht jene zweite, weniger berühmte Heine-Polemik zeigen helfen, in der die Kraus'schen Ressentiments gegen den Dichter noch wesentlich unverhüllter auftreten als in den geschliffenen Formulierungen von *Heine und die Folgen.* In dem späteren *Fackel*-Aufsatz mit den bezeichnenden Untergliederungen *Die Feinde Goethe und Heine* und *Die Freunde Heine und Rothschild* wird Heines Briefwechsel nicht nur in bezug auf seine finanziellen Beziehungen zum Hause Rothschild mit forensischer Manie durchleuchtet; noch inkriminierender als die Geldnöte und -wünsche des Lyrikers sind – seine Judaismen. Karl Kraus war ein Meister des »strafenden« Zitats: der Methode, die Worte seiner Gegner so wiederzugeben, daß sie sich selbst entlarvten.[81] Hier aber gerät das Zitieren von Heines Judaismen für Kraus selbst zu solcher Entlarvung. In dem erwähnten Briefwechsel Heines stößt sich der Kritiker zum Beispiel an dem hebräischen Wort »Rachmones«.[82] Dieses wird nämlich von Kraus wie ein *corpus delicti* behandelt, »aufgespießt«, wiederholt aufgegriffen und zitiert, als reichte dies schon alleine aus, um den Gegner vernichtend zu schlagen, als überführte Heine, einfach durch den Gebrauch einer solchen Vokabel, bereits sich selber. Die Kraus'sche Sorgfalt für das Wort – und gar das »alte«: hier wird das Wort des Alten Testaments, das »Mitleid«, »Wohltätigkeit« bezeichnet, von dem »Ausnahmsjuden« Kraus wie das Beweisstück einer unaustilgbaren Schmach eingesetzt, um den »Projektionsjuden« Heine zu verhöhnen.[83]

»Ich habe in einen Abgrund geblickt, desgleichen ich nicht wieder sah.« So, weiß Theodor Lessing zu berichten, erzählte eine Bekannte Paul Rees' von dessen gequälter Offenbarung seiner jüdischen Herkunft, die ihm nur deshalb zur Qual wurde, weil diese Herkunft ihm selber so verabscheuungswürdig erschien.[84] In gewisser Weise schaut die Heine-Forschung immer noch in diesen Abgrund; denn die Heine-Polemik des »Selbsthassers« Kraus hat – ohne die Wirkung dieses »großen Mannes« unsererseits dämonisieren zu wollen – Epoche gemacht. Sie hat wie keine andere Schrift das Heine-Bild in diesem Jahrhundert geprägt, sie wurde zu einem »Transmissionsriemen«, der die Heine-Legende bis in das Lager der deutschjüdischen Intelligenz hineintrug. So wurde der Satiriker und Jude Kraus selbst zur traurigen Bestätigung jenes traurigen wienerischen Witzes, demzufolge der Antisemitismus erst dann zum durchschlagenden Erfolg gekommen sei, als die Juden sich seiner annahmen.[85] Dabei hat Karl Kraus jeglichen Anspruch auf Wirkung für seine Heine-Schrift ausdrücklich abgestritten: »Die tiefste Bestätigung dessen, was in dieser Schrift gedacht und getan ist, wurde ihr: sie fand keine Leser.« *(HuF, S. 214)* Das ist aber kaum etwas anderes als die Koketterie oder gar das schlechte Gewissen eines Intellektuellen, der sich ins Handgemenge des Literaturkampfes stürzt und sich gleichzeitig *au dessus de la mêlée* wähnt. *Heine und die Folgen* ist vielmehr ein Paradebeispiel für das Politische des »Unpolitischen«; eine Schrift, die ihre nicht unbeträchtliche politische Wirkung gerade daraus bezieht, daß sie, im Namen eines rein Geistigen, sich »unpolitisch« gibt. Die Politik bildet damit den blinden Fleck, aber als Verdrängtes auch das geheime Zentrum von *Heine und die Folgen.*

Die Verdrängung setzt beim Gegenstand selber ein. Heines eigene politische Haltung – der Nerv seiner Publizistik und ein Kernstück seiner Dichtung – wird von Kraus im Laufe seiner Polemik kaum gestreift. In einem Taschenspieltrick, der auch von antisemitischer Quelle abgeschaut wurde, wird sie vielmehr unterschlagen, ausgetauscht, als Hauptmotiv von Heines Schreiben, gegen die Käuflichkeit, Betriebsamkeit. So auch an der exponiertesten Stelle dieses Vorwurfs, wo Heine, um seine »Beliebtheit« zu beweisen, sich auf die Geschäftsbücher seines Verlegers beruft. Es handelt sich um Heines »Vorwort« zur zweiten Ausgabe der *Neuen Gedichte,* die vier Wochen nach der Erstauflage nötig wurde. Mit dieser Sammlung – sie enthielt das *Wintermärchen* – feierte der politisch inzwischen so oft »totgesagte« Dichter 1844 seine Auferstehung; und im Vorwort verwies Heine seine ehemaligen Kritiker schlicht auf den Absatz seines Buches, der die erneute politische Relevanz des Verfassers »trocken«, aber unwiderlegbar, ›schwarz auf weiß‹ auswies.[86] Diesen Zusammenhang, so einfach er auch ist, kann Kraus unmöglich wiedergeben. Statt dessen heißt es: »Im Glauben und Unglauben wird Heine die Handelsvorstellung nicht los.« *(HuF, S. 209)* Vielmehr: Kraus wird sie nicht los, denn an den »Erzjuden« Heine muß er den Makel des »Schachers« heften.

Auf ähnliche Weise wird in *Heine und die Folgen* der politische Zusammenhang, in dem die Schrift selber erscheint und auf den sie eine Antwort bildet, nur am Rande erwähnt.[87] Adolf Bartels hatte erst vor kurzem, um ein Heine-Denkmal zu verhindern, sein berüchtigtes Pamphlet verfaßt und damit den Streit um Heine erneut entbrennen lassen. In diesem Streit stand das liberale, »philosemitische« Lager dem konservativen, völkischen, antisemitischen gegenüber (die Sozialdemokratie hat sich bezeichnenderweise aus diesem Streit herausgehalten[88]). Heine war vielleicht wie nie zuvor zur Symbolfigur geworden für die Integration des deutschen Judentums. Kraus' emphatische Stellungnahme gegen den Dichter erschien in diesem Kontext. Und so wenig wie Kraus' Schrift näher auf ihn einging, war dieser Zusammenhang für die Zeitgenossen natürlich noch unmittelbar evident; er ist auch von allen zeitgenössischen Kritikern Kraus' – Franz Pfemfert, Alf Jörgensen, Anselm Ruest – gesehen und kommentiert worden. »Allerdings protestiert der Verfasser ... recht bestimmt dagegen, zu der Kumpagnie der nationalistischen Grab- und Denkmalschänder gerechnet zu werden. Aber was hilft es ihm, da er jene nicht nur in ihrer volksverdummenden Wirksamkeit unterstützt, sondern auch im Grunde genau wie diese verfährt ...«, schrieb Jörgensen.[89] Anselm Ruest faßte sich lakonischer: er nannte Kraus schlicht »Bartels II«.[90]

Die Spitze traf vielleicht tiefer und genauer, als der Verfasser sich damals denken konnte. Denn die politische Stoßrichtung der Antisemiten ging ja nicht nur gegen den »jüdischen« Dichter Heine; sie betraf auch, wie wir gesehen haben, den »Dichter des Proletariats«. In der Destruktion Heines sollte vielleicht noch eher als die Integrationsbestrebungen des deutschen Judentums ein »zersetzendes« Kulturgut der sozialistischen Arbeiterbewegung abgewehrt und getroffen werden. Gewiß: das Verhältnis des Satirikers Kraus zur Arbeiterbewegung ist zeitlebens ein differenzierteres gewesen als das blanker Ablehnung; nie aber verließ Kraus in bezug auf die bestehende Gesellschaftsordung den Standpunkt des Bewahrens.[91] Und es fragt sich, inwieweit Kraus nicht auch das Heine-Projekt des Antisemitismus in seiner konterrevolutionären Absicht – als Liebesdienst am Bestehenden – teilt; und zwar nicht nur, indem ein politischer »Sinn« seiner Schrift von dem äußeren Zusammenhang zwangsläufig, »ungewollt«, gestiftet wird, sondern indem er im Text selber einen – verborgenen – Niederschlag findet.

Der Vorgang des Opfers, so lehrt es die *Dialektik der Aufklärung*, ist immer auch ein Vorgang des Tausches.[92] Und wird Heine von Kraus zweifellos »geopfert«, so wird er auch »getauscht«: durch die polemische Verhöhnung des »Projektionsjuden« handelt sich Kraus den Status als »Ausnahmsjude« ein. Indes, der wertkonservative Kraus scheint dunkel geahnt zu haben, daß aus dem Tausch- und Opferobjekt Heine noch mehr herauszuholen sei: könnte die Abschlachtung des »Dichters des Umsturzes« dem Opfernden nicht den begehrten Aufstieg verschaffen in die »exklusivsten Kreise« der Gesellschaft? Auf jeden Fall geht die Kraus'sche Anbiederung an diese Kreise, das *ancien régime* der Vorkriegszeit, nicht nur so weit, daß er die stereotypen Vokabeln von Heines »wurzellosem Witz«[93] und »Haß gegen Deutschland« *(HuF, S. 211)* sich zu eigen macht. An drei entscheidenden Stellen seiner Polemik ist Heine für Kraus auch als »Dichter des Proletariats« faktisch, wenn auch unterschwellig Zielscheibe.

In *Wartet nur*, einem Zeitgedicht, das Heine für Marx' *Vorwärts* geschrieben hatte, heißt es über die Zusammenkunft zwischen dem »Donnerwort« des Dichters und dem »rechten Tag« der Revolution: »Gar manche Eiche wird zersplittern / An jenem Tag der wilde Sturm / Gar mancher Palast wird erzittern / Und stürzen mancher Kirchenturm!« »Das sind«, schreibt Kraus, »leere Versprechungen ... von Donner kein Ton und vom Blitz nur ein Blitzen.« *(HuF, S. 214)* Werden an dieser Stelle aber die »Mitglieder des ganz reaktionären Provinzadels«, die um diese Zeit im zunehmenden Maße die Kraus'schen Vorlesungen frequentierten,[94] nicht dankbar aufgeatmet haben? Das Gespenst jener Massenerhebung, vor der sie sich fürchteten, wird gleichsam gebannt, indem ihrem klassischen Verkünder der ästhetische Rang abgesprochen wird. So auch an der zentralen Stelle der Kraus'schen Sprachkritik an Heine: Es ist vielleicht nicht ganz zufällig, daß die von Kraus gerügte Strophe gerade dem *Wintermärchen* entnommen wird; mit der revolutionären Bedrohung wird es vielleicht nicht allzu weit her sein, wenn der zentrale poetische Text des Umsturzes bereits »klappert«.

Kraus' Vorwürfe an Heine gipfeln in dem vielzitierten Bild: »Heinrich Heine, der der deutschen Sprache so sehr das Mieder gelockert hat, daß heute alle Kommis sich an ihren Brüsten fingern können.« *(HuF, S. 193)* Das Bild weist, in seiner Drastik und Polyvalenz, weit über den unmittelbaren textlichen Zusammenhang hinaus, in dem es hier zunächst erscheint. Es lohnt sich, diese »Polyvalenz« kurz aufzuschlüsseln.

Auch sie hat ihre Entsprechung in der antisemitischen Literatur. Immer wieder werden in *Heine und die Folgen* nicht nur die Thesen des Antisemitismus »ätherisierend« übernommen, sondern auch die Bildlichkeiten, die Assoziationen, die der Antisemitismus seit jeher an den »Juden« und an Heine knüpft. Diese wirkten wohl noch stärker auf die Phantasie der Leserschaft und Hörerschaft, machten Heine als »Jude« für sie noch eher fest als Kraus' begrifflicher Diskurs. Wenn Heine zum Beispiel zum Schluß von *Heine und die Folgen* als falscher Prophet auftritt, der wie ein Moses auf den Felsen der deutschen Sprache schlägt, und doch mit seinen billigen Taschenspieltricks statt Wasser nur Eau de Cologne hervorbringt, so wird hier das Motiv des jüdischen Schwindlers, des unehrbaren und unlauteren Geschäftsmanns, von Kraus bildlich umgesetzt *(S. 213)*. An anderer Stelle heißt es, Heine habe »einmal Sauerstoff in die deutschen Stuben gelassen und ... nach einer augenblicklichen Erholung *die Luft verpestet*«. *(S. 211)* Hier treten nun wieder zwei alte Motive auf, die in antisemitischer Vorstellung mit dem »Juden« verbunden sind: die Sphäre der »niederen« Sinnlichkeit und die Gefahr der Kontamination. Denn der »Jude« ist frech und schamlos.[95] »Heine war nur ein Draufgänger der Sprache; nie hat er die Augen vor ihr niedergeschlagen«. *(HuF, S. 212)* Und der »Jude« scheidet einen sonderbaren Geruch aus, den *foetor judaicus,* der dem Semiten immer anhaftet; bei Kraus haftet er Heine, dem bloß trügerischen »Regenerator deutscher Luft«, immer noch an.[96] Selbst die extremste antisemitische Vorstellung vom »Niedrigen« und Kontaminierenden des »Juden« wird von Kraus wachgerufen: im Bild des Ungeziefers. Denn Heines »Matrazengruft« entspringen die »Wanzen«, die nun in den Redaktionsstuben hocken. »Das kriecht« und »stinkt« ... *(HuF, S. 210)* Dem »Stilisten« Kraus ist hier der Seiltanz gelungen, ohne den Status seiner Schrift als »Geist« offen zu kompromittieren, etwa durch direkte rassistische Beschimpfungen Heines, dennoch sämtliche rassistische Klischees, die sich an diesen Namen knüpfen könnten, mittels seiner Sprache zu beschwören. Das Ätherische und das Ruppige kommen hier beide auf ihre Kosten: das macht Kraus' Schrift ihrerseits so verführerisch, daß das Vorurteil sich hier austoben kann, und sich dabei als »Geist« empfindet. Es ist also bei Kraus die gleiche Verknüpfung des »Brutal-ordinären« des gängigen gesellschaftlichen Vorurteils mit der geistreichen, raffinierten Rede vorhanden, die Lukács bei Nietzsche feststellt.[97]

So auch im Bild des Mieders. Dessen verhängnisvolle »Lockerung« hat sowohl mit der Sphäre der »niedrigen« Sinnlichkeit als auch mit der der Kontamination – diesenfalls in Form der sexuellen Schändung – zu tun.[98] Bei Kraus wird dies auch in Zusammenhang mit »Frankreich« gebracht, mit der »Franzosenkrankheit« jener uneigentlichen Sprache der Moderne, die Heine »uns eingeschleppt hat« *(HuF, S. 189).* Heine also wieder als der kontaminierende Fremdkörper, der »uns« bedroht. Seit Menzel aber wurde der »Jude« auch in antisemitischer Vorstellung in Verbindung mit Frankreich gesehen. Das Land wurde dabei durchaus nicht nur als realpolitischer »Erbfeind« und Rivale betrachtet, sondern auch als Herkunftsland der modernen Zivilisation einschließlich ihrer politischen Spannungen und ihres sozialen »Radikalismus«.[99] Ist im Antisemitismus der »Jude« das Bild des abzuwehrenden »Anderen« schlechthin, so sammelt sich in diesem Bild sowohl die Sinnlichkeit als auch die Ansteckungsgefahr, das »Schiebertum« als auch die – Revolution.

Nicht anders will es Kraus' Polyvalenz. Der Affekt, den sie formuliert, gilt auch dem sozialen »Radikalismus«. Denn die Verfügungsgewalt über den Besitzstand Frau, als welche die Sprache hier personifiziert wird, ist eine traditionelle patriarchale Chiffre für die Verfügung über die Macht und den Besitzstand schlechthin.[100] Schon der Begriff »Kommis« ist für Kraus geladen und gesellschaftlich ambivalent. Er steht für die Kanaille der Journalisten, aber auch schlicht für den »Pöbel«, den Plebs. Dazu braucht man nicht zu wissen, daß der Berliner Arbeiter Stendal, der seinerzeit Heines *Weber*-Gedicht als Flugblatt verteilt hatte, selber ein »Kommis gewesen ist;[101] heißt es doch bei Kraus: »Es herrscht Not an Kommis. Alles drängt der Sozialdemokratie oder dem Journalismus zu.«[102] »Kommis« wird damit selbst zu einem »Codewort«, das widersprüchliche gesellschaftliche Entwicklungen umfaßt, die der kulturkonservative Affekt eines Kraus aber als eine Einheit begreift. Dieser Affekt gilt keineswegs nur der Gefahr der Profanierung des Wortes durch die Journalisten, sondern auch schlicht der Gefahr seiner Demokratisierung, seiner Überführung ins Gemeineigentum. Letzteres wurde aber von den volkstümlichen, der Volkssprache »fein abgelauschten« Strophen des *Wintermärchens* geleistet; deshalb gilt ihnen die Kraus'sche Invektive: »Aber in einer seiner Klapperstrophen, die durch die Lizenz, daß sich der dritte Vers nicht reimen muß, einer Welt von Frechheit Mut zur Satire gemacht haben ...«[103] Die »Welt von Frechheit«, der Heine hier den Weg geöffnet hat, ist die Welt der Modernität, aber damit auch die Welt der sozialen Revolution. Die verhängnisvolle Lockerung des Besitzstands Sprache präfiguriert die Lockerung der Besitzverhältnisse überhaupt; ihr muß zuvorgekommen werden. Dies geschieht auf der Ebene der Polemik dadurch, daß die Sprache Heines mit »Geklapper« gleichgesetzt wird. Dieses Geklapper ist aber, wie ehedem

Wagners »Geplapper«, Kennzeichen der »Sprache der Stotterer«: Heines Strophen werden von Kraus ebenfalls als sinnentleerte und abstoßende Laute geschildert, in Anspielung auf den kulturellen Archetyp der »Sprache der Juden«. So wird die Sprache der »Frechheit« und des »Umsturzes« auch im Kraus'schen Subtext zur Sprache des lauernden jüdischen Subhumanum. Wiederum weiß Kraus die ruppigen politischen Ressentiments eines Bartels mit dem Hauch eines Vornehmen, Elitären, Ätherischen zu bekleiden, während er auf der suggestiven Ebene den Antisemiten an denunziatorischer Niedertracht sogar noch unterbietet. Und wenn, wie Franz Pfemfert meinte, die Bartels für Kraus' Heine-Polemik »Beifall klatschen« würden,[104] dann eher, weil sie Intentionalität und Inhalt dieser Polemik genauestens begriffen, denn weil sie sie verfehlt hätten.

Es gab indes auch ein ganz anderes Publikum, das Kraus' Heine-Polemik in einem viel weitergehenden Sinn »begriffen« hat, als ihr Urheber, schenkt man seinen späteren Dementis Glauben, sich träumen ließ. Kraus hat mit seiner Schrift wesentlich dazu beigetragen, einer Generation von deutschjüdischen Intellektuellen, für die die Kraus'schen Vorlesungen und roten *Fackel*-Hefte ein bestimmendes Erlebnis waren, Heine abspenstig zu machen. »Was dort, in dieser höheren Instanz, einmal beschlossen war, galt als ausgemacht ... und so nahm man keinen der Autoren je in die Hand, die von Kraus verdammt worden waren«, schreibt Elias Canetti über die Wirkung des »Wächters« Kraus auf den Kreis seiner Leser und Zuhörer.[105] Für die deutschjüdische Intelligenz war aber Kraus' Urteil in Sachen Heine doppelt verpflichtend und bedeutsam; denn dieses Urteil galt hier nicht nur einem ästhetischen und literarpolitischen Gegenstand von großem allgemeinem Interesse, sondern einem Projekt, das für jeden der Betreffenden nur als existentiell zu bezeichnen wäre: dem Projekt der Assimilation, der Aufnahme als geistig Schaffender in den deutschen Sprach- und Kulturkreis.[106] Auch hierin – im Sinne dieses sehr partikulären Projekts – war Kraus Vorbild. Seine Polemik, die Heine als »Projektionsjuden« der antisemitischen Legendenbildung kampflos preisgab, besaß von daher eine nicht zu unterschätzende Signalwirkung gerade für diese Kreise. »Schließlich werden doch die, welche nie aus ihrem Bezirk herauskamen, weiter kommen als die, *die nie in ihren Bezirk hereinkamen.*« *(HuF, S. 210)* Dieses gleichsam defaitistische Fazit, was die Assimilationsfähigkeit Heines betraf, gab die Richtung an für ein Verhalten Heine gegenüber, das in der Folgezeit in der Elite der deutschjüdischen Intelligenz endemisch werden sollte; den Impuls, sich von Heine zu distanzieren.[107] Heine wird, nicht zuletzt dank Kraus, zu einem Objekt negativer Identifikation, einer fast zwanghaft vollzogenen Abgrenzung; und das genau in den Kreisen, die zunächst prädestiniert schienen, Wesentliches zum Verständnis des Dichters beizutragen. Hier können wir nur kurz die Nachwirkungen des Kraus'schen Verdikts an zwei zelebrierten Orten des Wirkens deutschjüdischer Geistigkeit aufzeigen.

Der erste war der George-Kreis. Als Teil seiner literarpolitischen Strategie war dem Lyriker George eine äußerst prekäre Verquickung gelungen: er profilierte sich als Künder einer national-konservativen Erneuerung und stützte sich dabei weitgehend auf Juden.[108] Durch diese Öffnung den Juden gegenüber wurde, zumindest aus jüdischer Sicht, der George-Kreis durchaus zum exemplarischen Ort einer möglichen Assimilation.[109] Diese Öffnung setzte George aber auch, von deutsch-nationaler Seite, dem Vorwurf des »Philosemitismus« aus.[110] Dagegen hat George sich abgedeckt durch seine Unterscheidung von »Ariern« und »Semiten« sowie mit Aussagen wie den folgenden, die sich durchaus im Rahmen der gängigen Vorurteile bewegen:[111]

> Juden sind die besten Leiter. Sie sind geschickt im Verbreiten und Umsetzen von Werten. Freilich so elementar wie wir erleben sie nicht. Sie sind überhaupt andere

Menschen. Ich erlaube nie, daß sie in meiner Gesellschaft oder im ›Jahrbuch‹ in der Überzahl sind.

Die Aufnahme von Juden in seinen Kreis bedeutete also für den Meister keinen Bruch mit rassistischen oder antisemitischen Vorstellungen. Insofern war die »Assimilation«, die George anbot, teuer erkauft.[112]

Wie teuer, sollte auch der »Fall« Heine zeigen. Die ambivalente, »paradoxe« Haltung Georges dem Antisemitismus und dem Judentum gegenüber schlägt hier voll durch.[113] Sie kommt vielleicht nirgends prägnanter zum Ausdruck als in der überlieferten Mitteilung Georges, daß einer der wenigen Dichter des 19. Jahrhunderts, der für ihn ein »Gesicht« habe, das »Jüdchen Heine« sei: »Es (Heine) ist frech, aber man kann mit ihm reden.«[114] Wie Werner Kraft betont, ist das Trostlose an diesem Dichterwort gerade, daß sein Perfides geheuchelt ist; was hier aus George spricht, ist weniger ein persönlich empfundener Antisemitismus als vielmehr die Anpassung an ihn als gesellschaftliche und damit literarpolitische Kraft.[115] Ohne Hinzufügung des rituellen Pejorativs scheint ein Gespräch über Heine in damaligen vornehmen und ›arischen‹ Kreisen unmöglich geworden zu sein. Über dem rituellen Pejorativ vergißt man aber leicht, daß George hier von dem Lyriker Heine eigentlich mit Anerkennung spricht. Ein solches »Vergessen« aber zu bewirken, ist genau der Sinn des Pejorativs an dieser Stelle. Denn die Verehrung des Dichters Heine darf für George, angesichts der Übermacht antisemitischer Abwehr, die dem »Erzjuden« gilt, nicht mehr unbedacht alleine stehen; sie bedarf des Flankenschutzes. Und ihn gewährt, rettend, das Wort »Jüdchen«.

Eine ähnliche Aufgabe des Flankenschutzes für sich und für den Meister George übernahmen, in bezug auf Heine, zwei der profiliertesten jüdischen Mitglieder des Kreises, Friedrich Gundolf und Rudolf Borchardt. Da George Juden in seinen Kreis aufnahm, ohne daß dies den Bruch mit zentralen Ideologemen des Antisemitismus beinhaltete, war der Status der Juden in seinem Kreis der begehrte, aber gequälte des »Ausnahmsjuden«.[116] Der Gedanke liegt nahe, daß dieser prekäre Status sich auch und gerade im Verhältnis zu Heine zu bewähren hatte: und es ist so. Gundolf und Borchardt haben die delikate Aufgabe übernommen, sich in die Niederungen des Literaturkampfs, die George verschmähte, zu begeben und dort Heine so weit zu verteidigen, daß Georges Wertschätzung des Dichters noch Rechnung getragen wurde, und so weit zu vernichten, daß diese Wertschätzung die Stellung Georges in »national« und konservativ gesinnten Kreisen in nichts gefährdete.

Gundolf, an exponiertester Stelle, in der gleichsam offiziellen George-Biographie,[117] löste diese Aufgabe auf folgende Weise: Heine wird der Rang als »Genie« zwar noch zugestanden, aber als »Genie«, dessen Auswirkungen bloß »verhängnisvoll« gewesen seien. Unter Vermeidung direkt rassistischer Termini, unter einem Schwall von schönen Worten begegnen dem Leser dann die wohlbekannten *Topoi* der Heine-Legende. So läutet Heine – beliebteste aller antisemitischen Vokabeln – ein Zeitalter der »Zersetzung« ein *(S. 10.)*[118] Die Wirklichkeitsflucht und antimoderne Nostalgie, die Kraus mit den Antisemiten teilte, ist auch hier bestimmend. Goethe, als »Träger der überzeitlichen Schau«, wird Heine entgegengestellt, der die »poetischen Kräfte der alten Welt« noch einmal heraufreizte, um sie in den Dienst der »Modernität, des bloßen Zeitalters« zu stellen und damit zu vergeuden *(S. 10, 12)*; nicht »von der Ewigkeit her« kam Heines Werk, sondern von dem »Bedürfnis der Masse« *(S. 11)*. Mangelt es nach der antisemitischen Lehre dem »Juden« an Tiefe und Gemüt, eignet er sich in seiner Glätte eher für eine Mittler-Funktion, so ist Heine für Gundolf »Vermischer und Verschieber« *(S. 11)*; von »Virtuosität« ist die Rede, einer »hybriden Mischung«, die nicht »schaffen« konnte, sondern bloß »vermitteln« *(S. 12)*. Sind also, zumindest hintergründig, die typischen Vorwürfe des »Antisemiten-Katechismus« hier präsent, so stehen die von Kraus weiterentwickelten Motive im Vordergrund: die Sprachkritik (»für die deutsche Sprache ... der verhängnisvolle Erleichterer *[S. 11]*) und der Feuilletonismus-Vorwurf (»Journalist bis in seine Lyrik hinein« *[S. 10]*). Wie bei Kraus – der von der Ähnlichkeit der Argumentation so frappiert war, daß er Gundolf des geistigen Plagiats zieh[119] – mündet die Kritik in dem Vorwurf der Profanierung, hinter dem aber die Angst vor der Demokratisierung des Wortes steht: Heine »hat dem Ladenschwengel den Ton des Priesters ermöglicht, dem Redner die Lyrik, dem Bänker die Salbung. Er betritt viele Ebenen nach Willkür und zerstört damit *jedes Niveau* ...« *(S. 11)*: »erst seit Heine gibt es in Deutschland Worte ohne Werte *aus allen* seelischen und *gesellschaftlichen* Schichten«. *(S. 12)*

»Worte ohne Werte aus allen seelischen und gesellschaftlichen Schichten«: ist es abwegig, zu fragen, ob damit, wie bei Kraus, auf die ansonsten so hartnäckig verschwiegene, so bedrohlich erscheinende proletarische Bewegung dunkel angespielt wird?[120] Ist es bloß prägnanter Zufall, daß August Bebel (tatsächlich) ein »Ladenschwengel« und »Bänker« gewesen ist, der als Redner im deutschen Reichstag, auf dem Höhepunkt einer historischen Ansprache, Heines Lyrik zitierte, um den »Umsturz« zu beschwören?[121] Auf jeden Fall weist das angeblich Nihilistische und Nivellierende von Heines Sprache hier gewisse Ähnlichkeiten auf mit einem klassischen Motiv antisemitischen Denkens. Der »Jude« nämlich setzt der alten Gesellschaft nivellierend und nihilistisch zu; mit dieser Gedankenfigur dämonisierte und personifizierte der Antisemitismus traditionell die komplementären Auswirkungen von Kapitalisierung und Proletarisierung, die die altehrwürdigen Schranken des vorindustriellen Ordo eingerissen hatten: Heine erscheint bei Gundolf als der zersetzende »Jude« der Sprache, wie die sprachliche Entwicklung überhaupt – die Flut der »Worte ohne Werte«, die Heine ausgelöst haben soll – bei ihm als Chiffre der gefürchteten Modernität steht.

Rudolf Borchardts Heine-Verständnis, dargelegt im Nachwort zum *Ewigen Vorrat deutscher Poesie*, steht ebenfalls im Zeichen des antisemitischen Klischees;[122]

Borchardt, wie etliche jüdische »Selbsthasser«, war robuster Teutomane,[123] und vielleicht deswegen fällt sein Urteil über Heine etwas harscher aus als das Gundolfs. Zwar ist Heine auch für Borchardt ein »dichterisch außerordentlicher begabter Geist«. Nichtdestoweniger trifft sein Werk ein »Stigma«. Heine, »genau calculierend«, habe es auf Wirkung abgesehen, nicht auf den wahren Ausdruck seines »Inneren« *(S. 458)*. Dieser aber war – aufgrund mangelnder »Selbstachtung« – »zerfallen« *(S. 459)*. Damit konnte Heine nur ein »äffisches« Werk hinterlassen *(S. 458)*. Das antisemitische Motiv des »seelenlos nachdichtenden« Heine wird hier hochstilisiert zu dem – später sehr beliebten – Bild eines Ersatzdichters, der sehr wohl weiß, was wahre Gedichte sind, selber jedoch nicht fähig ist, sie hervorzubringen.[124] Wiederum gilt, auf die Lyrik bezogen: Kauf nicht beim (Projektions-)Juden; das »Juwel des Einfalls« wird von »falschen Steinen und gedunkeltem Gold« getrübt *(S. 460)*.

Mehr als »Trümmer« *(S. 457)* dieses Goldes möchte Borchardt dem Publikum, dem seine erlesene Anthologie gilt, nicht zumuten. So verdanken wir ihm eine Wiedergabe von Heines Gedichten, in der die gebrochene Überlieferung Heines in Deutschland gleichsam sinnbildlich gebildet worden ist:

FRAGMENT

. . . .

In meiner Erinnerung erblühen
Die Bilder, die längst verwittert –
Was ist in deiner Stimme,
Das mich so tief erschüttert?

Sag nicht, dass du mich liebst –

―――――

Fragment

Aus alten Märchen winkt es
Hervor mit weisser Hand,
Da singt es und da klingt es
Von einem Zauberland

————

————

Ach, könnt ich dorthin kommen,
Und dort mein Herz erfreun,
Und aller Qual entnommen,
Und frei und selig sein.

————

————

Heine, den das »Stigma« trifft, ist der einzige Dichter dieser Sammlung, dem die Ehre einer solchen zerstückelten Wiedergabe seiner Gedichte widerfährt.[125]

Die Heine-Legende und der Zwang zur Abgrenzung, den ihre Übermacht bei einem Teil der jüdischen Intelligenz hervorrief, hat indes an noch signifikanterer Stelle Spuren hinterlassen; bei der Frankfurter Schule. Die beiden wohl literaturästhetisch und literaturkritisch bedeutendsten Denker in ihrem Umkreis zeigen sich in ihren spärlichen Äußerungen zu Heine durchaus noch im Bann der Vorstellungen Kraus' und des George-Kreises. Bei Walter Benjamin ist dies um so bedauerlicher, als Heines Werk, nicht nur was den Lebensmittelpunkt Paris betrifft, sondern in vielen geschichtsphilosophischen und literaturästhetischen Impulsen eine Vielfalt an Berührungspunkten mit Benjamins eigenem Lebenswerk aufweist. Auch sieht sich Benjamin gezwungen, in der Zeit seiner Arbeit am »Passagen«-Werk, sich Heine, nicht ohne innere Widerstände, zu nähern. Wie groß, auch bei der Annäherung, die Widerstände blieben, zeigt indes der Briefwechsel.[126] So schreibt Benjamin 1936 an Werner Kraft:

> Zufällig bin ich jetzt auf meine Weise dabei, *in Heine zu geraten*. Ich lese die Prosa, soweit sie sich mit französischen Zuständen beschäftigt. Sehr dankbar wäre ich Ihnen, wenn sie mir angeben wollten, wo die Beschäftigung mit diesen Zuständen etwa in seiner Poesie einen Niederschlag gefunden hat. *(S. 705)*

Die Gedichte nämlich wollte Benjamin selber nicht lesen. In bezug auf eine Heine-Anthologie, die Kraft herausgegeben hatte, heißt es, höflich, aber deutlich abwehrend, zu dem Buch:

> Was die Materien angeht, so sind mir gegenwärtig einzig und allein seine politischen in etwas assimilierbar, nicht dagegen . . . seine poetischen. *(S. 719)*

Benjamin bemerkt, es sei ein Ding der Unmöglichkeit, »derzeit die Stimmung von Heines dichterischem Klang in mir zu erwecken« (S. 720). Betont Benjamin hier die Subjektivität seiner Reaktionsweise, so verteidigt er sich auch, mit auffälliger Emphase, dagegen, sich – durch die Beschäftigung mit Heine – *»geistig expatriieren« (S. 719)* zu müssen, besteht statt dessen auf seinem Recht, seinen, wie er schreibt, *»subjektivsten Reaktionen* Raum zu gewähren« *(S. 720)*. Indes, Benjamin hatte noch während der Zeit der Weimarer Republik seinen – hier nicht direkt ausgesprochenen – »subjektivsten Reaktionen« der Ablehnung des Dichters durchaus Raum gewährt; öffentlich, und in der Form des Urteils. In einer Besprechung eines Gedichtbands von Erich Kästner schreibt Benjamin in einem seiner glühendsten Verrisse, in dem er Kästner Unverbindlichkeit, Routiniertheit und Opportunismus vorwirft: »Dies ist der Umstand, der diesem Fall einige Ähnlichkeit *mit dem Fall Heine* gibt.«[127] Erich Kästner wird sich vielleicht über die Verwarnung gewundert haben, er könne, wenn er sich nicht sehr in acht nehme, als politischer Lyriker noch wie Heine enden; interessant ist hier vor allen Dingen, auf welchem Stand des Wissens jenes sichere Urteil in Sachen Heine beruht. Fünf Jahre später schreibt Benjamin an Kraft, er könne sich zu möglichen, von Kraft aufgespürten Bezügen zwischen Heines und Brechts Gedichten nicht äußern, da seine »geringe Kenntnis« von Heines Werk ihm dies nicht erlaube *(S. 705)*. Das Urteil von 1931 beruhte also weniger auf Kenntnis als, wie wir meinen, auf dem erwähnten, von Kraus geerbten Mechanismus der Abgrenzung. Dank ihm ersetzt – auch bei einem Walter Benjamin – die schlichte Übernahme des ›legendären‹ Heine-Bildes vollends die Auseinandersetzung mit dem Werk.

Dieser Mechanismus ist noch, fünfundzwanzig Jahre später, bei Theodor Adorno zu beobachten. Gemeint ist Adornos Ansprache zu Heine – sie wurde 1956 gehalten – gewiß als eine »rettende«.[128] Sie möchte Heine von der Tabuisierung befreien, versucht durchaus, Heine – auch angesichts des Geschehenen – neu und anders zu begreifen; auch möchte sie Heine als Lyriker vor dem Vorwurf des Nichtigen bewahren. Nur: das Fundament, auf dem dies geschehen soll, ist selbst hier das schüttere der Heine-Legende; auch diese wird nämlich von Adorno hinübergerettet, den größten Raum in seinem Aufsatz nimmt die emphatische und ungebrochene Darstellung der – literaturästhetischen – Hauptthesen der Legende ein. Insofern birgt Adornos Aufsatz eine leise Denunziation.[129]

Schon der Anfang macht, in dem jetzigen Zusammenhang, stutzig: als erstes verbeugt sich Adorno vor den »geistig Verantwortlichen«, bei denen Heine in »Verruf« geraten sei. Im nächsten Atemzug werden diese namentlich genannt: »Man mag das Verdikt der George-Schule dem Nationalismus zuschreiben; das von Karl Kraus läßt sich nicht auslöschen.« *(S. 146)* Der wenig verheißungsvolle Ausgangspunkt für Adornos Heine-Verständnis ist also das Heine-Bild Kraus'; Wirkung, Ursprung,

Sprache von Heines Lyrik werden fast ausschließlich im Rahmen des ›unauslöschbaren‹ Kraus'schen Urteils begriffen. Adornos Essay hat aber Kraus gegenüber den nicht geringen Vorteil, daß er, ohne die Konstruktionen Kraus' aufzugeben, die gesellschaftlichen Realitäten wenigstens benennt, die bei Kraus versteckt den Ausschlag gaben: Jude und Kapitalismus. Diese erklären nun das fatale »Ungenügen« von Heines Sprache, das für Adorno den Angelpunkt seiner Interpretation bildet, von dem er »Schuld« und »Rettung« Heines herleiten möchte.

So erscheint Heine bei Adorno in einem sehr spezifischen Sinn als Opfer des Kapitalismus: er hat ihn mit Lyrik beliefert. Die dadurch erworbene Autonomie des Künstlers ist aber teuer erkauft: um den Preis des Ausdrucks, der persönlichen, individuierten Sprachgestaltung. Sie wird bei Heine der Anpassung an den Markt geopfert. »So groß war die Gewalt der entfalteten kapitalistischen Gesellschaft damals schon geworden ...« *(S. 149)* In der »fertigen, präparierten« Sprache von Heines Gedichten wird das schlechte Leben bloß verdoppelt, das dichterische Wort »erniedrigt«. Denn »das Leben« ist Heines Versen nun »verkäuflich«. »Ware und Tausch bemächtigten sich in Heine des Lauts, der zuvor sein Wesen hatte an der Negation des Treibens.« *(S. 149)* Die Möglichkeit, gar die Notwendigkeit für die Lyrik, sich der kapitalistischen Moderne zu stellen, wird indes von Adorno, anders als Karl Kraus, durchaus anerkannt. Dies aber bleibt Baudelaire vorbehalten; er zwingt der Moderne »Traum und Bild« ab. Nicht dagegen Heine; seine Originalität ist keine dichterische, sondern eine soziologische: Heine ist die erste Gedichtmaschine, der erste Massenfabrikant der Poesie. »Williger hat er sich dem Strom überlassen, hat gleichsam eine dichterische Technik, die dem industriellen Zeitalter entsprach, auf die überkommenen romantischen Archetypen angewandt, nicht aber Archetypen der Moderne getroffen.« *(S. 149 f.)*

»Nicht aber Archetypen der Moderne getroffen ...« –

an dieser Stelle läßt sich der Punkt genau ausmachen, wo eine falsche und verfälschende Tradition eine erst aufkeimende Erkenntnis förmlich erstickt. Durch seine prinzipielle Aufgeschlossenheit gegenüber dem Dissonanten und Modernen, durch seine aufschlußreiche Parallelisierung Heines und Baudelaires besitzt Adorno wesentliche Voraussetzungen, das Bild Heines neu zu bestimmen im Spannungsverhältnis von lyrischer Tradition und poetischer Modernität. Einer solchen Bestimmung wäre damals der Rang einer Entdeckung zugekommen, und keiner berufener, keiner befähigter, diese Entdeckung zu machen und auszuführen, als Adorno selber. Er tut es nicht. Denn kaum, daß er sich in fühlbare Nähe einer solchen Sicht Heines hinzuarbeiten scheint, schaltet der alte Mechanismus der Abwehr wieder ein. Adorno vermag sich der Tradition, auf die er sich beruft, dann auch nicht zu entziehen. So kreist seine Kritik, nach diesem emphatischen Widerruf einer möglichen ›schaffenden‹ Rolle für den Dichter Heine,[130] statt dessen um jenen altbekannten Vorwurf des Ausverkaufs, der Aufopferung des Ausdrucks an die Marktgesetze, der literaturgeschichtlich so haltlos ist, wie er hier obsessiv wiederholt wird. Und so bleibt Heine für Adorno, durch alle dialektischen Windungen hindurch, im Grunde der »käufliche« Jude; aber, was in der interpretativen Konsequenz vielleicht noch verheerender ist, durchaus auch noch der – »stotternde«.

Rücksichtslose Anpassung an den Markt: das ist der eine Grund für die expressive Armut, das »glatte sprachliche Gefüge« von Heines Gedicht. Es gibt für Adorno jedoch einen zweiten; sein Judentum, das »Scheitern der jüdischen Emanzipation«. Heines »von der kommunikativen Sprache erborgte Gefälligkeit und Selbstverständlichkeit ist das Gegenteil heimatlicher Geborgenheit in der Sprache. Nur der verfügt über die Sprache wie ein Instrument, der in Wahrheit nicht in ihr ist ... Dem Subjekt aber, das die Sprache wie ein vergriffenes Ding gebraucht, ist sie selber fremd.« *(S. 151)*

Der Jude Heine steht also außerhalb der deutschen

Sprache; er benutzt sie wie ein Instrument. Wohl an keiner Stelle in der gesamten Literatur häufen sich so viele negative Äußerungen zu Heines Sprache auf so kleinem Raum wie in diesem Aufsatz; dabei ähnelt Adornos Sprachkritik an Heine noch mehr als der seines Mentors Kraus der – der Antisemiten. Und zwar in ihrer radikalsten Zuspitzung: denn erst spät ist Heine von den Antisemiten die sprachliche Meisterschaft abgesprochen worden. An den beliebten Vorwurf des »Virtuosentums« wurde später von Sandvoß und Bartels der Vorwurf des rein äußerlichen, manipulativen Verhältnisses Heines zur deutschen Sprache gekoppelt: dies gipfelte in der Charakterisierung Heines durch die Nazis als »Stümper«, der, der deutschen Sprache artfremd, sich ihrer »als bloßen Ausdrucksmittels bedient«.[131] »Ich glaube, daß diese unreife und unbefugte Kenntnis der deutschen Sprache ... den Juden ... die wirkliche Aneignung derselben erschwert haben mag ... Man sollte glauben, sie seien bei der Aneignung des ihnen Ur-Fremden zu hastig zu Werke gegangen, wozu sie eben jene unreife Kenntnis unserer Sprache, vermöge ihres Jargons, verleitet haben mag ...«[132] Wohl nicht zufällig hatte Adorno in seiner Wagner-Monographie jenen finsteren Passus vom abstoßenden, verwirrten Geplapper des »Juden«, der den sprachsensitiven Kritiker traumatisiert haben mag, vollständig angeführt.[133] Und Wagners Darstellung der »Sprache des Juden« scheint auch bei Adornos Heine-Verständnis nachgewirkt zu haben. Denn der Vorwurf einer »unreifen und unbefugten Kenntnis der deutschen Sprache«, den Wagner selber gegen den »Dichterjuden« nie erhob, wird nun von Adorno aufgegriffen und auf Heine angewandt, ja bei Heine als Tatsache einfach unterstellt.

Zweifelhafte Ausgangspunkte für eine »Rettung« Heines: eine Sprachkritik, die sich in den Grundannahmen mit der der Nazis weitgehend deckt, eine Auffassung von Heine als Lyrik-Fabrikant, welche die Kraus'sche Verschärfung des Motivs »jüdischer Geschäftsmann der Poesie« übernimmt und selbst noch steigert. Auch für

Adorno ist Heine »Projektionsjude«: »In seiner Folge ward schließlich die Lyrik abgezogen in die Sprache von *Zeitung* und *Kommerz* ... seitdem ist die *Aura* Heines *peinlich, schuldhaft* ... *Seine eigene Schuld* ward zum Alibi jener Feinde, deren Haß gegen den *jüdischen Mittelsman*n am Ende das unsägliche Grauen bereitete.« *(S. 146 f.)* Man beachte insbesondere die grammatikalische Ambivalenz des letzten Satzes. Sie läßt Heine als »jüdischen Mittelsmann« erscheinen und diesen, umgekehrt, als Heine. Beide sind – besonders, was die »eigene Schuld« angeht – hier austauschbare Figuren.[134]

Bei solchen Voraussetzungen kann die angestrebte Rettung Heines nur auf einem Weg erfolgen: mittels eines Paradoxons. Es wird auf folgende Weise zuwege gebracht: erstens, indem – Paradox der »Willfährigkeit« – die Anpassung an die gängigen Klischees bei Heine sich »überspielt« und damit »kritisiert« *(S. 150)*; zweitens – Paradox des Ausdruckslosen –, indem Heine es vermocht hat, »das eigene *Ungenügen,* die *Sprachlosigkeit seiner Sprache,* umzuschaffen zum Ausdruck des Bruchs ... *Mißlingen* schlägt um ins Gelungene.« *(S. 152)*

An dieser Stelle gilt es für den Leser aufzupassen; ansonsten könnte er einem *trompe l'œil* aufsitzen, wie er in der Heine-Literatur nicht selten vorkommt. Denn die expressive Kraft des Gedichts, das Adorno hier zitiert, erweckt den Anschein des Belegs für eine These, die sie doch gerade zunichte macht. Adorno sprach von einem Mißlingen, das ins Gelungene umschlug; von einer verzweifelten Anpassung an vorgegebene literarische Muster, die gerade durch ihre Unbeholfenheit, ihr Unvermögen, eine Art Expressivität – die des Überspannten, Leidenden, Gebrochenen – gewann. So gerät Heines »stotternde« Judensprache bei Adorno in prekäre Nähe zum Theologumenon der Kreatur, deren Leidensausdruck gerade in seiner Hilflosigkeit das Bild der »Rettung« evoziert.

Aber so ergreifend dieses Bild sein mag; in dem zitierten Gedicht ist nichts von alledem vorhanden.[135] Die Landschaft, die hier durchaus als eine der Sehnsucht erscheint, wird eben nicht mit den üblichen romantischen Naturbildern beschworen, sondern nüchtern, unterkühlt beschrieben. Auch vom Sprachduktus her trifft das Gedicht eine ungekannte Mitte zwischen Prosa und Volkslied: ein neuer Tonfall in der deutschen Dichtung. Die verblüffende Wendung, mit der das Gedicht kulminiert, ist gleichfalls unerhört: das Schlußbild ist weder schaurig noch phantastisch, sondern traumhaft-naturalistisch, zugleich real und irreal. Für dieses Gedicht gibt es keine Parallelen, keine Vorbilder; es ist »einmalig«. Seine Ausdruckskraft speist sich keineswegs aus einer möglichen Expressivität des Unvermögens, wie Adorno uns nahelegt, sondern aus der Dynamik originärer Sprachgestaltung mit eigener Form und zwingenden Gesetzmäßigkeiten.[136] Das Gedicht zu zitieren, zeugt von Adornos Geschmack; nicht jedoch für seine These. Denn das Gedicht zeigt Heine »heimatlos« in der Landschaft, womöglich auch in der Gesellschaft, jedoch zutiefst beheimatet in der Sprache, welche letztere Heimat Adorno ihm, im seltsamen Einvernehmen mit den finstersten Stimmen der Heine-Literatur, unbedingt absprechen möchte. In seiner Einleitung zu Massings *Vorgeschichte des politischen Antisemitismus* hatte Adorno geschrieben: »In Frankreich hatten einige der tapfersten Dreyfusards, wie Zola und Anatole France, in ihre Romane zuweilen Darstellungen von Juden eingefügt, die jenen Klischees ähneln, gegen deren Konsequenzen sie sich einsetzten.«[137] So weit reichte, nach Adorno, die Macht des antisemitischen Klischees. Sie reichte, in Gestalt der Heine-Legende, bis in sein eigenes Werk hinein.

Schlußwort: Von der Verwundbarkeit der Werke

»die pflegent niht, si widerpflegent.«
Gottfried von Straßburg

»Dichter sind Juden« – der Ausspruch der russischen Lyrikerin Zwetajewa hat in bezug auf Heine eine eigentümliche Resonanz. Was verbindet aber den Dichter mit dem Juden? Sicherlich auch dieses, daß der Dichter, durch die Besonderheit seiner Existenz im Wort, sich exponiert, sich aussetzt, gezeichnet ist, wie der Jude durch seine »Differenz« in einer ihm feindlichen Umgebung. Bei Heine trifft dies doppelt zu: denn gerade dadurch, daß er sich im Medium seines »Wortes« exponierte – gegen die Logik von Kultur und Herrschaft mit hoher Kunst für die »Niedrigen« eingriff –, setzte er sich der Brandmarkung als »Jude« aus, zog er das ganze entbrannte Wüten des alten Mechanismus der Ächtung mit voller Wucht auf sich. Heine hatte den Kunstcharakter seines Werkes damit in der Tat aufgehoben – eingelöst wie überwunden; und so exzessiv die Reaktion, die sein Werk dann angriff, unangemessen war sie darin nicht, daß sie diesen Kunstcharakter nicht mehr respektierte, daß sie Heines Werk als jene »Kultur« nicht hinnahm, die es in dem alten kompromittierten Sinne ja auch nicht mehr war.[1] Heine selber hatte diese Möglichkeit beunruhigt vorausgeahnt, wie er schon bei seinem ersten Auftreten als Lyriker die leisesten Regungen einer antisemitischen Abwehr nervös, fast überreizt registrierte: »– schlecht geht es uns auf jeden Fall«, hatte er Laube prophezeit, in dem gleichen Brief, in dem er seine kommende Parteinahme für den radikalsten Flügel der deutschen Opposition, für Marx und Ruge, ankündigte.[2] »Seine persönliche Lebensgeschichte setzt die Grenzen dieser Parteinahme, deren konkrete Folgen – eine jahrelange Bedrohung seiner physischen und materiellen Existenzgrundlage durch Haftbefehle sowie Verbote und Konfiskationen seiner Werke – die Wirkungen der Bundestagsbeschlüsse von 1835 bei weitem übertreffen«, heißt es dann in einer literaturgeschichtlichen Untersuchung.[3] Heine selber hat seine ›exponierte‹ Lage in einem Gedicht summiert:[4]

Verlorner Posten in dem Freiheitskriege
Hielt ich seit dreißig Jahren treulich aus.
Ich kämpfte ohne Hoffnung, daß ich siege,
Ich wußte, nie komm ich gesund nach Haus.

Ja, wachsam stand ich, das Gewehr im Arme,
Und nahte irgendein verdächt'ger Gauch,
So schoß ich gut und jagte ihm eine warme,
Brühwarme Kugel in den schnöden Bauch.

Mitunter freilich mocht es sich ereignen
Daß solch ein schlechter Gauch gleichfalls sehr gut
Zu schießen wußte – ach, ich kann's nicht leugnen –
Die Wunden klaffen – es verströmt mein Blut.

Bisweilen wirken solche Darstellungen leicht stilisiert; schließlich gehörte es zu Heines Lebenslisten, daß er sich durch sein Pariser Exil dem Zugriff der Mächtigen auf seine körperliche Unversehrtheit vorsorglich entzogen hatte. Er habe keinen Begriff davon, wie teuer es sei, in Paris zu sterben, schrieb der erkrankte Heine an seinen Verleger im November 1849: »Und dennoch könnte ich jetzt daheim in Deutschland ... so wohlfeil gehenkt werden!«[5] Vergessen wir aber nicht, daß Preußen schon einmal den Versuch unternommen hatte, auch der Person Heine habhaft zu werden; und daß später, nach 1844, dieser Staat jedes Ersuchen Heines um die Möglichkeit eines rein gesundheitlichen Aufenthalts auf seinem Territorium abschlägig beschied: so sollte der Autor von so viel »Erschießlichem« wenigstens in solcher Form die Macht des Staates am eigenen Leib zu spüren bekommen.[6] Diese Macht der Abwehr aber sollte er in noch einschneidenderer Form am eigenen Leibe spüren;

am eigenen Sprachleib, den Heine so eindringlich zu beschreiben wußte, am »Korpus« seines Werkes, das er auf vorgeschobenem Posten dem Zugriff einer feindlichen Nachwelt so rücksichtslos ausgesetzt hatte, wie er zu Lebzeiten den eigenen Körper vor diesem Zugriff der Feinde noch zu schützen verstand. So gibt es an diesem »Korpus« noch Wunden, die die Nachwelt schlug, und die sich bis heute nicht geschlossen haben.

»Die Wunde ... ist Heines Lyrik.«[7] Sie blieb es aber, weil sie immer wieder von neuem aufgerissen wurde. Auf die Lyrik berief sich Heines eigener Anspruch auf eine Schlüsselstellung in der deutschen Literaturtradition, und gleichzeitig auf Aufnahme als Jude in diese Tradition;[8] von der Lyrik ging der beträchtlichste Teil von Heines Massen-, aber auch geschichtlicher Tiefenwirkung aus, weltweit sowie innerhalb Deutschlands, in der proletarischen Bewegung wie im »bürgerlichen« Lager; auf die Lyrik schließlich bezogen sich die faszinierten Agonien antisemitischer Abwehr und die komplementären Ausbrüche jüdischen Selbsthasses. Das seltsame Zusammenspiel dieser Kräfte, ihr »Sieg« und ihre erlangte Hegemonie, bestimmte dann Logik und Tradition der Überlieferung.

Diese »Logik« macht sich an Heines Sprache fest. »Die Emanzipation«, so das trockene Fazit eines Historikers des Antisemitismus, »wurde nicht gemäß dem bürgerlichen Grundsatz der Rechtsgleichheit aller Menschen als Grundsatz akzeptiert«.[9] Diese schlichte politische Tatsache des »Scheiterns der jüdischen Emanzipation« hat aber für die Geschichte des Heine-Bildes in Deutschland unabsehbare Folgen.

Denn Heine, dem »Juden«, wurde schlicht das Recht, gar die Möglichkeit »gleichberechtigten« Mitredens abgesprochen – genau jenes Recht, von dem der Dichter so konsequent Gebrauch gemacht hatte. Und zwar umfaßt diese Ausgrenzung im wesentlichen zwei Momente: Kritik und »Ergriffenheit«. Heines wirkungsträchtige Oppositionshaltung als »undeutschen«, »jüdischen« Hinterhalt abzutun, wie Treitschke es machte, lag als politisches Kalkül wohl auf der Hand. Aber dieses politische Kalkül ging dann auch in die ästhetische Wahrnehmung ein. Treitschke meinte, bei seiner Abwehr sich den Luxus, den »Luftsprung« der Ergriffenheit noch leisten zu können. Konsequenter war, auch sie auszumerzen; denn die »Ergriffenheit« verschaffte der »Kritik« Gehör. Für solche Ausmerzung gab es ein hervorragend geeignetes Mittel, das Heine als Mitredenden gänzlich ausschaltete, das den gesamten Bereich seiner Äußerung neutralisierend umschloß: den Archetyp von der »Sprache des Juden«. Durch die unablässige Entwicklung und Verfeinerung dieses Archetyps hörte die antisemitische Diffamierung auf, bloß okkasionelles Schimpf- und Verleumdungsmittel zu sein; noch brauchte sie, nachdem die Suggestionskraft des Archetyps sich einmal etabliert hatte, sich immer direkt zu zeigen. Sie konnte sich ätherisieren, von offener Schmähung loslösen, lag dann sozusagen »in der Luft«. Hatte der junge Heine sich gerühmt, unter Beweis gestellt zu haben, daß ein Jude auch »Tragödien« schreiben, in der Sphäre der »Ergriffenheit« gleichberechtigt mitreden könne,[10] so erschöpfte sich der dominante Strang der Überlieferung dann darin, Heine diese Fähigkeit abzusprechen; ihm den Zugang zu den »Innenräumen« der Nation – Lyrik und Politik, Ergriffenheit und »Mitreden« – zu versperren; zu leugnen, daß der »Dichterjude« je vermocht hätte, »auch nur ein einziges Mal die tiefe, Herz und Seele ergreifende Wirkung auf uns hervorzubringen«.[11]

Daraus ergibt sich die Verhärtung der Irritation. Wie die Unmöglichkeit von Heines Präsenz in den »Innenräumen« gerade deshalb so stur behauptet wurde, weil Heine sich längst dort befand, hat man oft den Eindruck, daß er gerade »im Inneren« des Handgemenges in wesentlichen Aspekten seiner Originalität präsenter, spürbarer ist als anderswo. Diese Präsenz ist aber nur als Gegenstand der Beschimpfung gegeben; nie gelangt sie zur ästhetischen Reflexion. Analog zu Benjamins Theorie des Übersetzens, wo im Zusammenstoß zweier natürlicher Sprachen die paradiesische dritte,

»reine« aufleuchtet,[12] die von den natürlichen verdeckt wird, wirft der Zusammenstoß von Heines Rede mit den Regungen der Abwehr ein »Negativbild« von wahrem Gehalt des Werkes ab, das aber nie in positiver Erkenntnis mündet. Wie Heine im Medium seiner Kunst so sehr gewirkt hat, daß er damit den bloßen Kunstcharakter – das »Interessenlose« – seines Werkes aufhob, so bildet es ein korrespondierendes Faszinosum seiner Rezeption und seiner Abwehr, daß sie sich eigentlich in einem Raum jenseits des Diskursiven und Kommunikativen, im Ausdruck, Gestus und Affekt ereignet. »Auf seine Schriften, selbst auf seine späteren Gedichte hier einzugehen, ist überflüssig, da seine Art immer dieselbe geblieben . . .«;[13] die Behauptung von der Überflüssigkeit des weiteren Eingehens wird aber rot unterstrichen:[14] und das Geheimnis dieser Heine-Rezeption liegt vielleicht weniger in der Behauptung als solcher als in dem Akt des Unterstreichens.

Der Antisemitismus ist Teil des Unterstreichens; auch er hat Heines ›Manier‹, seine ›Art‹, gleichsam rot unterstrichen. Er hat sie gebrandmarkt als die »Sprache des Juden«. So erst verhärtete sich die Irritation über Heines Schreibweise zur vollendeten Abwehr. Schon die erste Historikerin des »Heine-Streits« hatte festgestellt, daß die Diskussion über Heine in Deutschland durch einen bemerkenswerten Stillstand gekennzeichnet sei, durch eine ständige und fruchtlose Wiederholung der gleichen Argumente:[15] Diese Petrifikation ist aber auch Prozeß, hat eine rasante Dynamik, Sogwirkung und Entwicklung. Entscheidend für das prozessuale Erstarren im bloßen »Irritiert«-Sein war eine Haltung, die Heines Reibungen und Irritationen stets nur als Mängel auslegte. Dabei schwang im zunehmenden Maße die Vorstellung vom minderwertigen Diskurs des »Juden« mit, die Heine die Befähigung zum Neuen und Originären prinzipiell absprach, sämtliche Reibungen des Werks unter dem Aspekt des »Jüdischen« begriff und zu den vorhandenen Irritationen eigene neue, verschärfende und

›denunziatorische‹ hinzutat, wie die der »Sprachverhunzung« und des »Seelenlosen«, der »Glätte« und des Abklatsch-Charakters. Karl Kraus hat, mit der Sensibilität des wahren Sprachgeschulten und der intimen Kenntnis eines Opfers und Überläufers, die Ätherisierung der Schmähung dann vervollkommnet. Die Auffassung von Heines Sprache, die damit tradiert wurde, ist die von der »Sprache des Juden«. »Das dem Namen Juden anhaftende Stigma«[16] machte sich in solcher Form auch an dem Dichter Heine als »Stigma«, »Schatten« und peinliche »Aura« fest.

Damit ist diese Überlieferung gleichsam verderbt. Man vergegenwärtige sich nur, was von einer »Rezeptionsgeschichte« zu halten sei, in der Karl Kraus und Adolf Bartels, Theodor Adorno und die NSDAP sich nicht wie streitende Antipoden, sondern wie kommunizierende Gefäße ausnehmen; sie gleicht einem verminten Gelände. Ihr ist schlichtweg nicht zu trauen, obwohl heute noch auf die politisch unverfänglich erscheinenden Instanzen dieser Überlieferung immer wieder rekurriert wird. Achtung vor der Tradition kann hier nur heißen, die Autorität tradierter Urteile auch radikal in Frage zu stellen.[17] Denn solche Kritik ist weniger »Denunziation deutscher Geistesgeschichte« als vielmehr die Weigerung, eine Denunziation, die sich zum Moment dieser Geschichte aufwarf, weiterhin hinzunehmen. »In jeder Epoche muß versucht werden, die Überlieferung dem Konformismus abzugewinnen, der im Begriff steht, sie zu überwältigen.«[18] Die hier dargestellte Überlieferung Heines ist genau von solcher Art, vor der Benjamin hier warnt, ohne sich von ihr in seinem Heine-Bild selbst freimachen zu können; sie ist »von einer Abkunft«, die der Nachkommende »nicht ohne Grauen bedenken kann«.[19]

Aber die eigentliche Problematik dieser Überlieferung greift noch tiefer; denn sie greift an die Substanz des Werkes. Werner Kraft, als Heine-Philologe und Kraus-Biograph Vertreter einer Generation deutschjüdischer Intellektueller, die den von Kraus mitbewirkten Bruch im Bilde Heines noch unmittelbar miterlebte, hat sie folgendermaßen angesprochen: »Man kann von Goethe und Hölderlin eine Deutung geben, die ihre Größe voraussetzt. Die Darstellung mag anders werden als die bereits bekannten. Ein Bild wird zerschlagen, ein neues tritt an seine Stelle. Bei Heine ist alles zerschlagen, bevor man mit der Arbeit anfängt.«[20] Man kann sogar noch weitergehen und sagen, daß das Bild des Dichters Heine, das die »Legende« der deutschen Literaturtradition bescherte, nicht so sehr ein zerschlagenes war als ein sich selbst zerschlagendes, eine Art Anti-Heine. »Und ob dann von Heine mehr bleibt als sein Tod?«[21] Die Frage ist skurril; denn im Munde des Heine-»Töters« Kraus bringt sie weniger die Wertschätzung von Heines Sterbenslyrik zum Ausdruck als vielmehr den Wunsch, die erfolgte Abwehr Heines möge in der Literaturgeschichte an die Stelle des Dichters treten. So ist es dann auch geschehen.[22] »Das Selbstverständliche des poetischen Aspekts, die Ausrichtung aller weiteren Fragen auf die Werke und ihr Verständnis ... ist bei Heine selten gewahrt worden.«[23] Statt dessen schaltete sich dort die »Schmähung« ein. Weit davon entfernt, die »Suspension des Vorurteils« bewirken zu wollen, die als unerläßlich für das Verstehen gilt,[24] übernahm die Kritik die Aufgabe, jenes »Vorurteil« dem Namen Heine selbst einzusenken, es mit ihm unlöslich zu assoziieren. »Die Antizipation des Sinns, die unser Verständnis leitet«,[25] wurde damit zur Antizipation jenes »Sinns«, den, anderem Sinn vorbeugend, der Abwehr- und Vernichtungswille präventiv gestiftet hatte. Die Überlieferung wurde damit förmlich in ihr Gegenteil verkehrt. Denn ist ihre Arbeit gemeinhin eine der Erschließung und Bewahrung der Werke, deren Anreicherung durch Kommentar, so wurde sie im »Fall Heine« zu einem Werk der Zerstörung und Verstümmelung, der Annihilation.

Wie tief diese Intention in die Überlieferung eingedrungen ist, läßt sich schon anhand ihrer Gestik zeigen; es gibt einen Gestus in dem Umgang mit der Lyrik Heines, der, unter den deutschen Lyrikern, immer nur Heine gegolten hat: einen Gestus des Abtuns, oder, um einen Ausdruck Franz Mehrings zu zitieren, des »Zusammendreschens«.[26] Bei ihrer Kritik an Adolf Bartels waren der Marxist Mehring und der Liberale Maync durch einen Aspekt nicht minder skandalisiert als durch den Antisemitismus des Verfassers; durch den Habitus des Rassisten nämlich, Heines Gedichte mit ein paar wegwerfenden Worten zu »etikettieren«. Dadurch habe der Antisemit als Interpret sich genauso disqualifiziert wie durch seine rassistischen Ausfälle. »Will man die Sache einen Augenblick ernsthaft nehmen, so liegt es auf der Hand, daß man auf diese einfache Weise die Gedichte jedes Poeten, auch die eines Goethe ... zusammendreschen kann«, schrieb dazu Mehring.[27] Die Bartelsschen »Beweisführungen« veranlaßten Maync zu dem verzweifelten Ausruf: »Und wenn er auf solche Titel (von Heines Gedichten) Stück für Stück Etikette nichtssagenden oder albernen Inhalts geklebt hat, so hat er was bewiesen.« »Diese ästhetischen Beweisführungen sind einfach lächerlich.«[28] – Sie sollten indes Schule machen; und hier wiederum diente Karl Kraus als schicksalhafter Multiplikator: »Wer je eine so kunstvolle Atrappe im Fenster eines Konditors ... gesehen hat ...«[29] So weit die Kraus'sche Auslegung des Liedes von dem Fichtenbaum und der Palme, das dem Antisemiten Treitschke noch sakrosankt gewesen war. Der Gestus des »Zusammendreschens« vererbte sich dann auf eine spätere Generation von Heine-Interpreten, selbst auf solche, die dem Phänomen Heine ansonsten durchaus aufgeschlossen gegenüberstanden. So kam es zu »Charakteristiken« wie: »Heines Lyrik ... hat das Goethesche Diktum vom Gelegenheitsgedicht so ausgelegt, daß jede Gelegenheit ihr Gedicht fand und jeder die Gelegenheit zum dichten für günstig hielt ...«;[30] »wer da die Vorsänger nicht mithört, wird gerade beim *schlimmsten Geklimper* am lautesten Bravo rufen ...«;[31] »eine Zeile wie ›Du bist wie eine Blume‹ ist nicht nur heute *ästhetisch indiskutabel, sie war es schon zu Heines Zeiten* ...«;[32] oder schließlich die Frage: »ob dies nur Klingklang ist oder ein Gedicht?«[33]

Eines fällt an einem solchen Tonfall auf: er ist das genaue Gegenteil der Ehrfurcht, mit der sich die deutsche Philologie ihrem Gegenstand ansonsten nähert. Freilich, man könnte dies auch als Gewinn verbuchen: Heine, der »Klassiker des Ärgernisses«, habe den Stachel der Provokation beibehalten, verfalle nicht der verrufenen »Einschüchterung durch Klassizität«, dem widerstandslosen Konsum, der kritiklosen sterilen Apotheose;[34] er zwinge immer noch zur parteiischen, affektbeladenen Stellungnahme. Am bestechendsten hat vielleicht diesen Gedanken der russische Publizist Waclaw Worowski bereits 1909 formuliert:[35]

> Heine wurde ein seltenes Los zuteil, ein ebenso bemerkenswertes wie ruhmvolles Los. Nicht nur zu seinen Lebzeiten war er allen Mächtigen und Dummen ein Dorn im Auge, er ist es nach seinem Tod bis in die Gegenwart geblieben. Ein wahrhaft seltenes Los!
>
> Wie viele große Dichter, die für das Glück der Menschheit kämpften, gingen infolge der offiziellen Huldigungen zugrunde. Der stürmische Schiller, der ungestüme Byron, der giftige Goethe, der aufrührerische Puschkin – alle wurden sie letzten Endes – die einen zu Lebzeiten, die anderen nach dem Tode – durch die offizielle Anerkennung erniedrigt und verflacht. Nur Heine wurde das Glück zuteil, sogar jetzt, viele Jahre nach seinem Tod, ›die Hüter der Ordnung und Tugendhaftigkeit‹ zu reizen, den Satten und Selbstzufriedenen Laune und Verdauung zu verderben, allein durch seinen Anblick ihre Galle zum Überlaufen zu bringen und an ihren Nerven zu zerren.

Aber man könnte, gerade in bezug auf diesen Dichter, die mangelnde Pietät auch auffassen als Verlust. Denn entschärft die akklamatorische Kritik die Reibungen und Brüche des Werkes und damit auch den Gehalt, so trifft die annihilatorische Kritik das Werk viel existentieller, nicht nur in der Form der Interpretation, sondern in der Möglichkeit überhaupt, »Interpretation« noch hervorzurufen. Denn ein Gedicht ist immer auch eine Funktion des Respekts, den es einflößt, des Namens, den es trägt. »Zu dem Wert eines Gedichts gehört das Gesicht des Verfassers.« (Brecht)[36] Heine hatte aber, als Folge der Legende, in der deutschen Philologie bald keinen Namen mehr, und kein »Gesicht«. Das war die Wahrheit von Jörgensens Wort zur Heine-Abwehr als ›Grab- und Denkmalschändung‹; ihre Absicht war, Heine, wenn überhaupt, dann nur in der Verstümmelung ein Nachleben zu gewähren.

Die Legende ist damit keine Episode am Rande der Literaturgeschichte. Sie traf Heines Werk substantiell, kaum minder, als die fragmentarische antike Überlieferung – auf die Rudolf Borchardt bei seiner Zerstückelung von Heines Gedichten sich ja ausdrücklich berufen hat – die Substanz des Werkes jener altgriechischen Lyriker traf, die nur noch bruchstückhaft, als abgerissene Fetzen und Reste, in die Nachwelt gelangten.[37] Genoß Heines Werk nicht den »falschen« Respekt vor dem Klassischen, so damit auch nicht den »echten«.[38] Darauf kam viel an: kein Werk hätte des Nimbus des Klassischen vielleicht dringender bedurft.

Denn ein Sinn von diesem Nimbus ist seine Schutzfunktion; »schützt ... doch der Ruhm vor aller rohen Antastung«.[39] Anselm Ruest, der zeitgenössische Kritiker Karl Kraus', hat diesen Schutz mit einem schönen Wort zusammengefaßt: Es gebe, so schrieb er, eine »schweigende Übereinkunft« der Nachwelt gegenüber den klassischen Werken; sie nämlich nicht von ihren »Angriffsflächen«, sondern von ihren Vollkommenheiten her zu begreifen. Denn gerade die vollkommenen Werke, zu denen Ruest auch Heines rechnete, böten die einladendsten, irritierendsten Angriffsflächen dar.[40] Damit zeigte Ruest aber *e contrario* die gesamte Richtung an, die die Heine-Kritik im Zeichen der Legende einschlagen sollte. Indem der Nimbus des Klassischen bei Heine im historischen Literaturkampf dem Makel des »Jüdischen« unterlag, diesen nicht verdrängen konnte, wurden mit dieser entscheidenden Angriffsfläche sämtliche anderen mitaktiviert. Was an dieser Art der Heine-Kritik auffällt, ist, neben ihrem Willen zur Abwehr, ihre Obsession mit Sekundärem, eben – mit den »Angriffsflächen«. Heine verdiene, »daß man sich eingehend und eindringend mit ihm beschäftige«.[41] Gegen eben diese Forderung George Eliots hat sich die Heine-Kritik dann mit aller Kraft gestemmt. Die »eingehende Beschäftigung« ersetzte dann der Tumult um die »Angriffsflächen«, die Verfestigung der Irritation.

Deshalb greifen all jene Konstrukte entschieden zu kurz, die da weismachen möchten, daß Heine zwar »immer umstritten«, jedoch auch »immer lebendig« gewesen sei.[42] Zwar gehört Umstrittenheit, gehören Tumult und Irritation zum Leben der Werke; aber sie können auch deren Tod bedeuten. So ist das vielleicht bedeutendste Korpus der altgriechischen Lyrik, das Gedichtwerk Sapphos, vor lauter »Umstrittenheit« beinahe untergegangen, zum größten Teil zerstört worden, »Tumult« und »Irritation« der frühen Christen zum Opfer gefallen.[43] Auch die Umstrittenheit Heines zeugt nicht nur von der »Lebendigkeit«, sondern auch von einer ernsten Gefährdung des Werkes. Die Gleichsetzung von »Umstrittenheit« und »Lebendigkeit« übersieht vollends diese Gefahr; sie aber macht eine wesentliche Dimension von Heines Wirkungsgeschichte aus: die prekäre Nähe des Umschlags der »Umstrittenheit« in den Tod des Werkes. Freilich ist solche Destruktion nur in Ansätzen an der gleichsam physischen Unversehrtheit des Œuvres vorgenommen worden – obwohl es durchaus auch zu solchen Eingriffen kam. Aber solche drastischen – und nach der Erfindung des Buchdrucks schwer durchführbaren – Eingriffe bieten nicht die einzige Möglichkeit, das Werk in seiner Substanz zu treffen. »Verstümmelung« heißt sowohl Entstellung wie auch Verlust an physischer Substanz; und die systematische Entstellung Heines durch niedere und sublimierte Schmähung hat schließlich das Ausmaß der Verstümmelung erreicht, des Verlusts an Substanz.

Denn: »Aber davon, ob sie erkannt werden, wird

auch Leben und Tod der Kunstwerke selbst berührt.«[44] Solche »Erkenntnis« aber rührt zunächst von Anerkennung; von der Bereitschaft, sich von dem Werk »etwas sagen zu lassen«;[45] genau sie war bei Heine nicht gegeben. Damit entstand kein Raum der Aufnahme für das Werk, oder genauer, der, der im Entstehen begriffen war, wurde abgeschnürt. Das tangiert aber das »Leben« des Œuvres; denn es bleibt auf einen solchen Raum angewiesen. Denn an sich ist das Werk erst potentiell vorhanden, es »geht« in der Zeit »auf«,[46] braucht die »geschichtliche Entfaltung durch Kritik«,[47] muß zum Auslöser und Gegenstand gemacht werden der »Produktivität des Verstehens«.[48] Das Medium solcher Aufnahme, die Verpflichtung der Interpreten zum Verstehen, ist aber just jene Zuerkennung klassischen Ranges, die Heine so lange Zeit verwehrt blieb. Nicht zufällig enthält der zitierte Satz George Eliots, neben der Forderung nach »Aufnahme«, eine schöne und brauchbare Definition des Klassischen als Aufforderung an die Nachwelt zur ›eingehenden und eindringenden Beschäftigung‹ mit dem Œuvre. Der Gewinn solcher Beschäftigung geht dann in die Substanz der Werke selber ein. Denn ein »klassisches« Werk spricht zu uns nicht nur mit dem Potential seines Wortlauts, sondern mit der Autorität seines Prädikats und der durch die Arbeit der »Entfaltung« erworbenen Evidenz seines Ranges. Unschwer zu erkennen, wo diese Arbeit ansetzt; an dem Punkt nämlich, wo der Interpret vor den Irritationen eines Textes – den »trüben Stellen«, wie Goethe sie nannte –[49] sich selbst im Unrecht fühlt, sie als eigenen Mangel empfindet und nicht als Defizienz des Werkes. Der Interpret des Klassischen geht von einer Annahme des Gelingens, einer Vermutung der »Tiefe« aus: er wittert dann hinter den Irritationen eine verborgene Schönheit, einen noch nicht erschlossenen »Sinn«, kein Ungenügen des Autors. Erst in diesem Moment beginnt die eigentliche Arbeit der »Entfaltung«, entsteht das Werk als kanonisches, als »klassisches«. Die »echte« Ehrfurcht vor dem klassischen Werk hängt damit tatsächlich auch mit Ehrfurcht zusammen, die die Nachwelt »großen Dichtern zu bewahren hat«:[50] der Gestus des Abtuns sabotiert sie.

Diese »Sabotage« steckt inzwischen in der Vorstellung »Heine« selbst; in der Vorstellung von Heines Sprache. Hier hat sich das sublimierte Gift der Schmähung wie an keinem anderen Ort angehäuft, die ästhetische Kategorie durchsetzt. Noch heute ist es eine übliche Figur im Umgang mit Heine, bei ihm vornehmlich nur die »ironische Brechung« zu suchen, als einziges Merkmal seines Bruchs mit der herkömmlichen Dichtersprache. Solche Suche mag ›erfolgreich‹ sein, sie ist selten produktiv. Denn sie rekapituliert nur in ihrer Grundstruktur eine Vorgehensweise des Antisemitismus: beim »Juden« nur noch nach der sprachlichen »Abweichung« zu suchen. Wieviel Heine-»Kommentar« erschöpft sich nicht in dieser Suche nach der, wie ein Theoretiker der »rassischen Literaturbetrachtung« sich einmal ausdrückte, »jüdischen Reizwirkung«,[51] ohne auch nur die Frage aufzuwerfen – Petrifikation des »Irritiert«-Seins –, ob sich hinter dieser Irritation nicht mehr verbergen könnte als bloße »Brechung« und Abweichung. Hier schmerzt die ausgebliebene »Entfaltung«. »Auf seine Schriften ... einzugehen, ist überflüssig, da seine Art immer dieselbe geblieben.« Die Sicht auf die ungeheuerlichen Umwälzungen der Dichtersprache, die Heine vorgenommen hatte, verschwindet so hinter der Irritation, die diese einst hervorriefen, und die sich dann geradezu zur Wahrnehmungssperre verfestigte. Heine reduziert sich so auf »Reizwirkung«, »Brechung« und Abweichung, auf den Status einer »Störung« an der Oberfläche jener dichterischen Tradition, die er, als Folie der »Störung«, dann bloß übernommen habe. Denn mehr kann und darf der »Dichterjude« nicht verkörpern. So blieb, im Bann der Schmähung, eine ganze Tradition der Deutung an der störenden Oberfläche haften, empfand das betont »Eigene« des Werks nur noch als Defizit, interpretierte es als Abweichung von der Norm statt als Zeichen der Originalität, Symptom der Erschaffung einer poetischen Sprache, die eigene Maßstäbe gesetzt hatte. Eben dieses aber – eine profunde, gar epochale sprach-

und stilschöpferische Leistung – hat man Heine von vonherein nicht zuerkennen, hat man bei ihm nicht einmal vermuten wollen: ein Heine als überragendes schöpferisches Moment in der Entwicklung der deutschen Dichtersprache hätte den Konsens der alten Überlieferung durchbrochen und gesprengt. Betrüblich an diesem Konsens ist das pure Übergewicht antisemitischer Abwehr, das mit ihm tradiert wird; betrüblicher indes ist der Umstand, daß die wahren Konturen eines weltliterarischen Formats der deutschen Literaturtradition damit verlustig gingen. Denn ein Heine als routinierter Formulierer, Arrangeur der sprachlichen Oberfläche, desillusionierter Konkursverwalter der Romantik, Parodist und Possenreißer der deutschen Poesie; ob man für oder wider diesen Heine Stellung bezieht, die entscheidende Verstümmelung, die Reduktion des Dichters, hat man damit bereits übernommen.[52] Nichts trostloser also als die Versuche, die Heine »retten« möchten, indem sie diese Reduktion bejahen; denn sie ist der »tote Punkt« der Heine-Philologie. Nicht so wäre eine korrupte Überlieferung zu sprengen, zu subvertieren.

Gibt aber diese korrupte Überlieferung uns die Mittel solcher Sprengung nicht selber in die Hand? Sie kann nicht umhin, gerade in ihren fragwürdigsten Exzessen, die Wahrheit über Heines Sprache auszusprechen, die sie dann panikartig leugnen muß. So auch an der folgenden Stelle: »Heine segnend! Heine betend!«[53] Die Bestürzung des Antisemiten über die Vorstellung eines ›betenden‹ Heine wirft eine interessante Frage auf: denn wie hält es die Heine-Philologie mit dieser Vorstellung? Ein tradiertes, gängiges Heine-Bild legt es uns nahe, solche Bestürzung zu belächeln; darauf hinzuweisen, daß »Gebet« und »Segen« kein Anliegen des aufgeklärten Spötters und Ironikers Heine sein könnten: sein Bereich liege woanders. Aber eine solche Antwort stellt keine angemessene Replik auf das Rätsel der Bestürzung dar; sie setzt bloß voraus, was die Bestürzung selber gerne behaupten würde, woran sie selber aber nicht ganz zu glauben wagt. Denn der Antisemit wird hier von einer bösen Ahnung befallen. »Segen« und »Gebet« gehören einer der ältesten, universellsten Schichten menschlicher Äußerungen an, der sakralen, der die Dichtung selber einst entsprungen ist. Selbstverständlich hat Heine so wenig wie auf sonst eine entscheidende Dimension menschlicher Äußerung auf sie in seinem Werk verzichtet; sie bricht, wie wir gesehen haben, aus diesem Werk in den mannigfaltigsten Schattierungen hervor. So auch an der Stelle, wo der Antisemit sie aufdeckt.[54] Sein Ausruf kündigt auch die Verzweiflung über diese Entdeckung an. Denn er muß sich selbst und seinen Leser vom Gegenteil überzeugen, um den »Juden« von der Möglichkeit der Ergriffenheit und »Tiefe«, als Signum des Dichterischen und des Humanum, abschneiden zu können. Heines Sprache darf keinen Zugang zu dieser Sphäre haben. Dabei weiß der Antisemit es natürlich besser, auch besser als eine Spezies von Heine-Verehrern, die meinten, die Legitimation von Heines »Verflachung« der Sprache verteidigen zu müssen.[55] Eine solche liegt nicht vor; und der Ausruf des Antisemiten ist die Erahnung dieses Sachverhalts, gekoppelt mit dem simultanen Bedürfnis, sie so weit wie möglich von sich zu weisen, da durch sie sein Bild vom »Juden« ins Wanken kommt. Entscheidendes wird hier im Ausruf gleichzeitig aufgespürt und zugedeckt: Heines Berührung einer sprachlichen Tiefe, einer Schicht der »Ergriffenheit«.

Um diese geht es. Der Streit um Heine, so einer der ersten Kritiker und Gegner Treitschkes, sei schließlich einer um den *character indelebis*:[56] denn in der ursprünglichen sakralen Vorstellung war der Dichter von der göttlichen Eingebung so unwiderruflich gezeichnet und durchdrungen, wie in der späteren christlichen der »Jude« von der Unfähigkeit zu solcher Eingebung. So seltsam es auch klingen mag: das ist auch heute noch die entscheidende Erkenntnisfrage der Heine-Philologie. »Es war«, wie es im *Wintermärchen* zum Eingriff der Zensur am Sprachleib heißt, »die beste Stelle«.[57] Das galt noch von der Entschärfung der »Kritik«; um so mehr hätte es aber von der Ausmerzung der »Ergriffenheit« zu gelten.

Denn sie ist für den Lyriker beim Leser die primordiale Stelle; die Bereitschaft des Lesers, sich ihm gänzlich zu öffnen, ist für den Lyriker Voraussetzung dafür, daß seine Arbeit an der Sprache in all ihren Schwingungen bei dem Leser eingeht, vom Leser aufgenommen wird. Der Heine-Leser des 19. Jahrhunderts besaß diese Bereitschaft; die Antisemiten haben – nicht ohne Gewalt auch sich selber anzutun – sie dann entfernt. Wie bei jeder Kolonialisierung also hinterläßt auch die »Kolonialisierung« der Heine-Wertung durch den Akt politischer Abwehr viel tiefere Spuren, als die politischen es sind; ihr zu begegnen beinhaltet auch mehr als Politik, es beinhaltet, auf Heine bezogen, nicht bloß die Anerkennung der »Kritik«, sondern die Restitution der Ergriffenheit. Denn hier, an dieser »besten« Stelle, sind die Auswirkungen des antisemitischen Angriffs auf Heines »Korpus«, auf die historische Gestalt von Heines Gedicht, heute noch zu spüren;[58] nämlich darin, daß wir geneigt sind, Heines Sprache für etwas letztlich Geringeres zu achten als die Goethes oder Hölderlins.[59] So ist es nicht; und das ist auch das geheime, entsetzte Wissen der Antisemiten gewesen. »Wir finden eine Sprache in jener wunderbaren Stimmung, in welcher sie die Tonleiter aller Gefühle in allen möglichen Dissonanzen und Akkorden durchläuft.«[60] Eben dies – Heine »alle Himmelsstriche der Gefühle« zuzugestehen – war der primordiale Erkenntnisschritt, den der Antisemitismus um jeden Preis dann zu verhindern suchte. Vieles aber spricht dafür, Heine genauso zu begreifen, wie er sich selbst begriff und begriffen werden wollte; als Dichter im emphatischen Sinn des Wortes, dessen Sprache damit durchaus ihre Geheimnisse, Tiefe und »Magie« verbirgt.

Sowie das Neue. Auch dieses hatte, an der besagten Stelle, der Antisemit bei Heine aufgespürt; und seine Bestürzung wird vielleicht auch mitverursacht durch die Tatsache, daß Heine im ›Beten‹ die Haltung sakraler Ergriffenheit weder vor einem Gegenstand religiösen Schauers noch vor dem »Vaterland« einnahm, sondern vor dem Anblick sinnlicher Schönheit. Nicht nur also, daß der »Jude« die sprachliche Tiefe berührt hatte, er griff auch in sie ein, verschob sie, brachte sie auf eine Linie mit anderen beängstigenden Verschiebungen der gefürchteten Modernität.[61] Und wenn es seit Friedrich Schlegel als die vornehmste, schwierigste Aufgabe der Kritik gelten darf, auch das »schlechthin neue und einzige« eines Kunstwerks zu erfassen und zur Sprache zu bringen,[62] so möchte man fast der Heine-Abwehr als Kritik diesen Rang zusprechen. In ihr, und zwar gerade auch in ihren finstersten Niederungen, wird das mannigfaltige Neue Heines – die Negativität und der Sensualismus, das Plebejische und das Frivole, der Einbruch des ›Niederen‹ und Prosaischen, die Subversion der Natur sowie das »eingreifende« Dichten – als Signatur des Abzuwehrenden ausbuchstabiert. Nicht nur die erschreckende Verfechtung sozialer und politischer Revolution, auch den tragenden Impetus von Heines Dichtung als »endlose Revolution«[63] des Modernen schlechthin brachte diese Kritik »zur Sprache«. Jedoch nicht zur »anerkennenden«. Wie in Benjamins Darstellung die eine »reine« paradiesische Sprache in der profanen Hülse der natürlichen beschlossen bleibt, blieb auch Heines Reformation des Poetischen hier von der profanen Schlacke der Verleumdung überdeckt.

»Die historische Würdigung Heines ist ein rechtes Probestück für alle Ästhetik.«[64] Dieser Satz Franz Mehrings ist vielleicht in einem weit umfassenderen Sinn wahr, als es seinem Autor vorschwebte. Freilich galt Heine für Mehring als großer Dichter; aber der Kritiker scheint nur einen rudimentären Sinn dafür besessen zu haben, daß Heine es so sehr war, daß nach ihm die Kategorien großer Dichtung andere sein mußten. Heines Schreibweise, hatte Arnold Ruge geschrieben, sei neu, und wie jedes wahrhaft Neue eine Erweiterung des Gesichtskreises.[65] Ruge wußte, wovon er sprach: seine glänzende Kritik des *Wintermärchens* mußte gleichzeitig die Verpflichtung auf das Positive fallen lassen, um Raum zu schaffen für die »anerkennende« Aufnahme von Heines Negativität.[66] Das war für einen Kunstrichter des 19. Jahrhunderts ein schmerzhafter

Prozeß ästhetischer Entgrenzung.[67] Die »Erweiterung des Gesichtskreises« der Kritik ist bei Ruge noch deutlich Folge von der Wucht eines Aufpralls; der des »unerhörten« Kunstwerks auf die gängigen ästhetischen Kategorien. Immerhin war Ruge noch zu einer solchen Erweiterung bereit: im Zeichen der Petrifikation ist die dominante Überlieferung ihm darin nicht gefolgt. Sie verschloß sich Heines Innovationen, statt sich ihnen zu öffnen. Daß der Dichter »merkwürdige dichterische Werte geschaffen« habe, »von denen man vor Heine sich nicht träumen ließ«, war damit kein Sachverhalt, der zur intensiveren Beschäftigung einlud.[68] Die in den Niederungen der Abwehr durchaus vorhandene, lebhafte Apperzeption von Heines Neuerungen beabsichtigt ja alles andere als den Umschlag in »Anerkennung«, als die Herausarbeitung neuer ästhetischer Kategorien aus jenem Bereich des ehemals Verpönten, Außerästhetischen, den der poetische Raumgewinn von Heines Sprache nunmehr »ästhetisiert« hatte. Sie beharrt statt dessen auf Ausgrenzung, auf der Ansiedlung unterhalb des ästhetischen Horizonts. Dazu bot ihr der proteische Archetyp der »Judensprache« die beste, verlockendste Möglichkeit. So blieb, neben Ergriffenheit und »Tiefe«, auch Heines Neues weitgehend »blinder Fleck«.[69]

»Sie versuchen nicht zuerst dem Gedicht Heines nachzugehen, es zu verstehen. Sie beurteilen etwas das fehlt, das sie nicht finden.«[70] So hat Helmut Heißenbüttel einmal die Misere dieser Heine-Kritik, und dieser Heine-Kritiker, zusammengefaßt. Er markierte damit gleichzeitig auch die Kluft, die diese Kritik von der Art der Lektüre trennte, wie sie gemeinhin an einem klassischen Autor geleistet wird, als Entfaltung der »Vollkommenheiten« und Artikulation jenes Neuen, »welches man nur aus sich selbst verstehen lernen kann«.[71] Diese Lektüre ist von den beiden »ersten Kritikern« der deutschen Literatur, von Walter Benjamin als »Kommentar« und von Friedrich Schlegel als »Charakteristik«, wie folgt definiert worden:

Es ist bekannt, daß ein Kommentar etwas anderes ist als eine abwägende, Licht und Schatten verteilende Würdigung. Der Kommentar geht von der Klassizität seines Textes und damit gleichsam von einem Vorurteil aus. Es unterscheidet ihn weiter von der Würdigung, daß er es mit der Schönheit und dem positiven Gehalt seines Textes allein zu tun hat.[72]

Denn nichts Leichtes ist es, die Entstehung auch nur eines Gedankensystems und die Bildungsgeschichte auch nur eines Geistes richtig zu fassen, und wohl der Mühe wert, wenn es ein origineller Geist war. Es ist nichts schwerer, als das Denken eines anderen bis in die feinste Eigentümlichkeit seines Ganzen nachkonstruieren, wahrnehmen und charakterisieren zu können ... Und doch kann man nur dann sagen, daß man ein Werk, einen Geist verstehen, wenn man den Gang und den Gliederbau nachkonstruieren kann. Dieses gründliche Verstehen nun, welches, wenn es mit bestimmten Worten ausgedrückt wird, Charakterisieren heißt, ist das eigentliche Geschäft und das innere Wesen der Kritik.[73]

Heine selbst hatte von der Gefahr gesprochen, daß die »Lichtspuren« des Werks hinter »den langen, kotigen Schatten der Verleumdung« verschwinden könnten.[74] Anliegen dieser Arbeit war die Beseitigung des »Schattens«.

Anhang

Sprachschöpfung oder Parodie? Über den Umgang mit Heine-Gedichten

»De gustibus est disputandum.«
Th. W. Adorno

Der Streit um die Interpretation und Wertung eines Œuvres ist nie *a priori* schlichtbar; eine Deutung hat immer ihre Stichhaltigkeit daran auszuweisen, was sie für das Verständnis der einzelnen Gebilde hergibt. Im Ästhetischen gilt nur die Probe aufs Exempel; einer solchen möchten wir auch das abschließende Ergebnis dieser Arbeit unterziehen.

Dieses Ergebnis lautete: für die Durchdringung der bedeutenderen Gedichte Heines gäbe – auch in seiner ›positiven‹ Variante – das Bild des Dichters als Parodist und »Störer« so gut wie gar nichts her. Denn dieses Verständnis Heines sei bereits Teil jener verderbten Überlieferung, die sich zwischen den Dichter und die Nachwelt ›annihilatorisch‹ eingeschoben habe in der Absicht, auf klassisch »bilderstürmerische« Art die Macht des Dichters zu brechen, indem sie seine Züge kraß entstellte. Demzufolge könne man dieses Bild, als das prinzipiell Verzerrte und Entstellte, auch gar nicht ›positiv‹ wenden. Ungleich fruchtbarer wäre es, jene ursprünglichen Umrisse wieder freizulegen, die die Arbeit der Entstellung hinabzog zur »Grimasse«;[1] die »Grimasse« selbst beiseite zu lassen. Auf die Interpretation von Heines Gedichten bezogen hieße dies, bei dem Dichter von jener Annahme des Gelingens, von jener Vermutung der Tiefe auszugehen, die der Rang als Klassiker impliziert. Es hieße, bei den Irritationen und »trüben Stellen« weder Ungenügen noch bloße »Reizwirkung« und »Störung« zu vermuten, sondern ein Schöpferisches, Neues und damit noch Unerschlossenes und »Unentfaltetes«. »Heines Kunst ist wesentlich eine des Arrangements.«[2] »Selbst bei Heine, dessen Glätte in der Tat den Widerspruch provoziert, ist es damit nicht so einfach bestellt ... die Glätte ist hintersinnig, zugleich virtuose Verfügung über den Gehalt und das ironisch gebrochene Zugeständnis, daß eben durch solche virtuose Verfügung der Gehalt selber sich auflöst.«[3] Im folgenden möchten wir anhand eines Heine-Gedichts, über dessen Rang die Interpreten einig sind, zwei entgegengesetzte Modelle der Deutung aufzeigen: eines, das das Bild Heines als Parodist, als Arrangeur und »Störer« noch positiv wenden und damit »retten« möchte;[4] und eines, das vorschlägt, als erstes dieses Bild endgültig zu den Akten zu legen; das davon ausgeht, daß Heines Bedeutung als Dichter – was man dem »Juden« nie richtig zugestehen wollte – eben in den »Tiefen« des Sprachgeschehens begründet liegt.

Den Sommer des Jahres 1823 verbrachte Heine in Lüneburg, wo seine Eltern erst vor kurzem hingezogen waren. Werner Kraft hat auf die Begleitumstände dieses Aufenthalts hingewiesen, wie sie in zwei brieflichen Äußerungen Heines zum Ausdruck kommen. An den jüdischen Freund Moser schreibt er: »Juden sind hier, wie überall, unausstehliche Schächerer und Schmutzlappen, christliche Mittelklasse unerquicklich, mit einem ungewöhnlichen Richeß«.[5] »Richeß«, klärt Kraft uns auf, »ist das jüdische Wort für Antisemitismus, das Heine einem Juden gegenüber gebraucht.«[6] In einem Brief an Fouqué heißt es wiederum anders: »Ich lebe hier sehr isoliert, da meine Eltern noch nicht lange in Lüneburg wohnen, sich sehr zurückziehen, und ich hier keinen Menschen kenne.«[7] Dazu Kraft: »Heines Eltern waren Schutzjuden, die zwangsmäßige gesellschaftliche Isolierung wird« – dem adligen Romantiker gegenüber – »als Freiheit der Wahl stilisiert.«[8] Die erneute Erfahrung der bedrückenden Enge der deutschen Verhältnisse, zumal der Situation der Juden innerhalb dieser Verhältnisse, muß für den jungen Dichter, der in Berlin die ›große Welt‹ kennengelernt hatte und bereits als Lyriker einen gewissen Ruf genoß, besonders ernüchternd gewesen sein. Auf jeden Fall entstanden um diese Zeit die Zeilen:[9]

Mein Herz, mein Herz ist traurig,
Doch lustig leuchtet der Mai;
Ich stehe, gelehnt an der Linde,
Hoch auf der alten Bastei.

Da drunten fließt der blaue
Stadtgraben in stiller Ruh;
Ein Knabe fährt im Kahne,
Und angelt und pfeift dazu.

Jenseits erheben sich freundlich,
In winziger, bunter Gestalt,
Lusthäuser, und Gärten, und Menschen,
Und Ochsen, und Wiesen, und Wald.

Die Mägde bleichen Wäsche,
Und springen im Gras herum;
Das Mühlrad stäubt Diamanten,
Ich höre sein fernes Gesumm.

Am alten grauen Turme
Ein Schilderhäuschen steht;
Ein rotgeröckter Bursche
Dort auf und nieder geht.

Er spielt mit seiner Flinte
Die funkelt im Sonnenrot,
Er präsentiert und schultert –
Ich wollt, er schösse mich tot.

Den »Riß« benennt Werner Kraft als das kompositorische Prinzip des Gedichts.[10] Als das kompositorische; nicht als das ›desillusionierende‹. Das Gedicht wird keineswegs von der überraschenden Schlußwendung »aufgelöst«, in seinem Gehalt »ironisch gebrochen«. Bruch und Gehalt sind hier auf ungleich subtilere, durchformtere Weise eins. Denn der »Riß« der Schlußwendung ist sorgfältig vorbereitet worden von jenem Riß, der sich bereits in den ersten beiden Zeilen kundtut:

Mein Herz, mein Herz ist traurig,
Doch lustig leuchtet der Mai;

Nicht nur Heines Prosa; auch sein Gedicht ist gekennzeichnet durch »Genauigkeit«. Um die Bedeutung der genauen Wortwahl hier zu erfassen, führe man an dieser Stelle ein kleines Experiment durch: man streiche das zweite »mein Herz« und ersetze »lustig« beispielsweise durch »fröhlich«. Die suggestive, und mehr noch – die generative Wirkung dieses Zeilenpaares wäre damit zerstört. Das doppelte »mein Herz« gewinnt durch die Wiederholung etwas Beschwörendes, Schweres, als würde dieses Herz sich bereits gegen die Umwelt behaupten müssen durch die Iteration, als sei jene Trauer jedoch so unabweisbar und zäh wie sein durch die Wiederholung mimetisch angedeutetes Pochen, das sie rhythmisch genau wiedergibt. Der Rhythmus des Gedichts wird benannt als dieses Pochen, es wird dem Text unterlegt. »Lustig« seinerseits ist nicht nur das unverbrauchtere Wort, ihm fehlen die Schwingungen der Innerlichkeit. Die Freude des Mai ist damit nicht nur der Trauer des Sprechenden entgegengesetzt, sie hat dabei etwas Hohles, vielleicht einen Aspekt des Herzlosen und Falschen: sie überzeugt auf jeden Fall nicht ganz. Aber natürlich wird diese Kontrafaktur am deutlichsten hörbar in der Gegenüberstellung des »mein Herz, mein Herz« mit dem alliterierten »lustig leuchtet« der Folgezeile. Dadurch hebt sich die Freude des Mai vielleicht weniger von der Trauer des Sprechenden ab, als daß sie sich von ihr abstößt. Dies wird hörbar auch darin, daß die erste Zeile von helleren, kräftigeren Vokallauten übergeht in schwächere, dunklere, um dann auf dem »femininen« ungereimten Endwort »traurig« zusammenzusinken, während die zweite Zeile die umgekehrte Lautbewegung vollzieht und auf dem gereimten, »maskulinen« Endwort »Mai« dann kulminiert.

Es ist selten, auch in sehr konzentrierten Gedichten, daß »Sinn« und die feinsten lautlichen Regungen so eng aneinander geknüpft sind wie hier. Jedoch diese Anfangszeilen haben auch einem ungewohnten sprachlichen Druck, einer erhöhten semantischen Erwartung standzuhalten. Denn sie bilden keinen bloßen Anfang, sie sind in einem klassischen Sinne »Ursprung«, Genese dessen, was folgt. Entfaltet dieses Gedicht einen Mikrokosmos, entwirft es das Bild einer kleinen Welt, so wird das fundamentale, zwiespältige Gesetz dieser Welt bereits in diesen Zeilen angekündigt. Semantisch gesprochen: da kein »Grund« angegeben wird für die Trauer des Sprechenden, erwartet der Leser unwillkürlich die Erklärung von dem weiteren Verlauf des Gedichts: als Antwort bekommt er zunächst nur den Widersinn; die idyllische Mai-Landschaft. Die Logik des Gedichts indes wird den Leser zwingen, diesen Widersinn als Antwort hinzunehmen, und zwar als unabweisbare.

Das Gesetz des »Risses«, die im Keim angelegte Spannung als das kompositorische Prinzip des Gedichts, prägt indes auch andere Sprachebenen des Textes. Das Gedicht ist in einer seltsamen Schwebe zwischen Prosa und Volkslied angesiedelt, die man fast mit einem Zwischenstadium von Wach- und Traumzustand vergleichen möchte. Wiederholt ist darauf hingewiesen worden, was der Text dem Volkslied schuldet: Strophenform, Landschaftsmotivik, sprachliche Eigenheiten.[11] Ist es deshalb, wie Adorno meinte, ein »absichtsvoll falsches Volkslied«?[12] Die Bezeichnung ist nicht ganz glücklich; denn sie beruft sich noch auf jenen Stereotyp des bloß »nachdichtenden« Heine, der zur übernommenen Form als Eigenes nur die »Störung« noch hinzufügt. Das wird der Tragweite der Heineschen Innovation aber kaum gerecht. Am wenigsten hier. Denn hier kann weniger von Nachdichten oder Parodie die Rede sein als von Zitat und Montage. Das Volkslied gibt hier kein in welcher Absicht auch immer zu imitierendes Modell ab, sondern ist eingefügter Bestandteil eines neuen, »anderen« Ganzen.

Den »neuen« Zusammenhang, dieses »andere« Ganze stiften, neben dem verblüffenden Konflikt der Anfangszeilen, auch die naturalistischen Prosaelemente. Das Gedicht wirkt, in dem sprachlichen Eindruck, den es zunächst erweckt, wie eine in Volksliedform eingegossene Prosa.

Lyrische Beschwingtheit, vordergründige Poetisierungen, die die Volksliedform nahelegen, werden hier strikt gemieden. Wilhelm Bölsche spricht statt dessen von einer »staunenswert scharfen Landschaftsmalerei«, der Vorwegnahme einer Lyrik des Realismus, der »verschärften Natur- und Weltbeobachtung«.[13] So naturalistisch schlicht und trocken wird hier geschildert und werden hier Details aufgezählt, daß neben dem Hinweis auf das Volkslied der auf das »Splitterhafte«, das »beziehungslose Nebeneinander« im Gedicht als erstes Anzeichen eines neuen, bedrohlichen Lebensgefühls in der Literatur selten fehlt.[14]

Nur, daß hinter diesem Prosahaften eine zweite, tiefere Spannung sich verbirgt; die zwischen Realismus und Verdichtung. In dem gleichen Moment, wo die Details bloß tableauhaft, »malerisch« anmuten, sind sie Teil einer unterirdischen poetischen Logik, die, unter der sprachlichen Oberfläche, eine dem friedlichen, belanglosen Schein der Dinge völlig entgegengesetzte Geschichte erzählt. Und erst der Verzicht auf vordergründige Poetisierung ermöglicht diese ungleich gewaltigere expressive Bewegung. Ihr kann man am besten nachspüren, wenn man die eigene Erwartungshaltung als Leser – daß das Gedicht für den Widersinn seines Anfangs uns eine Antwort schulde – ernst nimmt. Dann suche man die Antwort, den »Grund« der Trauer, in der Lüneburger Mai-Landschaft.[15]

Sucht nicht auch der Dichter? »Ein Knabe fährt im Kahne« – in einem anderen Zusammenhang, bei Brentano oder bei Heine selber, hätte ein solcher Satz offenkundig übertragenen Sinn, als Metapher etwa für den Lebensweg. Wiederum wird aber in diesem Gedicht dem Impuls zur »Poetisierung« nicht nachgegeben; Heines Sprache widersetzt sich hier der Konvention und Rhetorik der traditionellen Dichtersprache.[16] Gerade daraus erwächst das »Eigene« des Gedichts: die Einsenkung des »Poetischen« in die Realien sowie in den inneren Duktus des Textes selber, statt des Verlasses auf vorgegebene rhetorische oder bildliche Tropen.[17] Denn hier scheint die Möglichkeit »allegorischen« Sinnes wieder zurückgenommen ins Realistische, Beschreibende: »und angelt und pfeift dazu«. Ist sie es aber restlos? Die Andeutung »überschüssigen« Sinns bleibt, schon aufgrund des – unterschwelligen – Erzählzusammenhangs. Dieser läßt dann unmerklich den »poetischen«, überschüssigen Sinn ins Beschreibende, Gesehene selbst eingehen. Denn nicht anders als der Knabe »angelt und »pfeift« der Dichter an dieser Stelle. Er »pfeift« – »singt«, dichtet, äußert sich – und »angelt«. Er sucht.

Das Motiv des Suchens wird dann von der folgenden Strophe aufgegriffen; es ist ein Suchen »jenseits«. Dort erheben sich die Lusthäuser, Gärten und Wiesen, in denen die Menschen wie eingebettet sind und von denen der Text mit einer zunehmenden rhythmischen Unruhe, Ungeduld spricht.[18] Ist dies, weil der Sprechende unter dem vielen Aufgezählten keinen »Sinn«, keinen Platz für sich selbst entdecken kann?

Dann scheint sein Auge doch auf etwas zu ruhen; natürlich genug, auf den »Mägden«. Und wiederum schiene es verfehlt, übertrieben, an solcher Stelle von der Bedeutung der Frau für Heine als Chiffre der verweigerten »Aufnahme« sprechen zu wollen; wäre es nicht für die »Diamanten«. Der Gebrauch dieses Wortes an dieser Stelle ist alles andere als »konventionell«;[19] vielmehr verblüfft es in einem Zusammenhang, wo ansonsten jeder »poetisierende« Ausdruck fehlt. Verläßt man sich auf den Lese- und Höreindruck – statt sich vom Klischeebild des Parodisten Heine leiten zu lassen –, so zeigt sich der Dichter hier als Meister weniger der »glatten« als der »harten« Fügung;[20] »der glatten fügung kam alles darauf an zu vermeiden dass das wort selbst dem hörer sich aufdränge ... harte fügung dagegen tut alles das wort selbst zu betonen«, heißt es in Hellingraths klassischer Darlegung.[21] Heines »harte« Fügung drängt sich freilich weniger dem Bewußtsein als, in ihrer Suggestionskraft, der mithörenden Phantasie des Lesers auf; immerhin ist das »betonte« Wort das erste und einzige Substantiv des Gedichts, das den Bereich des »natürlichen« Wortsinns offenkundig sprengt. Somit »erstaunt« Heines im Zusammenhang des Textes durchaus »ungewohnte und fremde sprache«.[22] Freilich hat Heines Sprachgefühl hier auch Vorsorge getroffen, daß das »Staunen« noch unaufdringlich bleibt. Das Wort fällt auf, aber zunächst freilich nur als ein vielleicht doch eher beliebiges, besonders »schön« aufgegriffenes naturalistisches Detail, das die vorangegangene Landschaftsschilderung beschließt und kontrastierend absetzt. Dieses »Absetzen« ist jedoch nicht bloß Mittel der Beschreibung, sondern auch der Verdichtung. An ihm kann man zum erstenmal deutlich spüren, »dahinterkommen«, was es mit der eigentümlichen »Prosa« dieses Gedichts auf sich hat. Die »einmalige Erscheinung einer Ferne, so nah sie sein mag« – wenn das, nach Walter Benjamin, die Definition der »Aura« ist,[23] so ist keine Landschaft der deutschen Literatur »auratischer« als diese, die jedoch, dem Anschein nach, bloß nüchtern, verhalten, sachlich beschrieben wird. Aber hier hat, wie an etlichen anderen Stellen in Heines Gedichtwerk, wo ein »Äußerstes« an subjektiver Empfindung vorhanden ist, eine Inversion ins »Ausdruckslose« stattgefunden; eine Art poetischer Untertreibung. Der konzentrierte Ausdruckswille, der hinter diesem »Ausdruckslosen« steckt und der die Inversion eigentlich bewirkt, kommt jedoch offen zum Vorschein, sobald man das Wort »Diamanten« nicht als naturalistisches oder ausschmückendes Detail, sondern kompositorisch streng, als zentrale poetische Metapher versteht. Dann gewinnen diese »Diamanten« in der Tat etwas Einmaliges. Dieses Einmalige des Wortes ist aber auch das seiner »grundbedeutung«:[24] die Diamanten, die auf der »natürlichen« Sprachebene des Gedichts Wassertropfen darstellten, gewinnen als Symbol zugleich ihre natürliche Bedeutung zurück. Denn sie – das Kostbarste – sind das, was mit plätschernder Selbstverständlichkeit das Mühlrad vor sich hin »stäubt«; so lässig wie nur Heines Satz. Diamanten sind aber auch die härteste Substanz. Und dieses Kostbarste und Härteste ist das, was die entrückte Landschaftsidylle dem Auge des Beobachters zuletzt beschert.[25]

»Ich höre sein fernes Gesumm.« Hatten die »winzigen« Gestalten der Landschaft noch farbintensiv, »bunt« aufgeleuchtet, so ist das »Diamanten«-stäubende Mühlrad

»fern«. Und wie die vorangegangenen Strophen die Formulierung einer Suche waren, bei der der Blick des Erzählenden immer unbefriedigt und unruhig weiterzog, so bleibt sein schweifender Blick in der letzten Strophe stehen. Verlangt der Keimkonflikt der Ausgangszeilen, verlangt die »Ferne« des Mühlrads nach Erklärung, so wird diese Erklärung jetzt geliefert.

Die Erklärung der »Ferne« ist der Turm, jener »alte graue«, der sich in der vorletzten Strophe zwischen dem Lyriker und der Idylle auftut und auf dem sein unruhiger Blick zuletzt haften bleibt. Denn die »Suche« ist beendet. An diesem »Turm« – genauso realer Bestandteil der Lüneburger Stadtlandschaft wie der Stadtgraben – zeigt sich am deutlichsten die erwähnte Spannung von Naturalismus und Verdichtung. Denn wir sind berechtigt, zu fragen, ob hier, für den Juden Heine in Lüneburg, nicht auch ein ganz anderer »Turm« mitgedacht ist; die drei Tore beispielsweise des Frankfurter Ghettos, dessen Heine am Anfang seiner »Börne«-Schrift schaudernd gedenkt, und welche mit ihren wachhabenden Offizieren den Juden den Weg ins »Freie« versperrten,[26] nicht anders als im Gedicht der »Turm« mit einmal Lyriker und Landschaft trennt. Die Tore verkörperten und versinnbildlichten für die Juden den eigenen Status als Ausgestoßene und Geächtete; und damit wäre der »alte graue Turm« des Gedichts zugleich Detail, konkrete Erinnerung an die ›heimatliche‹ Lüneburger Landschaft, wo die Eltern wohnten, als auch, unterschwellig und mehr als unterschwellig, der »alte graue Turm« der Unterdrückung, Verfolgung und Gewalt, der genauso mit dieser Landschaft verwachsen ist wie mit der »inneren« des Sprechenden.

Herz und Turm sind die beiden Pole des Gedichts: zwischen ihnen vollzieht sich seine erzählerische Bewegung. Das Herz, das zu Beginn in die Landschaft hineingesetzt wurde, prallt zum Schluß von dem Turm ab. Erst wenn wir das Gedicht von diesem Ende her begreifen, sind wir in der Lage, seinen »Ursprung« zu verstehen, können wir den Text als Prozeß der Verdichtung richtig lesen; seine »verborgene« Bedeutungsebene kommt so zum

Vorschein. Die idyllische Landschaft wird nämlich, ohne daß ihr »Schein« zunächst im mindesten angetastet wurde, doppelt gesprengt. Sie, die harmonische, löst in dem Dichter Trauer aus; und sie verübt Mord an ihm. Denn der Sprechende wird, während ihm real ›nichts‹ geschieht, in der Vision erschossen; und Gedicht und Landschaft kulminieren in diesem Akt, sie beide arbeiten im stillen auf nichts anderes als auf diesen Schluß hin. Der Mord ist die Kulmination der Idylle; der Riß des Gedichts, der bereits in seiner »Genese« angelegt wurde, wird, in dem weiteren Verlauf des Textes, nicht gekittet, sondern folgerichtig weiter entfaltet, »aufgerissen«. Nach dem vollzogenen »Riß«, dem Knall, kommen die fast unhörbaren Schwingungen des Textes dann voll zum Vibrieren: sie schütten ihren versteckten »Sinn« aus.[27] Der »Widersinn« des Anfangs zeigt sich als der sprachlich eingelöste »Sinn« der Landschaft, die Antwort auf die Frage, die der Anfang stellte. »wir nehmen den ›sinn‹ auf / ganz ohne uns bewußt zu werden auf wie gewundenen wegen wir ihn … zusammenlasen.«[28]

Dieser Sinn ist auch ein doppelter, der doppelte des Rotes, in dem der Text zuletzt aufleuchtet. Hier wiederum bewirkt der Verzicht auf äußere »Poetisierungen« eine innere Verdichtung. Mit strenger Ökonomie werden die Lichteffekte – »Diamanten«, »funkelt« – eingesetzt: ähnliches gilt für die Farbbestimmungen, in denen der Mai hier »leuchtet«. Auch diese Ökonomie ist eine kompositorische. »Blau«, die Farbe des Himmels, ist die Farbe der Idylle, der »stillen Ruh«; »grau« ist die Farbe des Turmes. »Rot« aber ist die Farbe des Soldatenrocks – die hannoverschen Soldaten Lüneburgs trugen damals rote Uniformen –, die sich mit einmal auf die Sonne überträgt – »Sonnenrot« –, so daß zum Schluß die ganze Landschaft in diesem Rot getränkt wird, »rot« aufblitzt. Rot aber ist die Farbe des Mordes und der Gewalt sowie der Liebe und des Herzens. Wie der Sprechende als Ausgestoßener die Landschaft überragt, über die er seinen Blick wirft, wird er nichtsdestoweniger von ihr eingeholt: durch die suggerierte Gewalt der Verfolgung sowie durch die Gewalt der eigenen Sehnsucht, die hier, durch das Ingenium des »Rot«, in eins gesetzt sind. Ein beliebiges ›realistisches‹ Detail – die roten Uniformen der Hannoverschen – wird hier zum ›springenden Punkt‹ einer Verdichtung, beladen mit einmaligem Sinn. Der »Rotgeröckte« handelt sowohl im Auftrag des »Turmes«, dessen Bediensteter er ist, als auch im Auftrag des Herzens, dessen Farbe er trägt.[29] In der imaginierten Hinrichtung geht der Lyriker an der Ächtung wie an der Trauer über sie zugrunde. Heine liebt die Idylle, die ihn bedroht, und in der Verquickung von Idylle und Bedrohung, Realismus und Vision gewinnt er eine Qualität, die für die Literatur neu und unerhört ist. Heines Gedicht ist eine ›im höheren grade einzige bildung‹,[30] eine neue Zusammenfügung von Elementen, die jedoch eine Einheit bilden, mit einer inneren Gesetzmäßigkeit, für die es keine Vorbilder gibt und die folglich nur durch das »eingehende« Studium des Textes selber erschlossen werden kann. Sieht man mit Adorno den höchsten Anspruch des Lyrischen dort eingelöst, wo ein Höchstmaß an individuellem Ausdruck durch das Medium der Sprache zur objektiv zwingenden Darstellung gelangt,[31] so wird man Heines Gedicht schwerlich einen solchen Status absprechen können.

Kurz nach Heines Übersiedlung nach Frankreich entstanden die Zeilen:[32]

> Ich hatte einst ein schönes Vaterland.
> Der Eichenbaum
> Wuchs dort so hoch, die Veilchen nickten sanft.
> Es war ein Traum.
>
> Das küßte mich auf deutsch und sprach auf deutsch
> (Man glaubt es kaum,
> Wie gut es klang) das Wort: »Ich liebe dich!«
> Es war ein Traum.

Das Liebes- und Exilgedicht entwirft den Traum der »Aufnahme« durch das Medium der Sprache. Wenig fehlt, und man würde den Text ein Liebesgedicht an die deutsche Sprache nennen können. Doch etwas trübt dieses Liebesverhältnis, das in der zweiten Strophe so emphatisch aufblüht. Es ist das Vaterland. Denn die Sprache gewährt Kuß und Bekenntnis, und was hat es bei dem Sensualisten Heine nicht alles zu bedeuten, daß er, in Umkehrung des gewohnten Verhältnisses, das Wort hier sogar als Steigerung des Kusses gelten läßt. Wie »hart« die Fügung auf »das«. Aber erst durch die Sprache kann das tote, unbestimmte »das« des Vaterlandes und der Erinnerung erneut aufleben und liebende Gestalt annehmen. »Man glaubt es kaum, / Wie gut es klang.« Die retardierende Parenthese, dank der Zeilenbrechung optisch wie akustisch doppeldeutig, steigert und relativiert zugleich die Wirkung jenes Liebesbekenntnisses. »Das deutsche Wort ... unser heiligstes Gut ... ein Vaterland selbst demjenigen, dem Torheit und Arglist ein Vaterland verweigern.«[33] Denn das Vaterland nimmt, indem es den Sprechenden ins Exil und »in die Fremde« schickt, die Liebeserklärung der Sprache zurück. Das Vaterland wird damit »Traum«, und doch stoßen hier Traum und Vaterland, in der Ambivalenz ihrer Bedeutungsmöglichkeiten, hart aufeinander. Auf diesen Zusammenstoß läßt Heine es dann ankommen. Denn schwingen in dem Wort »Vaterland«, neben der emotiven Konnotation von »Heimat«, im Kontext des Exils und jenes Widerrufs der »Liebe« bereits Unterdrückung und Ausgrenzung mit, so greift Heine, gemäß einer alten Forderung der Poetik, in seinem Gebrauch des Wortes »Traum« eher eine verschüttete alte Überlieferung auf: die Überlieferung des Wortsinns selber. Huldigte Karl Kraus einer Ästhetik der »Wiedergeburt des alten Wortes«, wie hätte er dann, bei rechtem Licht besehen, einem solchen Gedicht Heines nicht huldigen müssen, wo das Wort »Traum« neu entsteht, indem es auf die generative Spannung, der es einst entsprang, zurückgeführt wird: die Spannung vom Wunsch- und Illusionscharakter. »Sehnlicher, unerfüllter Wunsch« – so lautet eine Grundbedeutung des Wortes »Traum«. Mit ihm läßt Heine sein Gedicht ausklingen.

Anmerkungen

Prolog

1 K II S. 162 ff., hier S. 168. Leicht gekürzt.
2 Ebd., S. 178.
3 Léon Poliakov, *Geschichte des Antisemitismus*, Bd. II, Worms 1978, S. 45.
4 Walter Muschg, *Tragische Literaturgeschichte*, Bern 1957, S. 269.
5 Zit. nach Michael Werner/H. H. Houben, *Heine in Berichten der Zeitgenossen*, Hamburg 1973, Bd. II, Nr. 814, S. 108.

Einleitung

1 Jeffrey Sammons, *Heine Bibliography 1956-1980*, New York/London 1982, S. X f.
2 Ebd., vgl. auch Sammons' Artikel »Phases of Heine Scholarship« *German Quarterly* 46 (1973), S. 56 ff., bes. S. 62, 71 u. 79.
3 Wolfgang Preisendanz, *Heinrich Heine*, München 1983, S. 7.
4 Walter Benjamin, *Gesammelte Schriften* (*GS*), Frankfurt a. M. 1974 ff., Bd. I, S. 694.
5 Vgl. hierzu Erika Schmohl, *Der Streit um Heine*, Marburg 1956, sowie Jost Hermand, *Streitobjekt Heine*, München 1972.
6 Preisendanz, a.a.O., S. 12.
7 Allerdings scheint in den letzten Jahren auch bei Germanisten eine Bereitschaft zur ernsthaften Untersuchung des »Giftes« des Antisemitismus sich durchzusetzen. Vgl. Albrecht Schöne (Hrsg.), *Kontroversen, alte und neue. Akten des VII. Kongresses für germanische Sprache- und Literaturwissenschaft*, Bd. 1 u. 5, Tübingen 1986.
8 Wilhelm Bölsche, *Heinrich Heine*, Leipzig 1888, S. 6. Bölsche prägte den Begriff der »Heine-Legende«.
9 George Mosse, *Germans and Jews*, New York 1970, S. 34.
10 Schmohl, a.a.O., S. 1.
11 Vgl. dazu die beiden Arbeiten: Karl Theodor Kleinknecht (Hrsg.), *Heine in Deutschland*, Tübingen 1976; Karl Hotz (Hrsg.), *Heinrich Heine: Wirkungsgeschichte als Wirkungs-*

kritik, Stuttgart 1975. Das Wort von der »abgebogenen« Überlieferung stammt von Hotz, S. 6.

I. Kapitel

1 Benjamin, *GS* I, S. 227.

2 Eberhard Galley, *Heine im Widerstreit der Meinungen*, Düsseldorf 1967, S. 8 u. 18.

3 Vgl. dazu Manfred Windfuhr, »Zum Verhältnis von Dichtung und Politik bei Heinrich Heine«, *HJB* 24 (1985), S. 103 ff., S. 122; Nigel Reeves, *Heinrich Heine. Poetry and Politics*, Oxford 1974; Paul Konrad Kurz, *Künstler Tribun Apostel. Heinrich Heines Auffassung vom Beruf des Dichters*, München 1967, S. 10 f.

4 Gerade Heine als Verkörperung eines »kritischen« Modells des Engagements hat einen »engagierten« Schriftsteller unserer Tage, Hans Magnus Enzensberger, zur Dokumentation und Neuherausgabe von Heines Auseinandersetzung mit dem großen Vorbild damaligen »Engagements«, Ludwig Börne, veranlaßt. Vgl. Hans Magnus Enzensberger (Hrsg.), *Ludwig Börne und Heinrich Heine. Ein deutsches Zerwürfnis*, Nördlingen 1986.

5 Elias Canetti, *Das Gewissen der Worte*, München 1976, S. 258 f.

6 Novalis, *Werke*, München 1981, S. 459.

7 K III, S. 489.

8 K V, S. 50. Zur Goethe-Kritik der Epoche vgl. Walter Dietze, *Junges Deutschland und deutsche Klassik*, Berlin 1981.

9 K V, S. 126.

10 K IV, S. 377 ff.

11 Zur Wirkung der »Vorrede« vgl. Veit Valentin, *Geschichte der deutschen Revolution von 1848-1849*, Köln 1970, Bd. I, S. 249; detaillierter H. H. Houben, *Verbotene Literatur*, Berlin 1925, S. 400.

12 Siehe dazu das nüchterne Fazit Heines in seinem Brief an Varnhagen vom 16. 7. 1833, *HSA* XXI, S. 58 f., sowie die Darstellung Klaus Brieglebs, *Opfer Heine*, Frankfurt a. M. 1986, S. 45 ff., bes. S. 62 f. Zur Wirkung des Bundestagsbeschlusses vgl. Sammons, *Heinrich Heine. A Modern Biography*, Princeton 1979, S. 212 ff.; Kurz, a.a.O., S. 163.

13 Günter Kunert, »J'accuse oder Über den Sinn des Protestierens«, *Die Zeit*, 12. 2. 1988.

14 Max Brod, *Heinrich Heine*, Amsterdam 1934, S. 122.

15 Im Börne-Buch, Heines großer Abrechnung mit dem damaligen Vorbild des Volkstribunen und des Engagements, heißt es: »Ich will dir gern, lieber Leser, bei dieser Gelegenheit ein Geständnis machen, das du eben nicht erwartest. Du meinst vielleicht, der höchste Ehrgeiz meines Lebens hätte darin bestanden, ein großer Dichter zu werden ... Nein, es waren vielmehr die großen Volksredner, die ich immer beneidete, und ich hätte für mein Leben gern auf öffentlichem Markte, vor einer bunten Versammlung, das große Wort erhoben, welches die Leidenschaften aufwühlt oder besänftigt und immer eine augenblickliche Wirkung hervorbringt.« Der Heine des Jahres 1840 jedoch führt diese »komödiantenhaften Gelüste« auf die »unerfahrene Jugendzeit« zurück. K VI, S. 155.

16 K V, S. 287.

17 Gustav Pfizer, »Heine's Schriften und Tendenz«, *Deutsche Vierteljahresschrift* (1838), H. 1, S. 167 ff., hier S. 201.

18 Vgl. Briegleb, a.a.O., S. 45 u. 53.

19 K VI, S. 173.

20 Heinz Brüggemann, *Literarische Technik und soziale Revolution*, Hamburg 1973, S. 60.

21 Benjamin, *GS* II, S. 689 u. 691.

22 Günther Anders, *Bert Brecht. Gespräche und Erinnerungen*, Zürich 1962, S. 45. Anders fährt fort: »Nur in der Literatur ist es verpönt, diesen Zusammenhang anzuerkennen. Nur bei Schriftstellern.«

23 Kurz, a.a.O., S. 191.

24 Brüggemann, a.a.O., S. 49. Vgl. auch Rainer Rosenberg, »Heinrich Heine. Das Programm einer politischen Literatur«, *Weimarer Beiträge* 18 (1972), H. 6, S. 104 ff.

25 Benjamin, a.a.O., S. 687.

26 Valentin, a.a.O., S. 250 f. Vgl. dazu auch Friedrich Sengle, *Biedermeierzeit*, Stuttgart 1971 ff., Bd. I, S. 182; Hans Kaufmann, *Politisches Gedicht und klassische Dichtung*, Berlin 1959, S. 98 f.; Dietze, a.a.O., S. 16 und *passim*; Kurz, a.a.O., S. 40 ff. Zu Heines eigener Kritik der Kunstperiode vgl. K IV, S. 216 f. u. 343.

27 K IV, S. 587 u. 594.

28 Brief an Müller vom 7. 6. 1826, *HSA* XX, S. 250.

29 Benjamin, a.a.O., S. 689.

30 Vgl. Carl Gustav Jochmann, *Die Rückschritte der Poesie*, Hamburg 1982, S. 39, sowie Benjamin, a.a.O., S. 687.

31 K VI, S. 244.

32 Bertolt Brecht, *Gesammelte Werke* (*GW*) 18, Frankfurt a. M. 1967, S. 238.

33 Ebd., S. 222. Hervorhebung im Original.

34 K VI, S. 244 f.

35 Vgl. dazu Houben, a.a.O., S. 391, wo gerade Heines »Bekenntnisse« zum monarchischen Prinzip den Zensor dazu bewogen haben, ein Buch Heines durchgehen lassen zu wollen – was ein interessantes Licht auf die Funktion solcher »Bekenntnisse« bei Heine wirft. Zur Problematik der »Verstümmelung« vgl. auch Michael Werner, »Das ›Augsburgische Prokrustesbett‹«, in: ders. (Hrsg.), *Cahier Heine* (Paris 1975), S. 42 ff., sowie »Der politische Schriftsteller und die (Selbst-)Zensur«, *HJB* 26 (1987), S. 29 ff.

36 Diese entscheidenden ›Metaebenen‹ hat Dolf Oehler in einer Reihe von Arbeiten rekonstruiert und damit eine neue Basis für das Verständnis Heines als »ein in jeder Hinsicht politischer Schriftsteller« geschaffen. Vgl. Dolf Oehler, »Heines Genauigkeit. Und zwei komplementäre Stereotypen über das Wesen der proletarischen Massen«, *Diskussion Deutsch* 8 (1977), S. 250 ff.; die Heine-Passagen in Oehlers erstem Buch, *Pariser Bilder*, Frankfurt a. M. 1979; »Heines Frömmigkeit als List der Vernunft«, *Merkur* 39 (1985), S. 968 ff; sowie das Heine-Kapitel in Oehlers Studie *Ein Höllensturz der alten Welt*, Frankfurt a. M. 1988, S. 239 ff.

37 Brecht, a.a.O., S. 235.

38 K VI, S. 246.

39 Daß die zeitgenössischen Leser Heines solchen Anforderungen zum Teil durchaus gewachsen waren, zeigt folgender Ausschnitt aus einem Tagebuch: »Und dieser Mann ist abgefallen von der Sache der Freiheit! Und dieser Mann hat die Jakobinermütze von seinem Kopf gerissen und einen Tressenhut auf die edlen Locken gesetzt! Und doch, ich glaube immer, es ist sein Spott, wenn er sagt: ›Ich bin royalistisch, ich bin kein Demokrat.‹ Es scheint mir Ironie zu sein und ist es vielleicht. In seinen ›Französischen Zuständen‹ sagt er, als er den Tod der sechzig Republikaner bespricht ... ›Ich ging traurig über die Stätte, wo der Aufruhr stattgefunden. Der Boden war getränkt von dem edelsten Blut Frankreichs. Bei Gott! Ich wollte lieber, ich und alle meine Mitgemäßigten lägen auf dem Platz als diese sechzig edlen Republikaner.‹« Ferdinand Lassalle, zit. nach Hotz, a.a.O., S. 86.

40 Windfuhr, a.a.O., S. 119; Briegleb, a.a.O., S. 62.

41 Vgl. die Briefe an Kolb vom 10. 7. 1843 sowie vom Ende April 1844, *HSA* XXII, S. 64 f. u. 103; dazu der Brief Kolbs an Heine von Mitte Mai 1843, *HSA* XXVI, S. 68. Eine knappe Übersicht über Heines Verhältnis zur *Augsburger Allgemeinen* in dieser Zeit gibt Lucienne Netter, »Heine als Journalist in den vierziger Jahren«, *IWK*, S. 350 ff.

42 Vgl. Arnold Ruge, »Heinrich Heine, charakterisiert nach seinen Schriften«, *Hallische Jahrbücher* I (1838), Nr. 25-29, Sp. 193 ff.; Friedrich Engels, *Marx-Engels-Werke* (*MEW*) 1, Berlin 1957 ff., S. 440. Nicht jede Heine-Lektüre dieser Zeit war, wie es scheint, so produktiv und differenziert wie die Ferdinand Lassalles; das war das Risiko, das der »Freibeuter« Heine einging. Er konnte nur darauf hoffen, daß auch das Mißverständnis sich produktiv auswirkte, indem es in unpolitischer Zeit die Dimension des Politischen, wenn auch ›nur‹ als Ärgernis, immer wieder von neuem aufbrach.

43 Werner, »(Selbst-)Zensur«, a.a.O., S. 33.

44 Werner, »Prokrustesbett«, a.a.O., S. 48 u. S. 51; vgl. auch »(Selbst-)Zensur«, a.a.O., S. 49.

45 »Politik statt Poesie« – so faßt Kurz (a.a.O., S. 53) Heines damalige Einstellung zusammen.

46 K I, S. 14.

47 K I, S. 542. Vgl. auch Kaufmann, a.a.O., S. 99 f. Zur Textgeschichte siehe auch B IV, S. 990 und DHA IV, S. 331 f.

48 Brief an Immermann vom 24. 12. 1822, *HSA* XX, S. 62. Vgl. auch den berühmten Passus K III, S. 265, wo der empfunde Gegensatz von »Lorbeer« und »Schwert« bereits formuliert ist – und zugunsten des Schwertes entschieden wird: »Ich weiß wirklich nicht, ob ich es verdiene, daß man mir einst mit einem Lorbeerkranze den Sarg verziere. Die Poesie, wie sehr ich sie auch liebte, war mir immer nur heiliges Spielzeug oder geweihtes Mittel für himmlische Zwecke. Ich habe nie großen Wert gelegt auf Dichterruhm ... Aber ein Schwert sollt ihr mir auf den Sarg legen; denn ich war ein braver Soldat im Befreiungskrieg der Menschheit.«

49 »die geschändete Schönheit wieder in ihre Würde einsetzen« – das gehörte auch zum politischen Programm des »eingreifenden« Lyrikers Heine. K I, S. 433.

50 Ludwig Börne, *Sämtliche Schriften*, Düsseldorf 1964, Bd. III, S. 810.

51 K II, S. 190.

52 Vgl. K III, S. 149 f.

53 K VI, S. 268.

54 Ebd., S. 246 f.

55 Auffallend die Ähnlichkeit im Wortlaut zwischen der »Poesie«-Kritik Heines und dem folgenden Bericht aus der *Lutetia*, K VI, S. 397: »Jetzt, wo das Neujahr naht, der Tag der Geschenke, überbieten sich hier die Kaufmannsläden in den mannigfaltigsten Ausstellungen. Der Anblick derselben kann dem müßigen Flaneur den angenehmsten Zeitvertreib gewähren; ist sein Kopf nicht ganz

leer, so steigen ihm auch manchmal Gedanken auf, wenn er hinter den blanken Spiegelfenstern die bunte Fülle der ausgestellten Luxus- und Kunstsachen betrachtet und vielleicht auch einen Blick wirft auf das Publikum, das dort neben ihm steht. Die Gesichter dieses Publikums sind so häßlich ernsthaft und leidend, so ungeduldig und drohend, daß sie einen unheimlichen Kontrast bilden mit den Gegenständen, die sie begaffen, und uns die Angst anwandelt, diese Menschen möchten einmal mit ihren geballten Fäusten plötzlich dreinschlagen und all das bunte, klirrende Spielzeug der vornehmen Welt mitsamt dieser vornehmen Welt selbst gar jämmerlich zertrümmern!«

56 Ebd., S. 248.

57 K VII, S. 153.

58 Arnold Ruge, Brief an E. Kapp vom 18. 2. 1870. Zit. nach Werner/Houben, a.a.O., Bd. I, Nr. 663, S. 547.

59 Vgl. Fritz Mende, *Heine-Chronik*, Stuttgart 1981, S. 200.

60 Vgl. dazu den Brief an Laube vom 11. 2. 1843, *HSA* XXII, S. 49 f., wo es zum *Atta Troll* heißt: »der Mangel am Zusammenhang im Gedichte, das Zerstückte, ist eine Folge der ursprünglichen Beschränkung: hätte ich nicht von vornherein die Absicht gehabt, das Gedicht in einem zahmen Journal abdrucken zu lassen, wäre die Persifflage der Zeitideen prägnanter hervorgetreten.« Siehe auch Werner, »(Selbst-)Zensur«, a.a.O., S. 44.

61 Brecht, *GW* 9, S. 660 ff.

62 Brief an Laube vom 7. 11. 1842, *HSA* XXII, S. 36.

63 Vgl. dazu die Briefe an Campe vom 3. 5. sowie vom 5. 6. 1844, *HSA* XXII, S. 103 u. 107. Im ersteren besteht Heine darauf, das *Wintermärchen* »ohne Censur« zu drucken, andernfalls würde er das Gedicht in Paris oder in der Schweiz herausbringen. Daß es, auch aufgrund der besonderen Situation in Hamburg, Campe und Heine gelungen ist, das Buch in Deutschland herauszubringen, daß Heine zu diesem Zweck nachträglich einiges gemildert hat, ändert nichts an der entscheidenden Tatsache: Heine hat den Text ohne »Schere im Kopf« verfaßt und konzipiert; »und wahrlich, ich habe bey der Abfassung auf alle Censur verzichtet ...« Brief an Campe vom 17. 4. 1844, *HSA* XXII, S. 100.

64 Brief an Laube vom 7. 11. 1842, *HSA* XXII, S. 36.

65 K VI, S. 130.

66 So nennt Heine als das Programm des »Kommunismus« und der »Proletarier« just jenen entscheidenden Punkt, der ihm früher zur Abgrenzung gegenüber den Republikanern gedient hatte: »Wir wollen keine Sansculotten sein, keine frugale Bürger, keine wohlfeile Präsidenten;

wir stiften eine Demokratie gleichherrlicher, gleichheiliger, gleichbeseligter Götter. Ihr verlangt einfache Trachten, enthaltsame Sitten und ungewürzte Genüsse; wir hingegen verlangen Nektar und Ambrosia, Purpurmäntel, kostbare Wohlgerüche, Wollust und Pracht, lachenden Nymphentanz, Musik und Komödien.« Es ist die Verwirklichung eben dieses Programms, der Übergang »von der Doktrin zur Tat«, welche Heine vom deutschen Kommunismus erwartet. Vgl. K VII, S. 307; Heine-Zitat zuerst K V, S. 234. Vgl. hierzu auch Reeves, »Heine and the Young Marx«, *Oxford German Studies* 7 (1973), S. 44 ff., bes. S. 81.

67 Windfuhr, a.a.O., S. 112.

68 Benjamin, a.a.O., S. 700.

69 Vgl. Werner, »(Selbst-)Zensur«, a.a.O., S. 31.

70 Dort heißt es (K I, S. 464) in der Ansprache an die »Mitwölfe«:

Der Schafpelz, den ich umgehängt
Zuweilen, um mich zu wärmen
Glaubt mir's, er brachte mich nie dahin
Für das Glück der Schafe zu schwärmen.

Ich bin kein Schaf, ich bin kein Hund
Kein Hofrat und kein Schellfisch –
Ich bin ein Wolf geblieben, mein Herz
Und meine Zähne sind wölfisch.

71 Walter Reese, *Zur Geschichte der sozialistischen Heine-Rezeption in Deutschland*, Frankfurt a. M. 1979, S. 103.

72 Brecht, *GW* 18, S. 229.

73 Ebd., S. 230.

74 Jürger Brummack (Hrsg.): *Heinrich Heine: Epoche – Werk – Wirkung*, München 1980, S. 218.

75 Vgl. Walter Schmidt, »Einleitung« zum Faksimiledruck *Vorwärts*, Leipzig 1975, bes. S. XIV ff. Auch später, nach 1844, hat sich Heine an die Öffentlichkeit des deutschen Frühsozialismus gewandt, zum Beispiel an Robert Püttmanns *Album*, das einige der wichtigsten politischen Gedichte Heines bringen wird.

76 Benjamin, a.a.O.

77 K I, S. 362.

78 K IV, S. 504; K VI, S. 268.

79 *Lebensfahrt*, K I, S. 327.

80 K VII, S. 131.

81 Reese, a.a.O.

82 Zur Wirkung der Vormärzlyriker vgl. Sengle, a.a.O., S. 201 ff.

83 Vgl. K VI, S. 467 sowie K I, S. 344. Das Gedicht *An*

Georg Herwegh, K II, S. 336, formuliert aber einen weiteren zentralen Einwand Heines; der »engagierte« Dichter Herwegh nimmt sein »Wort« bereits für die »Tat«, für die Wirklichkeit. Gerade mit der Einsicht in die zu überbrückende Kluft zwischen beiden setzt Heines Engagement als Wortkünstler ein.

84 Kaufmann, a.a.O., S. 64.

85 Brief an Campe vom 17. 4. 1844, *HSA* XXII, S. 100.

86 Jochmann, a.a.O.

87 Oehler, »Genauigkeit«, a.a.O., S. 270.

88 Windfuhr, a.a.O., S. 119.

89 Sengle, a.a.O., Bd. I, S. 208.

90 Insofern bedarf Brieglebs interessante Beobachtung zu Heines Herausbrechen des emanzipatorischen Inhalts aus der »elitären Form« Ergänzung und Erweiterung. Denn noch stärker, ausgeprägter, ›subversiver‹ als dies bereits mit der Hinwendung von der Liebeslyrik zur Prosa geschieht, realisiert Heine diesen ›Ausbruch‹ mit der Hinwendung Ende 1843 von der Prosa zur ›eingreifenden‹ Poesie. Vgl. Briegleb, a.a.O., S. 60 u. 62.

91 Vgl. Schmidt, a.a.O., S. XVII ff. Waren die Organe Marx' oder Püttmanns also bereits an sich ein Stück »plebejischer« Öffentlichkeit, so gibt es eine weitere wichtige Form »plebejischer« Öffentlichkeit, an die der politische Dichter Heine mit seinen Versen angeknüpft hat: das politische Lied, das in der Zeit bis 1848 – parallel, aber nicht identisch mit den Vormärzlyrikern – eine große Blüte gekannt hat. Die *DHA* (Bd. II, S. 648) schreibt: »Neben der bürgerlichen Erhebung ... gab es damals erste Ansätze einer deutschen Arbeiter- oder genauer Handwerkerbewegung. Es handelte sich zunächst um lose Zusammenschlüsse, z. T. in Form von Geheimbünden, in denen das politische Lied ebenfalls eine wichtige Rolle spielte. Gemeinsames Singen oder Rezitieren war ein nicht unerhebliches Element der Gemeinschaftsbildung wie der ›Propaganda‹, die von den ›Emissären zu Fuß‹ bis in die entferntesten Winkel deutscher Kleinstaaten getragen wurde.«

92 Vgl. Jürgen Habermas, *Strukturwandel der Öffentlichkeit,* Neuwied/Berlin 1962, S. 8.

93 Vgl. Hans Mayer, *Anmerkungen zu Brecht*, Frankfurt a. M. 1965, S. 10. Mayer hat in bezug auf Brecht als erster die Kategorie des »Plebejischen« in die Literaturästhetik eingeführt.

94 K VI, S. 133.

95 Ebd., S. 140.

96 Man denke z. B. an den betont »königsmörderischen« Ton,

den Heine, sei's in der Personalsatire auf gekrönte Häupter, sei' in den Beschwörungen seiner Bildlichkeit, um diese Zeit anschlägt. Er hat keine Parallele bei den bürgerlichen Vormärzlyrikern; wohl aber in der Öffentlichkeit des »plebejischen« Liedes. Vgl. dazu Valentin, a.a.O., Bd. II, S. 562.

97 Brief an Müller vom 7. 6. 1826, *HSA* XX, S. 250.

98 Vgl. hierzu die unübertroffene Darstellung Hans Kaufmanns, a.a.O., S. 97 ff.

99 K V, S. 106 ff.

100 K VII, S. 473.

101 J. G. Herder, *Sämtliche Werke,* Bd. 32, Berlin 1899, S. 107.

102 Brecht, *GW* 2, S. 497.

103 Walther Victor, *Marx und Heine*, Berlin 1951, S. 54 u. S. 65.

104 Vgl. Walter Grupe, »Heines ›Schlesische Weber‹ auf einem Berliner Flugblatt«, *Deutschunterricht* 9 (1956), S. 426 ff. Dazu ausführlicher Walter Schmidt, »Einige Dokumente zum schlesischen Weberaufstand vom Juni 1844«, in: *Aus der Frühgeschichte der deutschen Arbeiterbewegung*, Berlin 1964, S. 30 ff., bes. S. 43 ff.

105 Zit. nach Grupe, a.a.O., S. 427.

106 Schmidt, a.a.O., S. 45.

107 Vgl. Werner Bellmann, »Heine und der Pariser ›Vorwärts‹!« *HJB* 22 (1983), S. 70 ff., hier S. 76 f.

108 Ebd., S. 426. Vgl. auch Schmidt, a.a.O. Der vollständige Text des Flugblatts wird abgedruckt bei Schmidt, S. 50 f., sowie bei Walter Wehner, *Heinrich Heines »Die schlesischen Weber« und andere Texte zum Weber-Elend*, München 1980, S. 79 ff.

109 Der Weberaufstand ereignete sich vom 4. bis 6. Juni 1844; Heines Gedicht *Die armen Weber* erscheint im *Vorwärts* am 10. Juli; Marx' Artikel erst drei Wochen später. Auf diese zeitliche Reihenfolge hat Bellmann (a.a.O., S. 76) hingewiesen. Sie ist interessant vor allem in dem, was sie über den für die damalige Zeit hohen Aktualitätsgrad von Heines Text aussagt. Heines Gedicht ist hier selbst noch »Zeitung«, die Kunde vom Ereignishaften, das sich soeben zugetragen hat. Das trägt auch wesentlich zu seinem »Flugblatt«-Charakter wie zu seiner Fähigkeit zur »Initialzündung« bei. Zum ursprünglichen ›Nachrichten‹-Charakter der Poesie vgl. Gert Kalow, *Poesie ist Nachricht. Mündliche Tradition in Vorgeschichte und Gegenwart*, München/Zürich 1975.

110 Edda Ziegler, *Julius Campe: Der Verleger Heinrich Heines*, Hamburg 1976, S. 56. Die beste Schilderung des Ge-

dichts und des Lieds als ›Massenkommunikationsmittel‹ der Epoche verdanken wir aber einem Dramatiker: Gerhart Hauptmann, *Die Weber*, in: *Sämtliche Werke*, Frankfurt a. M./Berlin 1966, Bd. I, S. 319 ff., bes. Akt II u. III. Bekanntlich beruht diese Schilderung auf der Überlieferung der Beteiligten des Aufstandes selbst.

111 Alexander Schweikert, *Heinrich Heines Einflüsse auf die deutsche Lyrik. 1830-1900*, Freiburg/Bonn 1969, S. 42 f. Vgl. auch Wehner, a.a.O., S. 35.

112 Vgl. die Diskussion Ernst Steins, »Zugang zu Heines Gedicht«, *Deutschunterricht* 9 (1956), S. 437 ff. Dazu auch Schmidt, a. a. O., S. 44 f. Inzwischen ist die Berliner Fassung des *Weber*-Gedichts auch an anderer Stelle aufgetaucht: vgl. Reinhold Wimmers, »Henker der Freien und Gleichen«, *Frankfurter Allgemeine Zeitung* vom 19. 12. 1972, sowie *DHA* II, S. 819.

113 Brecht, *GW* 10, S. 856.

114 Kalow, a.a.O., S. 22.

115 Kaufmann, a.a.O., S. 98.

116 Ziegler, a.a.O., S. 57.

117 Grupe, a.a.O., S. 427.

118 So war das Berliner Flugblatt des Jahres 1844 nur Auftakt einer Wirkungsgeschichte, die in den Revolutionsjahren 1848-49 ihren eigentlichen Höhepunkt erreicht. Wichtige Etappen dieser Geschichte sind die Veröffentlichung der fünfstrophigen Endfassung des Gedichts in Püttmanns *Album* im Oktober 1846, die die Grundlage für die weitere Verbreitung des Gedichts wurde; die Rolle des Gedichts bei der Verhaftung Eduard Meyens in Berlin Anfang 1847; sowie die Veröffentlichung 1848-49 in der *Verbrüderung*, der Zeitschrift der ADAVG, der ersten umfassenden Organisation der deutschen Arbeiter. Gerade die Prozesse gegen Meyen und den ADAVG-Führer Stephan Born, die im Zusammenhang mit der Verbindung des *Weber*-Gedichts stehen, zeigen die starke Empfindlichkeit der Machthaber gegenüber Heines Schöpfung; an aufreizender Wirkung gegen die Obrigen, als Ausdruck populären Grolls kann sich mit Heines Text nur das revolutionäre Volkslied vom Königsmörder Tschech messen. Inzwischen hat die Forschung Peter Meinholds Aussage, daß Heines *Weber*-Text »unter den Handwerksgesellen weit verbreitet war und überall gesungen wurde«, eindrucksvoll bestätigen können; und das für einen Text, der zu Lebzeiten des Dichters nie in einer Gedichtsammlung Heines in Deutschland erschienen ist. Vgl. Peter Meinhold, »Opium des Volkes«, *Monatsschrift für Pastoraltheologie* 49 (1960), H. 4, S. 161 ff.; Wolfgang Steinitz

(Hrsg.), *Deutsche Volkslieder demokratischen Charakters aus sechs Jahrhunderten*, Bd. II, Berlin 1962, S. 134; Wehner, a.a.O., S. 41 ff.; *DHA* II, S. 816 ff.; Alfred Opitz/Ernst-Ulrich Pinkert, *Heine und das neue Geschlecht*, Aalborg 1981, S. 188 ff.; Bernd Füllner/Jan-Christoph Hauenschild/Volker Kaukoreit, »Dieses Gedicht, in Deutschland hundertfach gelesen und gesungen ...«, *HJB* 24, 1985, S. 123 ff.

119 *Heinrich Heine*, »Gedenkblatt« des Vorwärts, Berlin 1906, S. 13 f.

120 Ebd., S. 14. Vgl. auch Reese, a.a.O., S. 109 f.

121 »Gedenkblatt«, a.a.O.

122 *Geschichte der deutschen Arbeiterbewegung*, Kap. III, Berlin 1966, S. 144.

123 Karl Marx/Friedrich Engels, *Werke* (MEW), Berlin 1957-1968, Bd. 39, S. 26.

124 Reese, a.a.O., S. 114.

125 Helmut Hirsch (Hrsg.), *August Bebel: Sein Leben in Dokumenten, Reden und Schriften*, Köln/Berlin, 1968, S. 186. Vgl. auch Reese, a.a.O.

126 Madeleine Rebérioux prägte für diese alternative Identitätsstiftung der Arbeiterbewegung den Begriff der »kulturellen Desintegration«. Rebérioux, zit. nach Georg Fülberth, »Sozialdemokratische Literaturkritik vor 1914«, *Alternative* 14 (1972), H 76, S. 2 ff., hier S. 6.

127 So sprach die Kirche bisweilen von Gott als »himmlischem Arbeitgeber«. Erhard Lucas, *Vom Scheitern der deutschen Arbeiterbewegung*, Frankfurt a. M. 1983, S. 125.

128 So enthalten für Plechanow, mit Karl Kautsky den führenden Marxisten seiner Generation, diese Verse Heines schlicht den »Leitgedanken der modernen Arbeiterbewegung«. Und als exemplarisch für diesen Gedanken kommentiert er sie. Vgl. Georg Plechanow, *Über Kunst und Literatur*, Berlin 1955, S. 536.

129 Kaufmann, a.a.O., S. 115.

130 Von welchem Nutzen der »Spruchdichter« Heine auch in den Niederungen des politischen Handgemenges sein konnte, zeigt eine Anekdote, die Meinhold (a.a.O., S. 162) mitteilt. Es handelt sich um ein Wortgefecht zwischen den Vertretern der Arbeiterbewegung und einem ihrer frühesten Gegner und Rivalen, dem ›christlich-sozialen‹ Antisemiten und Hofprediger Stöcker: »Als Adolf Stöcker im Jahre 1878 die berühmte Eiskellerversammlung in Berlin besuchte und sich in der tosenden Versammlung zu Worte meldete, antwortete ihm Gerhard Most ebenfalls mit einem Verse von Heine ... Der Vers lautet: ›Ich kenne die Weise, ich kenne den Text / Und kenn' Euch, Ihr Her-

ren Prasser, / Zu Hause trinkt Ihr Euren Wein / Und draußen predigt Ihr Wasser.‹ Wiederum das Zitat des »Merkverses« aus dem Stegreif, aus dem Gedächtnis; selten ist ein Text durch die ungefähre Wiedergabe so geehrt worden. Denn so ist er da – »handhabbar als eine Waffe« –, wenn er am allerdringendsten benötigt wird. Aber nicht nur seine epigrammatische und plebejische Schärfe hilft den politischen Gegner schlagen; sondern wohl auch die tradierte Autorität seiner Form, die Heine hier benutzt, um »Autorität« zu unterhöhlen. An solchen Stellen betreibt der politische Dichter Heine eine Art weiße Magie der Aufklärung; den Einsatz ältester poetischer, gar ›magischer‹ Sprechweisen, um Aufklärung zu verbreiten.

131 Karl Retzlaff, *Spartakus. Aufstieg und Niedergang*, Frankfurt a. M. 1971. Zit. nach Wolfgang Emmerich (Hrsg.), *Proletarische Lebensläufe* II, Darmstadt/Neuwied 1975, S. 69 f.

132 Artikel »Glaubensbekenntnis«, *Theologische Realenzyklopädie*, Bd. XIII, Berlin/New York 1984, S. 385.

133 K VI, S. 529 f.

134 Søren Kierkegaard, *Gesammelte Werke*, 5. u. 6. Abteilung, Düsseldorf/Köln 1967, S. 4.

135 Zur Problematik der Wiederholung in der klassischen Arbeiterbewegung vgl. Vernon Lidtke, *The Alternative Culture*, New York/Oxford 1985, S. 134 f.

136 Polarität von »Wort« und »Tat«: in der Berliner Fassung des *Weber*-Textes wird das »wir weben« zweimal, statt wie bei Heine nur einmal, wiederholt. (Vgl. Stein, a.a.O.) Das bedeutet zunächst einen Verlust an poetischer Qualität; bei Heine unterstreicht die einmalige Wiederholung des »Webens« ja den Umschlag von der »natürlichen« in die symbolische Ebene: Ein nochmaliges Weben dagegen scheint nur die Monotonie des Webstuhltaktes wiederzugeben, den Text in die natürliche Ebene zurückzuholen. Dennoch deutet diese »falsche« Wiedergabe von Heines Text auf Wesentliches hin. Jeder, der dieses Gedicht liest oder hört, wird versucht sein – der Rhythmus des Gedichts verlangt es –, das dritte »Wir weben« hinzuzufügen. Mit anderen Worten: das Gedicht fortzusetzen, wo der Text abbricht. Aber diese »Fortsetzung« könnte nur die Praxis selber sein; deshalb verbietet Heine sich diese »Fortsetzung«, die nur Angelegenheit der »Tat«, nicht des »Wortes« sein kann. Mit dem »offenen« Schluß fordert das Gedicht um so mehr zur Handlung heraus. Das Gedicht wird »eingewoben« an die Nahtstelle von »Wort« und »Tat«, verlangt mit seinem zweimaligen »weben« nach jenem dritten, das, symbolisch gedacht, ja erst die Zahl

der Vollständigkeit und Vollendung herstellen würde. Und somit hätten beide recht: der Produzent, der sich nicht befugt fühlte, das dritte »weben« hinzuzusetzen; und der Rezipient, der – den Text als Flugblatt verteilend – dies dann tat.

137 Vgl. den Brief Karl Maria Kertbenys an Heine vom 11. 7. 1847: »Der deutsche Westend Comunisten Verein ließt jeden Freitag als Eröffnungsgebeth Ihr schlesisches Weberlied . . .«, *HSA* XXVI, S. 208.

138 »Gedenkblatt«, a.a.O., S. 14.

139 In den Tagen der Novemberrevolution brachte dann der Spartakusbund die Schriften Heines in einer Massenauflage heraus, mit folgendem Begleittext: »Teilnehmer der Revolution von 1918! Nehmt und lest. Hier findet ihr so glänzend frische Worte, als wären sie gestern – nein heute – in unseren rebellischen Tagen geschrieben.« Zit. nach Ludwig Marcuse, »Heine und Marx«, *Der Monat* 6 (1954), S. 407 ff., hier S. 409.

140 Mehrings Schriften zu Heine befinden sich im Band 10 der *Gesammelten Schriften* (*GS*), Berlin 1961, S. 414 ff.

141 Und zwar in seiner *Geschichte der deutschen Sozialdemokratie*, *GS* 1, S. 266. Auch die spätere, von der SED herausgegebene *Geschichte der deutschen Arbeiterbewegung*, Kap. I, S. 38 ff., würdigt die »produktive« Funktion Heines für die frühe Arbeiterbewegung durch das Zitieren seiner »bekennenden« Gedichte.

142 Mehring, *GS* 11, S. 449.

143 Vgl. Lidtke, a.a.O., S. 195 f.

144 Vgl. dazu Fülberth, a.a.O., S. 4 u. 6., sowie Reese, a.a.O., S. 132.

145 Vgl. *GS* 10, S. 418.

146 *Die Wanderratten*, K II, S. 392 f. Vgl. auch die Analysen Karl-Heinz Hahns, »Heinrich Heine: ›Die Wanderratten‹« in: Helmut Koppmann (Hrsg.), *Heinrich Heine*, Darmstadt 1975, S. 117 ff.

147 Mehring, a.a.O., S. 420.

148 Vgl. Kap. II.

149 Mehring, a.a.O., S. 655.

150 Ebd., S. 456.

151 Ebd., S. 437 u. 459.

152 Ebd., S. 461. Es bleibe Franz Mehring natürlich unbenommen, seine Einsichten zu Heine von dort herzuziehen, wo er sie vorfindet. Dennoch wirkt die unkritische Berufung auf Schopenhauer im Munde des Marxisten geradezu grotesk. Schließlich hatte in einem berüchtigten Vorfall der Philosoph den preußischen Soldaten seine Feldstecher angeboten, damit sie jene Revolutionäre um so besser nie-

dermetzeln konnten, deren Elegie Heine dann im *Romanzero* komponierte. Die Komplizenschaft der Kultur mit der Barbarei ist selten so augenfällig demonstriert worden. Sie wird bei Mehring ausgespart. Eine Korrektur zu den Versäumnissen von Mehrings Heine-Lektüre bietet zum Teil der Sozialdemokrat Hermann Wendel in seinem *Heinrich Heine*, Dresden 1916, insbes. S. 108 u. 271. Zu Schopenhauer vgl. den Brief an Frauenstädt vom 2. 3. 1849, in: Eduard Grisebach (Hrsg.), *Schopenhauers Briefe*, Leipzig 1894, S. 155 f.

153 Anders sein Kollege Molkenbuhr im *Vorwärts*, der seinem Heine-Artikel den Titel gab »Der Dichter und das Proletariat«. »Gedenkblatt«, a.a.O., S. 13.

154 Zur »Indolenz« Mehrings vgl. Fülberth, a.a.O., S. 15, sowie Reese, a.a.O., S. 130 u. 133 ff.

155 Mehring, a.a.O., S. 471.

156 Ebd., S. 421.

157 So nannte, aus der Perspektive des Jahres 1937, Walter Benjamin die Kampfbedingungen der Sozialdemokratie zur Zeit des Sozialistengesetzes, die Mehring als die Heroenzeit seiner Partei betrachtete, schlichtweg »idyllisch«. (*GS* II, S. 470) Mehrings Kulturbegriff scheint noch geprägt von der trügerischen Ruhe dieser Idylle. Die Koordinaten der »Kultur« stehen für ihn unverrückbar fest. Darin ist der Vertreter der äußersten Linken in der SPD weit weniger »radikal« als Heine selbst – oder als die Heine-Gegner.

II. Kapitel

1 Brief an Sethe vom 20. 11. 1816, *HSA* XX, S. 22.

2 Brief an von Beughem vom 15. 7. 1820, *HSA* XX, S. 26.

3 Zu Heines Meinung über seine Taufe vgl. den Brief an Moser vom 19. 12. 1825, *HSA* XX, S. 227.

4 Brief an Moser vom 18. 6. 1823, *HSA* XX, S. 98.

5 Brief an Moser vom 25. 10. 1824, *HSA* XX, S. 112. Vgl. auch den Brief vom 30. 9. 1823 an den gleichen Adressaten, ebd., S. 176. Noch 1826 heißt es zur – dann unterbliebenen – Veröffentlichung des *Rabbi*: »ich bin darauf gefaßt daß ich dann in der christlichen Welt ganz verhaßt bin ...« Brief an Lehmann vom 26. 5. 1826, ebd., S. 246.

6 »Als mich die Pfaffen in München zuerst angriffen und mir

den Juden zuerst aufs Tapet brachten, lachte ich – ich hielts für bloße Dummheit. Als ich aber System roch, als ich sah wie das lächerliche Spukbild allmählich ein bedrohliches Vampier wurde, als ich die Absicht der Platenschen Satyre durchschaute, als ich durch Buchhändler von der Existenz ähnlicher Produkte hörte die mit demselben Gift getränkt manuskriptlich herumkrochen – da gürtete ich meine Lende, und schlug so scharf als möglich, so schnell als möglich. Robert, Gans, Michel Beer und andre haben immer, wenn sie wie ich angegriffen wurden, christlich geduldet, klug geschwiegen – ich bin ein Andrer, und das ist gut.« Brief an Varnhagen vom 4. 2. 1830, *HSA* XX, S. 385.

7 Die beste Darstellung des Heine-Platen-Streits bleibt wohl Hans Mayer, *Außenseiter*, Frankfurt a. M. 1975, S. 207 ff. Vgl. auch Sengle, a.a.O., Bd. III, S. 497 f., sowie neuerdings Jost Hermand, »Heine contra Platen. Zur Anatomie eines Skandals«, in: Rolf Hosfeld (Hrsg.), *Signaturen. Heinrich Heine und das neunzehnte Jahrhundert*, Berlin 1986, S. 108 ff.

8 Vgl. dazu den Brief an Moser vom 19. 12. 1825, *HSA* XX, S. 227. Der Brief an Immermann vom 10. 6. 1823, ebd., S. 92 f., ist gegenüber dem christlichen Ansprechpartner noch viel allgemeiner gehalten.

9 »Es ist aber ganz bestimmt daß es mich sehnlichst drängt dem deutschen Vaterlande Valet zu sagen. Minder die Lust des Wanderns als die Qual persönlicher Verhältnisse (z. B. der nie abzuwaschende Jude) treibt mich von hinnen.« Brief an Moser vom 14. 10. 1826, *HSA* XX, S. 265.

10 Cruciger (d. i. Friedrich von der Hagen), *Neueste Wanderungen, Umtriebe und Abenteuer des Ewigen Juden unter den Namen Börne, Heine, Saphir u. a.*, Berlin 1832. Vgl. auch den Artikel von Jost Hermand, »Heines frühe Kritiker«, in: Wolfgang Paulsen (Hrsg.), *Der Dichter und seine Zeit*, Heidelberg 1970, S. 113 ff., insb. S. 129 f. Am gefährlichsten für Heine war aber wohl die antisemitische Attacke der klerikalen Münchner Zeitschrift *Eos*, Jg. 12, Nr. 132, 1828, S. 529, die ihn in seiner öffentlichen Anstellung als Redakteur der Cotta'schen Annalen empfindlich treffen mußte. Siehe dazu Galley, a.a.O., S. 8. Dennoch bildeten solche Attacken in der literarischen Öffentlichkeit damals eine Ausnahme.

11 Briefe an Moser vom 23. 8. 1823, *HSA* XX, S. 106 sowie vom 21. 1. 1824, ebd., S. 136. Fries und Rühs waren zeitgenössische antisemitische Pamphletisten, die in Berufung auf das traditionelle Feindbild vom »Juden« gegen die Emanzipation polemisierten. Vgl. Jakob Friedrich Fries, *Über die Gefährdung des Wohlstands und Charakters der*

Deutschen durch die Juden, Heidelberg 1816; Christian Friedrich Rühs, *Über die Ansprüche der Juden an das deutsche Bürgerrecht* sowie *Die Rechte des Christentums und des deutschen Volkes*, beide Berlin 1816.

12 Brief an Moser vom 18. 6. 1823, *HSA* XX, S. 99. Heine bittet dann den Freund: »und schreib es mir gleich wenn Du irgend in einem Blatte ein Hinweisen über diesen meinen Stammbaum findest«.

13 *Der Apollogott*, K II, S. 30 ff. Hier leicht gekürzt. Vgl. auch das frühe Gedicht *Dona Clara*, K. I, S. 154 ff., das, nach Heines brieflichen Zeugnissen zu urteilen, die Stilisierung eines Ereignisses ist, das sich einst im Berliner Tiergarten zutrug: »Das ganze der Romanze ist eine Scene aus meinem eigenen Leben, bloß der Thiergarten wurde in den Garten des Alkaden verwandelt ...« Brief an Moser vom 6. 11. 1823, *HSA* XX, S. 122.

14 Erinnert sei daran, daß Heines Gedichte zuallererst unter dem Pseudonym Sy. Freudhold Riesenharf in dem Hamburger Blatt *Der Wächter* erschienen, das selber judenfeindlich gesinnt war. Schon bei seinem allerersten Auftreten mußte Heine also die Identität als Poet und als Jude als eine problematische erfahren. Vgl. dazu, wie zum Problem der jüdischen Identität in Heines früher Entwicklung allgemein, Hartmut Kircher, *Heinrich Heine und das Judentum*, Bonn 1973, S. 93 ff., hier bes. S. 102.

15 K II, S. 425.

16 Zur Aufnahme des *Buchs der Lieder* und der *Neuen Gedichte*, vgl. *DHA* I/2, S. 575-619 sowie *DHA* IV, S. 918-1010. Zur Aufnahme des *Romanzero* vgl. Frauke Bartelt, *Entstehung und zeitgenössische Aufnahme des Romanzero*, Kiel 1973.

17 Theodor Storm, *Briefe*, Berlin/Weimar 1972, S. 300.

18 Vgl. Hotz, a.a.O., S. 30.

19 Gustav Karpeles, *Heinrich Heine*, Leipzig 1899, S. 325 ff. Vgl. auch die Darstellung in: Otto Schönfeldt (Hrsg.), *Und alle lieben Heinrich Heine ...*, Köln 1972, S. 11 ff. sowie *passim*.

20 Friedrich Hölderlin, *Andenken*, *Sämtliche Werke*, Stuttgart 1943 ff., Bd. II/1, S. 189 f.

21 Walther Killy, *Wandlungen des lyrischen Bildes*, Göttingen 1958, S. 103.

22 Storm, a.a.O.

23 Georg Brandes, *Hauptströmungen der Literatur im 19. Jahrhundert*, Berlin 1924, S. 372.

24 So der sorgfältig gewählte Terminus Jacob Katz' in seinen beiden Studien: *From Prejudice to Destruction*,

Cambridge 1980, S. 279 u. 320; *Zur Assimilation und Emanzipation der Juden*, Darmstadt 1982, S. 188.

25 Brief an Sethe vom 14. 4. 1822, *HSA* XX, S. 50.

26 Mosse, a.a.O., S. 10.

27 George Steiner, *Nach Babel*, Frankfurt a. M. 1981, S. 361. Vgl. auch Peter Gay, *Freud, Jews and other Germans*, New York 1978, S. 18.

28 Rühs, *Christentum*, 26 f.

29 Johan Christian Wagenseil, *Belehrung der jüdisch-teutschen Red- und Schreibart*, Frankfurt a. M. 1715, Fürtrag B.

30 Zum Begriff der »Sprache der Juden« siehe Sander Gilman, *Jewish Self-Hatred*, Baltimore/London 1986, S. 72 f. und *passim*. Gilmans bahnbrechende Darstellung des kulturellen Archetyps der »Judensprache« schuf eine wesentliche Voraussetzung der vorliegenden Arbeit.

31 Theodor W. Adorno, *Gesammelte Schriften* (*GS*), Frankfurt a. M. 1972 ff., Bd. 13, S. 504. Zur Antisemitismus-Problematik bei Wagner vgl. auch Heinz-Klaus Metzger/Rainer Riehm (Hrsg.), *Richard Wagner: Wie antisemitisch darf ein Künstler sein?, Musik Konzepte*, Bd. 5 (1981); Jakob Katz, *Richard Wagner. Vorbote des Antisemitismus*, Königstein im Taunus 1985.

32 Zit. nach Peter Viereck, »Hitler und Richard Wagner«, *Musik-Konzepte*, a.a.O., S. 16 ff., hier S. 17.

33 Richard Wagner, *Das Judentum in der Musik*, Leipzig 1869, S. 14.

34 Ebd., S. 25. Wagner schafft hier nicht, er zitiert nur den ›subkulturellen‹ Archetyp vom »Juden« und führt ihn in den gehobenen Diskurs ein. In einer alten antijüdischen Schmähschrift lesen wir: »Nie kann aber der Geist eines Juden sich zu etwas Hohem und Edlen erheben ... selbst schaffen können die Juden, als Künstler, vollends nichts ...« Hartung von Hundt-Radowsky, *Judenspiegel*, Würzburg 1819, S. 90.

35 Wagner, a.a.O., S. 31 f. Man beachte bei dieser Aussage die Ambivalenz: ist Heine, als Dichter, der im Zeitalter der »Lüge« diese Wahrheit der Epoche ausspricht, nun selber Dichter der Wahrheit oder der Lüge? Dies bleibt, wie so vieles bei Wagner, in der Schwebe. Wagner stellt die Erscheinung Heine zwar antisemitisch in Frage, wagt sich aber an die Größe dieser Erscheinung noch nicht heran. Das blieb der späteren Entwicklung vorbehalten.

36 Vgl. Martin Luther, »Von den Juden und ihren Lügen«, *Werke*, Weimar 1883-1939, Abt. I. Bd. LIII, S. 417 ff.

37 Vgl. C. W. F. Grattenauer, *Wider die Juden*, Berlin 1803,

S. 20 u. 40; sowie ders., *Wider die Juden. Erster Nachtrag*, Berlin 1803, S. 18.

38 Wagner, »Was ist deutsch?«, *Gesammelte Schriften* (*GS*) X, Leipzig 1907, S. 37 f. Vgl. auch Steiner, a.a.O., S. 100 f.

39 Wagner, »Modern«, a.a.O., S. 55.

40 Vgl. Johann Christian Eisenmenger, *Entdecktes Judenthum*, Königsberg 1711. Dazu Katz, *Prejudice*, S. 13 ff.; zur jüdischen Verschwörung vgl. auch Gilman, a.a.O., S. 73.

41 Wagner, *Judenthum*, S. 15. Grattenauer, *Nachtrag*, S. 23, spricht vom »piepsen und kraksen« der Juden.

42 Wagner, a.a.O.

43 Wagner, »Modern«, *GS* X, S. 60. Bei Wagner ist es insbesondere der »Zischlaut«, der als »Erkennungszeichen« der jüdischen Verschwörer dient.

44 Ebd., S. 54 f.

45 Reinhard Rürup, *Emanzipation und Antisemitismus*, Göttingen 1975, S. 100 u. 110; Fritz Stern, *The Politics of Cultural Despair*, Berkeley 1961, S. 66; Gay, a.a.O., S. 20.

46 Wagner, a. a. O., S. 58. So spricht der Antisemit Marr von der »zersetzenden Mission« des Judentums, die germanische Welt zugrunde zu richten. Wilhelm Marr, *Sieg des Judentums über das Germanentum*, Bern 1879, S. 42.

47 Friedrich Hebbel, *Sämtliche Werke* II, Berlin 1913, S. 71.

48 Eleonore Sterling, *Er ist wie Du*, München 1956, S. 25 ff.; Mosse, *The Crisis of German Ideology*, New York 1964, S. 7.

49 Wagner, »Was ist deutsch?«, a.a.O., S. 53.

50 Ebd., S. 43.

51 Sterling, a.a.O., S. 100 u. 120.

52 Ebd., S. 100; Rürup, a.a.O., S. 90; Mosse, a.a.O., S. 27.

53 *MEW* 22, S. 50. Vgl. auch Rürup, a.a.O., S. 118.

54 Rürup, a.a.O., S. 92. Katz, *Prejudice*, S. 89, spricht von der »tendency to identify the Jew with the most objectionable and threatening phenomena of a particular time«.

55 Jean-Paul Sartre, *Drei Essays*, Hamburg 1960, S. 111 u. 184. Zum »Unheimlichen« des »Juden« vgl. auch Otto Fenichel, »Elemente einer psychoanalytischen Theorie des Antisemitismus«, in: Detlef Claussen (Hrsg.), *Vom Judenhaß zum Antisemitismus*, Darmstadt/Neuwied 1987, S. 233 ff.

56 Benjamin, *GS* V, S. 576: »Nicht so ist es, daß das Vergangene sein Licht auf das Gegenwärtige oder das Gegenwärtige sein Licht auf das Vergangene wirft, sondern Bild ist dasjenige, worin das Gewesene mit dem Jetzt blitzhaft zu einer Konstellation zusammentritt.«

57 So sehen sich Historiker des modernen Antisemitismus wiederholt gezwungen, auf den »archaischen« Ursprung der Judenfeindschaft zurückzugreifen, um Wucht und Dauer des Phänomens überhaupt zu erklären: »The phenomenon of modern anti-semitism cannot be fully understood by reference to contemporary data only, whether sociological, economic, political or ideological. A heavy hereditary burden, going back to the middle ages and ancient times, has loomed over the relationship of the Jew and the non-Jewish world.« Katz, a.a.O., S. 13; vgl. auch Joshua Trachtenberg, *The Devil and the Jews*, Cleveland/Philadelphia 1943, S. XI f.: »If the Jew is today despised and feared and hated, it is because we are heirs to the Middle Ages.«

58 Börne, *Schriften* III, S. 888.

59 Leon Poliakov, *Geschichte des Antisemitismus*, Bd. II, »Das Zeitalter der Verteufelung und des Ghettos«, Worms 1978, S. 35 f. Trachtenberg, a.a.O., S. 52, stellt fest: »nothing was too monstrous to be told about the Jew.« In den hier zitierten Schmähschriften fallen zum Beispiel die Termini: Blutegel, Metoiken, Furien, Pest, Blutsauger, Gewürm, Ungeziefer.

60 K IV, S. 8. Vgl. auch Brief an Moser vom 1. 7. 1825, *HSA* XX, S. 204.

61 Poliakov, a.a.O., S. 44 f.

62 Ebd. S. 14, sowie 1-54, *passim*. Vgl. auch Trachtenberg, a.a.O., *passim*.

63 Wolfgang Menzel, *Deutsche Dichtung von der ältesten bis auf die neuste Zeit*, Stuttgart 1875, S. 465.

64 Ebd., S. 467.

65 Zu Menzels politischer Entwicklung in der Judenfrage siehe Erwin Schuppe, *Der deutsche Burschenschafter Wolfgang Menzel*, Frankfurt a. M. 1952, S. 108 ff. Zu seiner Rolle in der literarischen Öffentlichkeit des Vormärz ebd., S. 38; dazu auch Dietze, a.a.O., S. 31.

66 K VII, S. 405.

67 Schuppe, a.a.O., S. 110. Vgl. dazu auch die Darstellung des politischen Hintergrundes bei Briegleb, »Der ›Geist der Gewalthaber‹ über Wolfgang Menzel«, in: Gerd Mattenklott/Klaus Scherpe (Hrsg.), *Demokratisch-revolutionäre Literatur in Deutschland: Vormärz*, Kronberg/Taunus 1975, S. 117 ff.

68 Heine über die deutschen Liberalen vom Typus Menzel: »Ja, im Heere der deutschen Revolutionsmänner wimmelt es von ehemaligen Deutschtümlern, die mit sauren Lippen die moderne Parole nachlallen ... sie schnitten dabei die fatalsten Gesichter ...« Ein klassisches Beispiel

Heinescher Umkehrung: es ist der Archetyp vom »jüdischen« Hinterhalt, der hier – mit dem Unterschied der Stichhaltigkeit – nun auf die Teutomanen angewandt wird, »vermummt in den Farben und Redensarten des Liberalismus.« K VI, S. 172; namentlich zu Menzel siehe auch S. 186 ff.

69 Das Gefühl eines empfundenen Verrats vermittelt schon der Briefwechsel, wo es mit einer selbst für diesen Schriftsteller ungewöhnlichen Heftigkeit des Ausdrucks an einer Stelle heißt: »Daß man mit Herrn Menzel just zu schaffen hat, ist ekelhaft ... Er ist durch und durch ein heuchlerischer Schurke ... Es ist eine gemeine Natur, ein gemeiner Mensch, dem man Tritte in den Hintern geben sollte, daß ihm unsere Fußspitze zum Halse herauskäme.« Brief an Laube vom 23. 11. 1835, *HSA* XXI, S. 126.

70 Vgl. dazu Katz, *Wagner*, S. 30 ff.

71 Sterling, a.a.O., S. 166. Dazu auch Schuppe, a.a.O., S. 111 f. Noch die Heine- und Börne-Passagen in Menzels Autobiographie sind von einem spürbaren Stolz getragen, sich, in welcher Form auch immer, mit Kapazitäten wie Heine und Börne berührt zu haben. Menzel, *Denkwürdigkeiten*, Bielefeld/Leipzig 1877, S. 301 ff.

72 Zur späteren Entwicklung des Antisemitismus in Deutschland siehe Paul Massing, *Zur Vorgeschichte des politischen Antisemitismus*, Frankfurt a. M. 1959.

73 Siehe dazu Walter Boehlich (Hrsg.), *Der Berliner Antisemitismus-Streit*, Frankfurt a. M. 1965, S. 237 u. 244; Katz, *Prejudice*, S. 245 ff.

74 Ebd., S. 240.

75 Heinrich von Treitschke, *Deutsche Geschichte im Neunzehnten Jahrhundert*, Leipzig 1879-1894.

76 Treitschke, *Geschichte der deutschen Literatur*, Berlin 1927, S. 177.

77 Treitschke, zit. nach Paul Nerrlich, *Herr von Treitschke und das Junge Deutschland*, Berlin 1890, S. 9.

78 In dem auch von Menzel zitierten Passus heißt es bei Liesching (a.a.O., S. 26): »Eine feindselige Sage aus dunkler Zeit erzählt, die Brunnen seyen vergiftet worden durch Juden ... die Lüge sollte wahr werden.« Schon Fries (a.a.O., S. 19) hatte davon gesprochen, »Das alte bekannte Geschrey gegen die Juden« zu »erneuern«.

79 Treitschke, a.a.O., S. 132 u. 167.

80 Ebd., S. 136; S. 164; S. 142; S. 164. Zum bloß »nachbildenden« Charakter« des »Juden« vgl. Hundt-Radowsky, a.a.O.: »Wir wollen es zugeben, daß ein Jude ein Gemälde von Raphael ... nachzubilden vermag: aber der

hohe, göttliche Geist, der es beseelt, wird es gänzlich verwischen ...«

81 Treitschke, a.a.O., S. 162 u. 180.

82 Vgl. dazu auch Liesching, a.a.O., S. 20: »Franzosen und Juden schüren an dem unheiligen Feuer, das unsere besten Säfte aufzehren, das stille Erbteil unserer inneren Nationalität, ein reines Gemüth vergiften ... soll.«

83 Treitschke, a.a.O., S. 215.

84 Vgl. Theodor Fritsch, *Antisemiten-Katechismus*, Leipzig 1893, S. 28: »In Heine kämpft ein auffälliger Zwiespalt. Es ist, als ob ein Stück germanischen Geistes in ihm zuweilen zu idealeren Höhen aufschwingen wollte – bis ihn plötzlich der Jude an den Beinen wieder in den Sumpf darniederzieht ...«

85 Treitschke, a.a.O., S. 143.

86 Vgl. Karpeles, *Heinrich Heine und seine Zeitgenossen*, Berlin 1888, S. 71 f.

87 Treitschke, a.a.O., S. 143 u. 215. Zu den »Adler«-Texten der beiden Dichter vgl. Treitschke, *Zehn Jahre Deutscher Kämpfe*, Berlin 1897, Bd. I, S. 302 ff., sowie K I, S. 441 u. 567.

88 Bei Mehring, a.a.O, S. 456, heißt es: »Diese Gedichte leben und werden leben, solange die Dichtung des hohen Amtes zu walten hat, die Sünder zu züchtigen, die, unerreichbar für irdische Gerechtigkeit, mit Pomp und Prunk in die Grube fahren.« Die entscheidende Frage nach dem »wie« der Texte fällt dabei aber aus. Treitschke beantwortet sie. Heine hat eine Form gefunden, sein »plebejisches« Publikum, die »Gassenbuben« und »Karnevals-Gecken«, zugleich anzusprechen und – sprechen zu lassen. Die soziale Sprengkraft dieser Verse ist die einer Form.

89 Treitschke, *Literatur*, S. 215.

90 Menzel, zit. nach Wendel, a.a.O., S. 168.

91 Treitschke, a.a.O., S. 215.

92 Treitschke, zit. nach Boehlich, a.a.O., S. 84 f.

93 Vgl. Massing, a.a.O., S. 36: »Ende der Siebziger Jahre schon mußte der Bismarcksche Staat in der sozialdemokratischen Partei seinen wichtigsten und gefährlichsten Gegner sehen.«

94 Adorno, a.a.O., S. 23.

95 Eugen Dühring, *Die Judenfrage*, Karlsruhe/Leipzig 1886, S. 59 f.

96 Johann Albert, *Heinrich Heine und der Antisemitismus*, Nossen 1892, S. 12.

97 Ebd., S. 10; S. 12; S. 33; S. 14.

98 Bölsche, a.a.O., S. 5.

99 Viktor Hehn, *Gedanken über Goethe*, Berlin 1887.

100 Zum »Schock« der ersten Interventionen Wagners und Treitschkes siehe Boehlich, a.a.O., S. 245 f.; Katz, *Wagner*, S. 9 f.; Ernest Newman, *The Life of Richard Wagner*, New York 1968, Bd. II, S. 218.
101 K VI, S. 189.
102 Hehn, a.a.O., S. 159.
103 Poliakov, a.a.O., S. 30.
104 Sartre, a.a.O., S. 120.
105 Hehn, a.a.O., S. 159 f.
106 Gilman, a.a.O., S. 76.
107 Poliakov, a.a.O., S. 45. Vgl. auch Trachtenberg, a.a.O., S. 61 u. 67.
108 Treitschke, a.a.O., S. 164.
109 Marr, a.a.O., S. 24.
110 Fritsch, a.a.O., S. 15 u. 18.
111 Wagner, »Modern«, a.a.O., S. 56.
112 Xanthippus (d. i. Franz Sandvoß), *Was dünket euch um Heine?*, Leipzig 1888, S. 96; S. 100 f.
113 Ebd., S. 53; S. 2 f. Dagegen gilt noch für Treitschke Heines Sprachgefühl als »fein« und »sicher«. Treitschke, a.a.O., S. 142.
114 Sandvoß, a.a.O., S. 87 ff.
115 Ebd., S. 80 u. 83.
116 Johann Wolfgang von Goethe, Gespräch mit Eckermann vom 9. 2. 1831, *Gedenkausgabe* (GDA) XXIV, Zürich 1950, S. 443. Hier S. 17.
117 Wagner, *Judenthum*, a.a.O., *passim*.
118 Das heißt: Schändung. Durch das Nennen im Zusammenhang mit Heine wird das nationale Heiligtum Goethe vom »Juden« berührt und damit befleckt. Wagner (ebd., S. 23) spricht vom widerlichen Eindruck eines Goethe-Gedichts im jüdischen Jargon. Für den späteren Antisemitismus ist Heines gesamtes Werk jedoch nichts anderes als ein solches Gedicht. Es sei daran erinnert, daß es Heine selber gewesen ist, der, nach seinem wenig erfreulichen Empfang bei Goethe, als erstes formulierte: »Wolfgang Göthe mag immerhin das Völkerrecht der Geister verletzen; er kann doch nicht verhindern daß sein großer Namen einst gar oft zusammen genannt wird mit dem Namen – H. Heine.« Damit spricht der deutsche Dichter Heine freilich seinen Anspruch auf Anerkennung, aber damit spricht der jüdische Dichter Heine zugleich seinen Anspruch auf »Aufnahme« aus. Brief an Varnagen vom 30. 10. 1827, *HSA* XX, S. 304. Dagegen Sandvoß, a.a.O., S. 7 u. 25.
119 Sterling, a.a.O., S. 141; Massing, a.a.O., S. 103; Katz, a.a.O., S. 269; Gilman, a.a.O., S. 212.

120 Adolf Bartels, *Heine: Auch ein Denkmal*, Dresden 1906.
121 Bartels, *Heine-Genossen*, Dresden/Leipzig 1907, S. 52.
122 Bartels, *Denkmal*, S. 259.
123 Ebd., S. 371.
124 Massing, a.a.O., S. 118 u. 224 f.
125 Marr, a.a.O., S. 28 u. 34.
126 Sartre, a.a.O., S. 130 u. 176.
127 Fritsche, a.a.O., S. 19 u. 13.
128 Treitschke, a.a.O., S. 162.
129 Bartels, a.a.O., Kap. I, S. 1-84. Das gleiche in gedrängter Form, Bartels, *Geschichte der deutschen Literatur*, Leipzig 1924, S. 359 ff.
130 Bartels, *Denkmal*, S. 86.
131 Ebd., S. 137.
132 Bartels, *Geschichte*, S. 366. Bereits in der Erstausgabe des Werkes (Leipzig 1905) registrierte Bartels Heines »Willkür« im Umgang mit »Naturbildern« (S. 145). »Alles fließt«: beunruhigt zitiert der Antisemit diese Definition der Modernität durch den Heine-Verehrer Bölsche; und kontert mit »alles bleibt«. Die Gewähr hierfür bietet die Natur, die »Mutter Erde«, die »da ... besteht« (S. 150).
133 *Im Oktober 1849*, K II, S. 119 ff.
134 Bartels, *Denkmal*, S. 284.
135 Ebd., S. 371.
136 Katz, a.a.O., S. 320 f.; vgl. auch Trachtenberg, a.a.O., S. 110. Zum Aspekt der Mimikry beim »Juden« schreibt Gay, a.a.O., S. 19: »He was the most insidious enemy because he was the most insinuating.«
137 Sartre, a.a.O., S. 123.
138 Bartels, a.a.O., S. 283 f.
139 Sterling, a.a.O., S. 29; Mosse, a.a.O., S. 60; Rürup, a.a.O., S. 100; Stern, a.a.O., S. 142 f.
140 K VI, S. 431 f. u. 433 f.
141 Marr, *Goldene Ratten und rote Mäuse*, Chemnitz 1881, S. 29.
142 Sterling, a.a.O., S. 150 f.; Mosse, a.a.O., S. 48; Rürup, a.a.O., S. 109.
143 *Anno 1839*, K I, S. 287.
144 Gide »zitiert einen Satz des Seefahrers Bougaineville: ›Als wir die Insel verließen, gaben wir ihr den Namen ›Ile du Salut‹. Und daran schließt er den wundervollen Satz: ›C'est n'est que en quittant une chose que nous la nommons.‹« Benjamin, *GS* IV, S. 502.
145 K VII, S. 408.
146 Massing, a.a.O., S. 101 und *passim*.
147 Sartre, a.a.O., S. 145.
148 Harry Maync, »Adolf Bartels als Literarhistoriker«,

Deutsche Literaturzeitung 28 (1907), Sp. 1285 ff. u. 1349 ff., hier Sp. 1290 u. 1294.

149 Wilhelm Scherer, *Geschichte der deutschen Literatur*, Berlin 1884, S. 664.

150 Zu dieser Defensive vgl. Peter Uwe Hohendahl, »Erzwungene Harmonie. Bürgerliche Heine-Feiern«, in: Reinhold Grimm/Jost Hermand (Hrsg.), *Deutsche Feiern*, Wiesbaden 1977, S. 123 ff.

151 Zit. nach Bartels, *Heine-Genossen*, S. 52.

152 Max Nietzki, *Heinrich Heine als Dichter und Mensch*, Berlin 1895, S. 43.

153 K I, S. 438 f.

154 Ebd., S. 432 f.

155 Zit. nach Schmohl, a.a.O., S. 51.

156 Vgl. Georg Lukács, *Die Zerstörung der Vernunft*, *Werke* 9, Neuwied/Berlin 1962, S. 44 ff. Zur deutschen Staatbildung »ohne Staatsidee« vgl. auch Helmuth Plessner, *Das Schicksal deutschen Geistes im Ausgang seiner bürgerlichen Epoche*, Zürich/Leipzig 1935, bes. S. 22.

157 Lukács, a.a.O., S. 313; vgl. auch Mosse, *Crisis*, sowie Stern, a.a.O., *passim*. Einen guten Überblick über damalige Ideologeme gibt der einführende epochengeschichtliche Umriß bei Richard Hamann/Jost Hermand, *Stilkunst um 1900*, München 1973, S. 7 ff. Plessner, a.a.O., S. 48, spricht davon, daß »Deutschlands Halt noch vor . . . und unter der Geschichte« gesucht wurde.

158 Mosse, *Germans*, S. 60. Vgl. auch Katz, *Prejudice*, S. 320, sowie Mosse, *Crisis*, S. 134.

159 Oelsner zit. nach Günter Oesterle, *Integration und Konflikt*, Stuttgart 1972, S. 8. Zur »Schmähung« siehe Adolf Strodtmann, *Heines Leben und Werke*, Hamburg 1867, S. VI.

160 Vgl. Mosse, *Germans*, S. 9 u. 20; *Crisis*, S. 126 ff.; Hamann/Hermand, a.a.O., S. 63 u. 68; Lukács, a.a.O., S. 327 u. 514.

161 Habermas, »Heinrich Heine und die Rolle des Intellektuellen in Deutschland«, *Merkur* 40 (1986), H. 6., S. 453 ff., hier S. 455 f. Dazu auch Dietz Bering, *Die Intellektuellen*, Stuttgart 1978, S. 48 f.

162 Stern, a.a.O., S. 277.

163 Bartels, *Geschichte* (1905), S. 146.

164 Erich Mayser, *Heinrich Heines »Buch der Lieder« im 19. Jahrhundert*, Stuttgart 1978, S. 224.

165 Vgl. Houben, *Der polizeiwidrige Goethe*, Berlin 1932.

166 Vgl. G. G. Gervinus, *Geschichte der poetischen Nationalliteratur der Deutschen*, Leipzig 1844, Bd. V, S. 131; Ro-

bert Prutz, *Die politische Poesie der Deutschen*, Leipzig 1845, S. 448 ff.

167 Vgl. Goethe, a.a.O., S. 578. Zu welchem unbefangenen Umgang mit Goethe man im Vormärz noch fähig war, zeigt der folgende Passus aus Börnes *Briefen aus Paris.* Goethe kritisiert den schwammigen Freiheitsenthusiasmus eines jungen Griechen; dagegen wartet Börne, im Vorgriff auf die Methode des »strafenden« Zitats, mit folgender Kostprobe Goethescher Genauigkeit auf: »Hierauf ward mir das unerwartete Glück, Ihro des Großfürsten Nikolaus und Gemahlin Alexandra Kaiserliche Hoheit im Geleit unserer gnädigsten Herrschaften bei mir im Haus und Garten zu verehren. Der Frau Großfürstin Kaiserliche Hoheit vergönnten einige poetische Zeilen in das zierliche Album verehrend einzuzeichnen.« Dazu Börne: »Welche Jugendkraft!« Börne, *Schriften* III, S. 301.

168 Vgl. Bernd Peschken, *Versuch einer germanistischen Ideologiekritik*, Stuttgart 1972, S. 128 u. *passim.*

169 Gervinus, a.a.O.

170 Man vergleiche damit den aggressiven, »modernen« und »disharmonischen« Standpunkt Heines, wo er, im Gegensatz zum harmonischen »Ganzheitdichter«, die eigene Poetik entwirft: er spricht davon, daß »die Welt selbst mitten entzweigerissen ist«, und will als Dichter »keine katholische Harmonie der Gefühle« erlügen, sondern »vielmehr, jakobinisch, die Gefühle zerschneiden, der Wahrheit wegen.« K III, S. 286 u. 592. In der Goethe-Verehrung des Kaiserreichs wurde eine Poetik zur Norm erhoben, die mit dem ersten Auftreten Heines bereits hinfällig geworden war.

171 Benjamin, *GS* II, S. 717; Lukács, a.a.O., S. 51.

172 Lukács, a.a.O., S. 44 u. 64.

173 Brandes, a.a.O., S. 419.

174 Ludolf Wienbarg, *Wanderungen durch den Thierkreis*, Hamburg 1835, S. 147 f. Vgl. auch die »Quetschenbäume«-Kritik, K V, S. 388 ff.

175 Vgl. Theodore Hamerow, *Restauration, Revolution, and Reaction in Germany*, Princeton 1958, S. 227; Lukács, a.a.O., S. 215 u. 324.

176 Hehn, a.a.O., S. 156 f.

177 So in der posthumen Ausgabe von Hehns 1848er Vorlesungen, *Über Goethes Gedichte*, Stuttgart/Berlin 1911, S. 335. Zu Hehns politischer Entwicklung siehe die Biographie Theodor Schiemanns, *Viktor Hehn. Ein Lebensbild*, Stuttgart 1894. Dort (S. 83) heißt es, daß der junge Hehn für das revolutionäre Frankreich und die *»egalité«* noch geschwärmt habe, »wie alles, was damals in Deutsch-

land jung und liberal war«. Dies seien jedoch »lauter Dinge, über die er in späteren Jahren vornehm hinwegsah«, und zwar so gründlich, daß Hehn mit zunehmendem Alter sich zu einem rabiaten Antisemiten entwickelte (S. 208 ff.). Der Literarhistoriker machte damit eine Entwicklung durch, die der weit spektakuläreren Laufbahn Richard Wagners in den Grundzügen ähnelt.

178 So berichtet Schiemann von Hehns Idealvorstellung des Deutschtums, die dem Literarhistoriker »in Goethe zu vollkommenen dichterischen und humanen, in Kaiser Wilhelm und Bismarck zu höchstem politischen Ausdruck ausgereift ... schien.« Schiemann, a.a.O., S. VI. Die Liebe zum »Organischen« umfaßt beide, Goethe und die Hohenzollern.

Man beachte in diesem Zusammenhang auch die Funktion des »Organischen« bei einem Bartels. In dem Aufsatz »Deutsche Kultur und Sozialdemokratie« (*Rasse*, Hamburg 1909, S. 31 ff.) heißt es, daß, weil die Sozialdemokratie mit allen gewachsenen Gebilden der deutschen Geschichte brechen wolle, »der Anbruch der sozialistischen Herrschaft« zwangsläufig nur das »Ende der deutschen Kultur« (S. 35) sowie »die Herrschaft des Judentums in Permanenz« (S. 32) bedeuten könne. Um die Sozialdemokratie ihres »jüdischen« Charakters vollends zu überführen, kann Bartels mit einem kleinen Triumph des Augenscheins aufwarten (S. 37): »Ihr Leibdichter ist auch der Jude Heine.«

179 Bei Hehn heißt es (*Gedanken*, S. 162): »Gleichzeitig mit Heine und Börne, diesen zwei klugen und boshaften ... Gnomen.« Gnomen? Etwas an dieser protestierenden Heftigkeit läßt stutzig werden. Adorno berichtet (a.a.O., S. 21 f.), daß bei Wagners *dramatis personae* sowohl die »Zurückgewiesenen« wie auch die abstoßenden Zwerggestalten unwillkürlich all jene Eigenschaften annahmen – einschließlich der »jüdischen« –, die Wagner aus dem eigenen Selbstbild austreiben wollte. So erscheint bei Hehn der revolutionäre Impetus des Vormärz, personifiziert durch »Heine und Börne«, auch in kompensierender Mißgestalt, um einen verwandten Prozeß des »Austreibens« zu erleichtern.

180 Gestalt des Unsagbaren? Die Aufnahme der *Schloßlegende* 1986 in die Heine-Sakulärausgabe (HSA III, S. 207) füllte eine Lücke der ›offiziellen‹ Überlieferung, die ein gutes Jahrhundert zurückreichte. Dem Verfasser der vorliegenden Arbeit ist es kaum anders ergangen als dem Mitarbeiter der *Frankfurter Zeitung* im Jahre 1913, der alle erdenkliche Mühe hatte, die authentische Fassung

des Gedichts in einer Ausgabe von Heines Werken aufzustöbern. Lediglich Briegleb bringt sie in seiner Ausgabe von Heines Schriften, nicht ohne den Hinweis auf die »wechselvolle Druck- und Rezeptionsgeschichte«. Die ursprüngliche Version des Gedichts – Püttmann druckte sie 1847 in den *Pariser Horen* – sollte den ›Flugschrift‹- Charakter behalten. Sie ist nämlich seit 1880 in fast allen Heine-Ausgaben nicht mehr vorhanden. In diesem Jahr ging – wohl im Zusammenhang mit dem Sozialistengesetz – vom Berliner Polizei-Präsidium eine Jagd auf das Gedicht aus, die zur Ausmerzung des Textes aus allen lieferbaren Ausgaben des Verlages Hoffmann und Campe führte. Auch Elster hat ihn, wohl mit Rücksicht auf die preußische Zensur, in seiner Ausgabe unterdrückt. »Materialität« der Literatur: den Weg in die ›offizielle‹ textliche Überlieferung hat das Gedicht dann kaum mehr gefunden, außer in einer verstümmelten Form, als *Welsche Sage*, wo in der Tat der Austausch »Berlins« gegen »Turin« und des »Preußenkönigs« gegen einen »Sardenkönig« den Text nicht nur um seine Brisanz und »Pointe«, sondern auch um sein innerstes Formgesetz brachte. Durch diesen »Schnitt ins Fleisch« der Überlieferung wurde ein Text von überragender wirkungsgeschichtlicher Bedeutung – auch er wurde beispielsweise im Revolutionsjahr 1848 sowie später gegen die Stöckersche Agitation eingesetzt – schlichtweg aus der Diskussion wegeskamotiert, der Nachwelt vorenthalten. Nicht nur Bücher, auch einzelne Gedichte dieses Autors haben, wie es scheint, ihr eigenes Schicksal; somit bildet aber die »Geschichte« dieses Gedichts, neben der der *Schlesischen Weber* und der *Lorelei*, eines der faszinierendsten mikrologischen Kapitel der Rezeption Heines. Vgl. »Die korrigierte ›Schloßlegende‹«, »Die anstößige ›Schloßlegende‹«, »Die Heine-Herausgeber und die ›Schloßlegende‹«, *Frankfurter Zeitung* vom 8., 12., 15. 11. 1913; »Schloßlegende und Sozialistengesetz«, »Nochmals Schloßlegende und Sozialistengesetz«, *Vorwärts* 117 u. 131, 1920; Houben, *Verbotene Literatur*, S. 427 ff.; B VI/1, S. 270 u. VI/2, S. 83.

181 Vgl. auch die Darstellung Houbens im gleichnamigen Werk, a.a.O., S. 427 f.

182 Vgl. K IV, S. 288 f., sowie die Erläuterungen *DHA* XI, S. 781.

183 Houben, a.a.O., S. 428.

184 K II, S. 119 ff.

185 Lukács, a.a.O., S. 578.

186 Vgl. K VII, S. 294: »Aber unsere Nationalisten, soge-

nannte Patrioten, die nur Rasse und Vollblut und dergleichen Roßkammgedanken im Kopfe tragen ...«

187 K II, S. 387 f.

188 Lukács, a.a.O., S. 610; Plessner, a.a.O., S. 135. Hamann/Hermand, a.a.O., S. 75, zitieren die für den Geist der Zeit eigentümlich bekennzeichnende Wortprägung »Theozoologie«.

189 Zum Begriff der Frivolität vgl. Oesterle, a.a.O., S. 91 ff.

190 So wird das Gedicht vom Politischen so sehr aufgesogen, daß seine Existenz als »Kulturgut«, als Gegenstand kontemplativer Betrachtung gleichsam aufgehoben wird. Ab 1880 für die ›offizielle‹ textliche Überlieferung kaum noch existent, wird der Text in der ›Flugschrift‹-Form immer weitergegeben, und zwar nicht nur von sozialdemokratischer Seite, sondern auch von den Heine-Gegnern. In deren Hetzschriften, die dem Text den Untergang wünschen, wird er vor dem »Untergehen« bewahrt durch die vollständige und authentische Wiedergabe – als Beweis von Heines ›Schmach‹, aber auch als Beweis der Macht, die der Lyriker über seine Widersacher ausübt, indem seine Texte sie wiederholt in ihren Bann schlagen. Gleichsam »klassische«, zur Historie geronnene Beispiele dieses »bekennenden« Zitierens der Flug- und Hetzschriften findet man bei Mehring, a.a.O., S. 480, wie bei Treitschke, a.a.O., S. 215.

191 Einheit von Imagination und Apperzeption, von »Abwehr« und »Geständnis«: in Zusammenhang mit der »Nachttopf«-Szene und der *Schloßlegende* heißt es dann bei Treitschke (a.a.O., S. 215), »aber einen Hamm, der seines Vaters Scham entblößt, kennen nur die Sagen der Orientalen«. In dem Moment, wo Heines Kritik ins »Orientalische« abgedrängt wird, darf vom Preußen-Konvertiten Treitschke die Wahrheit über Deutschlands autoritäre Einigung ausgesprochen werden: es ist die »Scham«.

192 Ernst Elster, Einleitung zu Heinrich Heine, *Sämtliche Werke,* Leipzig/Wien 1890, S. 70 f.

193 Bei Sandvoß ertönt die Innerlichkeit als »Feldgeschrei«: »Hie Goethe – hie Heine!« Sandvoß, a.a.O., S. 26. Zu Heines Diskurs als »jüdischem« vgl. auch Mosse, *Crisis,* S. 28 f., sowie *Germans,* S. 53 ff.; dazu auch Habermas, a.a.O.

194 Hamann/Hermand, a.a.O., S. 71.

195 Zur seelischen Ökonomie des Kaiserreichs vgl. Hans-Ulrich Wehler, *Das deutsche Kaiserreich,* Göttingen 1973, S. 133 ff.

196 Zu Wagners Verdrängung Heines vgl. Karl Richter, »Heinrich Heine in Richard Wagners autobiographischen Schrif-

ten und in den Tagebüchern Cosima Wagners«, *HJB* 18 (1979), S. 209 ff.; auch abgedruckt in *Musik-Konzepte*, S. 5 ff. Zur politischen Entwicklung des Komponisten siehe Hans Mayer, *Anmerkungen zu Richard Wagner*, Frankfurt a. M. 1966, bes. S. 19; dazu auch Lukács, a.a.O., S. 173. Zu Vergessens- und Erinnerungstränken vgl. Hans Mayer, *Richard Wagner*, Stuttgart/Zürich 1978, S. 165.

197 Hehn, *Gedichte*, S. 334 ff.

198 Treitschke, a.a.O., S. 143.

199 K VI, S. 23.

200 Brockhaus 1833, zit. nach Hölderlin, *Werke* VII/4, S. 272.

201 Zit. nach Houben, *Goethe*, a.a.O., S. 22.

202 Houben, a.a.O., S. 500.

202 Mehring, a.a.O., S. 500.

203 Ebd., S. 464.

204 Brief an Laube vom 31. 12. 1842, *HSA* XXII, S. 42.

205 F. Werner, *Fort mit der Schmach eines öffentlichen Heine-Denkmals!*, Leipzig 1913, S. 66.

206 Ebd., S. 84.

207 Gerade Werners Schrift zeigt auch die Nähe der Deutsch-Nationalen zur politischen Strategie des organisierten Antisemitismus. 1933 erreichte der Autor sein Ziel: die Beseitigung des Frankfurter Heine-Denkmals. Vgl. Josef Wulf, *Literatur und Dichtung im Dritten Reich*, Gütersloh 1963, S. 40.

208 Christian Petzet, *Die Blütezeit der deutschen politischen Lyrik*, München 1903. Es fällt heute schwer, die Konnotation des Schreckens mitzudenken, die die Bezeichnung ›sozialdemokratisch‹ damals noch mit sich führte. Aber die Verwandlung, die der Alt-Liberale Ludwig Bamberger bereits 1898 bei seinen sozialdemokratischen Parlamentskollegen feststellte, hatte sich wohl noch nicht überall herumgesprochen: »Wer den Reichstag gekannt hat zur Zeit, wo die Bestien Hasselmann, Most und Konsorten in seinen Räumen wüteten, erkennt nicht mehr ihre Nachfolger in den Abgeordneten, welche als Berichterstatter oder als Vorsitzende von Kommissionen friedlich und gemütlich mit den anderen Kollegen zu kleinen Verbesserungen oder Verschlechterungen des bürgerlichen Lebens mitreden ...« Zit. nach Massing, a.a.O., S. 205.

209 Elster, a.a.O., S. 119.

210 Zu Dilthey und Goedeke vgl. auch Brummack, a.a.O., S. 320 ff.

211 Zit. nach Houben, *Verbotene Literatur*, a.a.O., S. 416.

212 Vgl. Wilhelm Dilthey, *Das Erlebnis und die Dichtung*, Berlin 1905.

213 Dilthey, »Heinrich Heine«, *Gesammelte Schriften* XV,

Göttingen 1970, S. 205 ff. Dazu Peschken, a.a.O., S. 165.

214 Peschken, a.a.O., S. 56; S. 128; S. 67; S. 64.

215 Ebd., S. 166: »Heine ist das literaturgeschichtliche Opfer, das Dilthey . . . dem Reichsgeschichtsbild darbringt.« Hohendahl beschreibt die politische Saturiertheit des damaligen Bürgertums und die mit ihr einhergehende Einengung des politisch-ästhetischen Horizonts wie folgt: »Das Bürgertum hat auf seine politische Phantasie verzichtet.« – »Vom Dichter wird ein positiver Beitrag zum Weltbild der neuen Gesellschaft erwartet.« Und er zitiert einen Heine-Gedenkaufsatz Otto Harnacks: »Wir glauben nicht mehr an die Möglichkeit, historisch gewordene bestehende Mächte, wie Staat oder Kirche, spottend oder spielend umzuwerfen. Und auch der Begriff ›Revolution‹ hat für uns seine faszinierende Gewalt verloren, weil wir immer zunächst fragen, was denn Positives auf die Revolution folgen, aus ihr entstehen würde? Und bei unserer Schätzung des Tatsächlichen, Bestehenden sind wir im Grunde überzeugt, daß es im wesentlichen doch wieder dasselbe Gewohnte, nur in verändertem Gewand sein würde.« Hohendahl, a.a.O., S. 134; siehe auch Otto Harnack, *Aufsätze und Vorträge*, Tübingen 1911, S. 233.

216 Peschken, a.a.O., S. 143.

217 Dilthey, a.a.O., S. 244. Peschken, a.a.O., S. 167 u. 169.

218 Dilthey, a.a.O., S. 255 u. 27.

219 Ebd., S. 277, 220 u. 211. Vgl. auch Hohendahl, a.a.O., S. 128.

220 Dilthey, a.a.O., S. 205; S. 214; S. 225.

221 Katz, *Wagner*, S. 32.

222 Dilthey, a.a.O., S. 244. Vgl. auch Peschken, a.a.O., S. 170.

223 Goedeke entstammte jener provinziellen Handwerker- und Kleinbürgerschicht, in der auch der deutsche Antisemitismus seine erste Massenbasis fand. Zur Biographie siehe Paul Alpers, *Karl Goedeke. Sein Leben und sein Werk*, Bremen 1949.

224 Vgl. Karl Goedeke (Hrsg.), *Deutschlands Dichter von 1813 bis 1843*, Hannover 1844, S. 43 ff.; *Elf Bücher deutscher Dichtung*, Leipzig 1849, S. 471 ff.

225 Goedeke, *Grundriß zur Geschichte der deutschen Dichtung*, Dresden 1884 ff., Buch VIII, S. 526 ff., hier S. 526 u. 528.

226 Goedeke war gemäßigter Demokrat; sein politisches Ideal die konstitutionelle Monarchie. So war er als Politiker der Autor des unglücklichen Einfalls des Frankfurter Parlaments, dem preußischen König die deutsche Krone anzubieten. Auch weiß sein Biograph Alpers zu berichten, wie sehr »die Hetzereien der Radikalen« 1848 dem Politiker Goedeke zu schaffen gemacht hätten; hat der Literarhisto-

riker deshalb so gereizt reagiert, als in Gestalt von Heines Œuvre jene »Hetzereien« ihm in der Literatur erneut entgegenschlugen? Siehe Alpers, a.a.O., S. 84.

227 Goedeke, a.a.O., S. 528; S. 538; S. 536. Füllner nennt die Frivolität die einzige Kategorie der Heine-Wertung, für die er bei seiner Untersuchung keine »positive Stimme« gefunden habe. Wohl: denn in ihr fallen Heines ästhetische und politische Provokation zusammen. Vgl. Bernd Füllner, *Heinrich Heine in deutschen Literaturgeschichten*, Frankfurt a. M. 1982, S. 273.

228 Goedeke, a.a.O., S. 526; S. 536; S. 526; S. 535.

229 Pfizer, a.a.O., S. 216. Dazu Kircher, a.a.O., S. 134 ff. und Katz, *Prejudice*, S. 192 ff. Heine selber schrieb in seinen *Memoiren* von der Reaktion seiner Mitschüler auf die Mitteilung seiner jüdischen Herkunft: »Kaum hatte ich diese Mitteilung gemacht, als sie von Mund zu Mund flog, in allen Tonarten wiederholt ward, *mit Begleitung von nachgeäfften Tierstimmen* ...« K VII, S. 206.

230 Goedeke, a.a.O., Buch IV, S. 160; Buch VIII, S. 512.

231 Katz, *Wagner*, S. 30.

232 Goedeke, Buch VIII, S. 541. Diesen Flankenschutz der »Schmähung« durch die Autorität des Goedekeschen Lexikons haben die »Heine-Fresser« dann dankbar angenommen. Vgl. Bartels, *Geschichte* (1924), S. 260; F. Werner, a.a.O., S. 6.

233 Sandvoß, »Heinrich Heine«, *Vossische Zeitung*, Nr. 35.-40., 1868, S. 151.

234 Nietzki, a.a.O., S. 156.

235 Houben, a.a.O., S. 194.

236 Lukács, a.a.O., S. 46.

237 Maync, a.a.O., Sp. 1292.

238 Zum Charakter des damaligen ›liberalen‹ Heine-Bildes als »Fälschung« vgl. Hohendahl, a,a.O., S. 130. In der Tat wird der Status Heines im damaligen Bildungskanon zum Gegenstand einer doppelten Aushöhlung; von seiten seiner Gegner wie von seiten seiner Fürsprecher, die meinten, nur unter Preisgabe der Dissonanz und des sozialpolitischen Gehalts den Dichter verteidigen zu können. So gewinnt die bürgerliche Heine-Verehrung im Kaiserreich etwas Gespenstisches; die ideale Anerkennung wird vom politischen Körper nicht mitgetragen: »Unter sorgfältiger Zurückhaltung jedes offiziellen Gepräges fand heute im Kaisersaale der städtischen Turnhalle die Heine-Gedenkfeier statt in Gestalt eines zahmen ›Lieder-Abends‹, bei welchem nur Lieder von Schubert, Schumann, Mendelssohn und Liszt zur Aufführung kamen. Die Feier hatte sich um acht Tage verspätet, weil der Saal nicht eher

zu bekommen war. Am Säkulartage selbst herrschte in Düsseldorf über allen Wipfeln Ruhe und Scheu. Das Stadttheater, welches eine Heine-Feier ursprünglich geplant hatte, war von seiten des Vorsitzenden des Theaterkomitees mit einer Verbeugung nach maßgeblichen Tendenzen zur Unterlassung einer solchen angewiesen worden.« Zeitungsbericht vom 20. 12. 1899. Zit. nach Hohendahl, a.a.O., S. 132. Zur ›Fälschung‹ Heines vgl. auch Günther Häntzschel, »Ein endornter Heine«, *HJB* 21 (1982), S. 89 ff.

239 Sartre, a.a.O., S. 109. Zum Antisemitismus als Leidenschaft vgl. auch Trachtenberg, a.a.O., S. 2; Katz, *Prejudice*, S. 8.

241 Wulf, a. a. O., S. 175.

242 Ebd., S. 410.

243 Wolfgang Lutz, »Schluß mit Heinrich Heine«, *Nationalsozialistische Monatshefte* 7(1936), S. 792 ff., hier S. 799.

244 Bartels, *Denkmal*, S. 371.

245 Lutz, a.a.O., S. 799.

246 Ebd., S. 798. Auch Mayer, a.a.O., S. 216, macht auf den ideologischen Hintergrund dieser ästhetischen Kategorie aufmerksam.

247 Wulf, a.a.O., S. 413.

248 So zum Beispiel in dem *Lorelei*-Gedicht, wo die reflektierende Distanz des dichterischen Ich zu den mythischen und destruktiven Naturgewalten der Fabel von der völkischen Kritik wie Majestätsbeleidigung geahndet wird. Vgl. Bartels, *Denkmal*, S. 100, sowie Wulf, a.a.O.

249 Wulf, a.a.O., S. 412.

250 K I, S. 433.

251 Vgl. Oesterle, a.a.O., S. 94. Houben, a.a.O., S. 390, zitiert ein Protokoll des Preußischen Oberzensur Collegiums, Heine habe »das Heiligste verspottet, die Religion angegriffen, *die Fürsten herabgesetzt* ...«.

252 Man denke an das Fazit des letzten deutschen Kaisers: »Die Kirche hat versagt.« (Zit. nach Lukács, a.a.O., S. 606). Sie hat nämlich darin versagt, die bestehenden Herrschaftsverhältnisse noch in der Modernität mit dem Schutz eines »heiligen Schauers« ausstatten zu können. Der Faschismus sucht in seinem Führer-, Nation- und Rassenkult die noch wirksame Form des »Schauers«.

253 Wulf, a.a.O., S. 412.

254 Ebd., S. 416.

255 Lutz, a.a.O., S. 796.

256 Wulf, a.a.O., S. 411.

257 Ebd., S. 416.

258 Ebd., S. 413.

259 Hermann Pongs, »Neue Aufgaben der Literaturwissenschaft«, *Volk und Dichtung* 38 (1937), S. 274 ff.

260 Ebd., S. 275 f.

261 Es ist interessant, diese Kritik mit jenem Brief des jungen Heine zu vergleichen, in dem er das Programm einer künftigen demokratischen Poesie entwirft. Hier hatte Heine davon gesprochen, »wie man aus den alten, vorhandenen Volksliedformen neue Formen bilden kann, die ebenfalls volkstümlich sind, ohne daß man nötig hat, die alten Sprachholperigkeiten und Unbeholfenheiten nachzuahmen.« Gerade dies wird Heine hier von seinem Widersacher bescheinigt. Brief an Müller vom 7. 6. 1826, *HSA* XX, S. 250.

262 Pongs, a.a.O., S. 276.

263 Ebd., S. 277. Zum Proletarier und »Juden« als Verkörperungen entwurzelter, uneigentlicher Existenzformen vgl. auch Mosse, *Crisis*, S. 27.

264 Pongs (a.a.O.) macht auch überdeutlich, worin im Gegensatz zur falschen Existenzweise der »Masse« der Kult des »Organischen« mündete: »Der Ausbruch des Weltkriegs hat mit der Wucht eines Urstoßes die Grundkräfte freigelegt, die im Volke liegen. Volk, das ist der Mensch im gewachsenen Gefüge. Gehört es zum Wesen der Masse, daß ihr das Bewußtsein des Gefüges verschwunden ist, so wird die heilige Dauer des allverpflichtenden Gefüges dem Menschen nirgends stärker ins Bewußtsein eingedrückt als wenn Volk in Krieg gerät und auf Leben und Tod um die Existenz kämpfen muß. Das Blutopfer, das von jedem gefordert wird, macht ihm das Volksgefüge als eine unbedingte Macht bewußt, der geopfert werden muß.« Geschichte wird Natur, Natur Mythos, und Mythos – Opfer.

265 Adorno, a.a.O., S. 25.

266 K VI, S. 509 ff.

267 *Jewish Encyclopedia*, Jerusalem 1971, Bd. 8, S. 275.

268 Schmohl, a.a.O., S. 29.

269 Benjamin, *GS* I, S. 695.

270 Walther Killy, zit. nach Hotz, a.a.O., S. 26.

271 Schmohl, a.a.O., S. 2.

272 Martin Greiner, *Zwischen Biedermeier und Bourgeoisie*, Göttingen 1953, S. 279.

273 Vgl. Hermand, *Streitobjekt*, S. 26.

274 Eva D. Becker, »Heinrich Heine. Ein Forschungsbericht«, *Der Deutschunterricht* 18 (1966), Beilage zu H. 4, S. 3.

275 Hermand, a.a.O., S. 29.

276 Vgl. Wulf, a.a.O., S. 454 f.

277 Killy, *Wandlungen*, S. 94.

278 Gerhard Storz, *Heinrich Heines lyrische Dichtung*, Stuttgart 1971, S. 253, sowie Friedrich Sieburg, *Zur Literatur*, Stuttgart 1981, S. 460. Sieburgs damals einflußreicher

Heine-Aufsatz erschien zuerst in: *Jahresring* 3 (1956), S. 56 ff.

279 Killy, a.a.O.

280 Sieburg, a.a.O., S. 462.

281 Sieburg, a.a.O., S. 461 f.

282 Storz, a.a.O., S. 258.

283 Sartre, a.a.O., S. 168. Vgl. auch Gilman, a.a.O., S. 211, 223 u. 230.

284 So schreibt zum Beispiel Maync noch 1907, daß Bartels und Viktor Hehn die ersten gewesen seien, die Heines »Dichterwert« bestritten hätten. Maync, a.a.O., Sp. 1288.

III. Kapitel

1 Helmut Heißenbüttel, *Von fliegenden Fröschen . . .*, Stuttgart 1982, S. 75.

2 Hugo Huppert, »Heine im Pantheon der Sowjetkultur«, *Neue deutsche Literatur* 4 (1956), Heft 2, S. 38. Vgl. auch die Darstellung Hans-Georg Werners, »Zur Wirkung von Heines literarischem Werk«, *IWK*, S. 190 ff., wo der Autor (S. 205) Kraus' Heine-Urteil zwar ablehnt, dem Kritiker jedoch bescheinigt, »Problematisches in Heines Dichtung« deutlich gemacht zu haben.

3 Greiner, a.a.O., S. 279 u. 284.

4 Vgl. Hermand, a.a.O., S. 26.

5 Benjamin, *GS* I, S. 696.

6 Ich denke dabei vor allem an die beiden grundlegenden Arbeiten: Mechthild Borries, *Ein Angriff auf Heinrich Heine*, München 1971, sowie Alfred Pfabigan, *Karl Kraus und der Sozialismus*, Wien 1976.

7 Theodor Lessing, *Der jüdische Selbsthaß*, München 1984, S. 43. Vgl. auch Gilman, a.a.O., insbesondere S. 233 ff. Freilich bleibt die Frage von Kraus' Verhältnis zum Judentum für die Forschung kontrovers. Eine Übersicht über die ältere Literatur zum Thema bietet Sigmund Paul Schleichls *Bibliographie Karl Kraus*, München 1975, S. 58 f. Dazu neuerdings auch Ritchie Robertson, »The Problem of ›Jewish Self-Hatred‹ in Herzl, Kraus and Kafka«, *Oxford German Studies* 16 (1985), S. 81 ff. Bestätigung erfahren hat die hier vertretene Ansicht durch Nike Wagner, »Incognito ergo sum: Zur jüdischen Frage bei Karl Kraus«, *Literatur und Kritik* 22 (1987), S. 387 ff.

8 Peter Loewenberg, »Antisemitismus und jüdischer Selbst-

haß«, in: Reinhard Rürup (Hrsg.), *Antisemitismus und Judentum, Geschichte und Gesellschaft*, Bd. V (1979), Heft 4, S. 455 ff., hier S. 456.

9 Gilman, a.a.O., S. 1 ff.

10 Hans-Dieter Hellige, »Generationskonflikt, Selbsthaß und die Entstehung antikapitalistischer Positionen im Judentum«, *Geschichte und Gesellschaft*, S. 476 ff., hier S. 500.

11 Arthur Schnitzler, *Jugend in Wien*, Wien 1968, S. 328 f. Vgl. auch die Passagen S. 77, S. 156 ff., S. 251 u. S. 329. Beispielhaft dargelegt wird die Problematik des Antisemitismus anhand der Biographie eines anderen Schriftstellers der Epoche von Christoph Stölzl, *Kafkas böses Böhmen: Zur Sozialgeschichte eines Prager Juden*, München 1975.

12 Lessing, a.a.O., S. 17.

13 Fredric Jameson, *The Political Unconscious*, Ithaca 1981, S. 26. Es ist wenig Zweifel, daß wir es auch in Kraus' Heine-Polemik mit einem Vorgang im Bereich des »politischen Unbewußten« zu tun haben.

14 Die zentralen Texte der Kraus'schen Heine-Polemik sind: *Heine und die Folgen*, (*HuF*), W. VIII, S. 188 ff.; dazu das Textpaar *Die Feinde Goethe und Heine* und *Die Freunde Rothschild und Heine*, F. 406-412, S. 52 ff. Wichtige Passagen zur Sprachkritik befinden sich in den Aufsätzen *Von Humor und Lyrik* sowie *Der Reim*, W. II, S. 201 ff. u. S. 388 ff. In der frühen Notiz *Um Heine*, F. 199, S. 1 ff., formulierte Kraus Vorbehalte gegenüber dem Dichter und dem zeitgenössischen Heine-»Kultus« und Heine-Streit, ohne jedoch in den wirkungsträchtigen Gestus des Exorzismus zu verfallen. Dabei geben die Heine-Glossen F. 45, S. 22 f. und F. 88, S. 18 ff. bereits etwas von den Turbulenzen und Ambivalenzen wieder, mit denen die Figur Heine für Kraus behaftet war; hier finden wir, unter den Stimmen, denen Kraus offenbar Autorität beimißt, auch die Heinrich von Treitschkes angeführt.

15 Benjamin, a.a.O., S. 697.

16 Sartre, a.a.O., S. 109.

17 Vgl. Jameson, a.a.O., S. 28 u. 17.

18 Werner Kraft, *Karl Kraus*, Salzburg 1956, S. 70.

19 Pfabigan, a.a.O., S. 149. Vgl. auch die nuanciertere Darstellung Edward Timms', *Karl Kraus: Apocalyptic Satirist*, New Haven/London 1986, S. 237 ff.

20 *FS* II, S. 309.

21 Sartre, a.a.O., S. 160.

22 W. VIII, S. 339 ff.

23 Hellige, a.a.O., S. 483.

24 Canetti, a.a.O., S. 240 ff. Vgl. auch Nike Wagner, *Geist und Geschlecht. Karl Kraus und die Erotik der Wiener*

Moderne, Frankfurt a. M. 1981, S. 172 u. S. 20, sowie Timms, a. a.O., S. 250 ff.

25 Zit. nach Loewenberg, a.a.O., S. 470.

26 Vgl. Gilman, a.a.O., S. 4. Zu diesem Mechanismus bei Kraus vgl. N. Wagner, »Incognito«, a.a.O., S. 395.

27 Es sei denn – indirekt – gleich im ersten Absatz von *Heine und die Folgen*, wo es heißt, daß der »Künstler«, mit dem sich Karl Kraus zweifellos identifizierte, »wohl unter den Deutschen wohnen möchte« (S. 188). Formulierte Kraus damit den »geheimen Lehrplan« seiner Schrift?

28 Siehe dazu Borries, a.a.O., S. 36 ff., sowie Pfabigan, S. 35 ff. Hellige spricht davon, daß die antikapitalistische Emphase bei Kraus sich in der »Denunziation alles Jüdischen« erschöpfte. Hellige, a.a.O., S. 501 f.

29 F. 406-412, S. 81. Vgl. auch Borries, a.a.O., S. 68.

30 Lessing, a.a.O., S. 48.

31 Diese Allmacht hatte der Schriftsteller Heine freilich auf markanteste Weise schon selber erfahren müssen; aber in einem der Kraus'schen Darstellung eher entgegengesetzten Sinn. So hat Heine gegenüber seinem Verleger Campe von einem Gebrauch seines Todes als »Reklame« gesprochen (Brief vom 20. 6. 1847, *HSA* XXII, S. 256), als dieser lieber die umsatzsteigernde Wirkung von Heines Ableben für die Lancierung einer Gesamtausgabe bzw. eines letzten Gedichtbandes abwarten wollte, als sie zu einem Zeitpunkt aufzulegen, wo dem todkranken Dichter noch damit geholfen worden wäre (vgl. auch Bartelt, a.a.O., S. 2). Bei Kraus wie in der antisemitischen Denkfigur verschwindet das Moment »arischer« Ausbeutung hinter dem Bild des geldgierigen »Juden«.

32 So hat in seinem Kraus-Aufsatz Benjamin das Hauptanliegen von Kraus »die Entlarvung des Unechten« genannt (*GS* II, S. 336), als welches Kraus auch Heines Lyrik zweifellos begriff. Aber für Kraus wie für Bartels besteht das »Unrecht« Heines eben darin, daß sein Werk nicht »dem Leben und der Natur entwachsen« sei (Bartels, *Denkmal*, S. 137), ein in der Ausblendung des Gesellschaftlichen und »Modernen« bereits ideologisch präparierter »Echtheits«-Begriff. Den macht sich Kraus zueigen. Das »seltsame Wechselspiel zwischen reaktionärer Theorie und revolutionärer Praxis«, das Benjamin (S. 342) dem Kulturkritiker Kraus bescheinigt, fällt im Falle der Heine-Polemik gänzlich aus. Vielmehr wäre es angebracht, hier von einer Einheit »reaktionärer« Theorie und Praxis zu sprechen.

33 W. VII, S. 341.

34 Zit. nach Börries, a.a.O., S. 53.

35 W. VII, S. 51.
36 *MEW* 5, S. 424. Vgl. auch Oehler, *Pariser Bilder*, S. 179.
37 Kraft, a.a.O., S. 177.
38 Zum Vergleich eine Textstelle Heines (K I, S. 87):

Philister in Sonntagsröcklein
Spazieren durch Wald und Flur;
Sie jauchzen, sie hüpfen wie Böcklein
Begrüßen die schöne Natur.

Der Dichter läßt die Flucht in die Natur nicht zu; in sie bricht die »schlechte« Gegenwart hinein. Die »Natur« ist so entstellt wie die Gesellschaft, die sie wahrnimmt.
39 Zur Bedeutung von »Janowitz« für Kraus vgl. Canetti, a.a.O., S. 246 u. 248. Nach der ersten großen Krise und Versöhnung mit Sidonie Nadherny unterschreibt Kraus den ersten Brief an sie sogar mit »Karl von Janowitz«. Der ersehnte Identitätswechsel wird damit mehr als deutlich. Kraus, *Briefe an Sidonie Nadherny*, Bd. I, München 1974, S. 150. Vgl. auch Canetti, a.a.O., S. 250. Zu Janowitz vgl. auch Timmes, a.a.O., sowie N. Wagner, *Geist*, S. 172. Timms (S. 258) nennt die um diese Zeit entstandenen Gedichte »Lyrik der elegischen Affirmation«.
40 Börne, *Schriften* II, S. 869.
41 Zur Dokumentation dieser »Komplizenschaft« vgl. das Gedicht *Die Krankenschwester*, W VII, S. 49 f. Dort heißt es vom »Diener«:

Zehntausende Juden sind nicht wert dies eine, wahre
einfältige Gesicht voll Dienst und Dienstbarkeit.

Die Invasion moderner »Dutzendjuden« zerbricht an dem verklärten Antlitz ergebener Servilität. Die Nähe zur politischen Utopie des Antisemitismus könnte gar nicht größer sein.
42 Dies ist nicht als Häme gemeint, sondern als Kritik, die auch die Tragik einer Gestalt wie Kraus fühlbar machen möchte. Die »Utopie« ist immer an sehr bestimmte geschichtliche Konstellationen gebunden. »Glück, das Neid in uns erwecken könnte, gibt es nur in der Luft, die wir geatmet, mit Menschen, mit denen wir hätten reden, mit Frauen, die sich uns hätten geben können.« (Benjamin, *GS* I, S. 693.) In der »Luft« des Anwesens Janowitz lag das »Glück« Karl Kraus' beschlossen, so fragwürdig dieses Glück uns auch heute erscheinen mag.
43 Peter Rühmkorf, »Die soziale Stellung des Reims«, in: Karl Schroter (Hrsg.), *Grüße*, Festschrift für Hans Wolfheim, Frankfurt a. M. 1968, S. 111 u. 105.
44 Ebd., S. 105 u. 103. Vgl. auch Ute Schaub, »Lilencron und Heine im Urteil von Karl Kraus«, *HJB* 18 (1979), S. 191 ff. Dagegen hat die Kraus-Philologie die Ansicht

vertreten, daß Kraus' Poetik sich nicht auf dieses rein Harmonistische reduzieren lasse (Jay Bodine, »Heinrich Heine, Karl Kraus and ›die Folgen‹«, *Colloquia Germania* 17 (1984), S. 14 ff., insb. S. 34 ff. Bezeichnend bleibt – wie Bodine (S. 39) zugibt –, daß dies die Auffassung ist, die Kraus gegenüber Heine vertritt. In der Sprachästhetik trifft Heine bei Kraus also weniger den »mystischen« als den banausischen Nerv.

45 Fritsch, a.a.O., S. 13.

46 Hellige, a.a.O., S. 502.

47 W. II, insb. S. 388 ff. Werner Kraft hat in einer Studie »Die Hiobsfrage« die Kraus'schen Theoreme auf Heine überzeugend angewandt. Vgl. Kraft, *Heine der Dichter*, München 1983, S. 77 ff.

48 Hellige, a.a.O., S. 488.

49 Hans Mayer, *Der Repräsentant und der Märtyrer*, Frankfurt a. M. 1971, S. 50. Vgl. auch Borries. a.a.O., S. 42 sowie Pfabigan, a.a.O., S. 36. In Benjamins Kraus-Aufsatz heißt es schlicht, Kraus werde »der soziologische Bereich nie transparent« (*GS* II, S. 353).

50 Benjamin, *GS* IV, S. 121. Vgl. auch Mayer, a.a.O., S. 51.

51 Sartre, a.a.O., S. 125.

52 Ebd., S. 128.

53 »Die bürgerlich-kapitalistischen Zustände zu einer Verfassung zurückzuentwickeln, in welcher sie sich nie befunden haben, ist sein Programm«, schrieb Benjamin, *GS* II, S. 363. Vgl. auch Pfabigan, a.a.O., S. 158 f.

54 Canetti, a.a.O., S. 41 u. 48. Mimesis der Ächtung? Exorzierte der »Richter« Kraus durch die Brandmarkung seiner Feinde die eigene Brandmarkung als »Jude«? Jedenfalls schreibt Canetti weiter an dieser Stelle, daß die »Feinde und Opfer von Karl Kraus« für ihn, Canetti, zu »Juden« wurden, »deren Berührung mich verunreinigt hätte«.

55 Erinnert sei an Fritsch, a.a.O., S. 15, wo es zu den »Juden« heißt: »Sie fördern durch ihre Zeitungen die sittliche Verwilderung ... Sie vergiften durch die in der Presse sich breitmachende semitische Gesinnung die Denkweise unseres Volkes«. Zu Heine als »Feuilletonisten« vgl. Bartels, a. a. O., S. 366.

56 »Im Anfang war die Presse, und dann erschien die Welt«, W. XIV, S. 56.

57 Sandvoß, *Was dünket*, S. 96. Vgl. auch S. 54 u. 91.

58 »Dann begann in der zweiten Hälfte des Jahrhunderts die industrielle Konjunktur in Österreich ... und mit ihrer kommerziellen Beobachtungsgabe, ihrem internationalen Überblick waren es die jüdischen Kaufleute, die als erste

in Österreich die Notwendigkeit und Ergiebigkeit einer Umstellung auf industrielle Produktion erkannten.« Diese kommerziellen Fähigkeiten der zeitgenössischen jüdischen Kaufleute in Österreich wird dann, wie es scheint, von Kraus ohne weiteres auf den Literaturproduzenten Heine übertragen. Zit. Stefan Zweig, *Die Welt von Gestern*, Frankfurt a. M. 1958, S. 17 f.

59 Vgl. Elster, a.a.O., S. 24 ff.

60 F. 406-412, S. 81. Der »Jude«, das sollte man an dieser Stelle auch mitbedenken, ist in der klassischen antisemitischen Darstellung »witzig«, »zynisch« – und »sentimental«.

61 Nach Kraus' eigener Angabe galt die »wahre Richtung des Angriffs« (*HuF*, S. 216) in seiner Heine-Polemik anderen jüdischen Literaten (wie zum Beispiel Alfred Kerr), die sich Heine zum Vorbild gemacht hatten. So bedenklich in seiner Motivation und Anlage ein solcher Angriff auch gewesen sein mag – denn auch er reproduziert ein Motiv des Antisemitismus, den Haß auf die »Literaturjuden« –, so schoß Kraus selbst über dieses Ziel hinaus: »Heine« gerät bei ihm zu so etwas wie dem Weltübel. Vgl. auch Bernd Kämmerling, »Die wahre Richtung des Angriffs. Über Karl Kraus' ›Heine und die Folgen‹«, *HJB* 11 (1972), S. 162 ff.

62 Mehring, a.a.O., S. 482.

63 Vgl. W. VIII, S. 100 ff.

64 Schließlich war die Polemik von Kraus in bezug auf das ›Heineisieren‹ im Feuilleton und Vers schon längst Gemeingut der damaligen Kritik geworden, ohne daß man sich deshalb dazu veranlaßt fühlte, diese recht sekundären Erscheinungen mit Heine selbst oder gar mit dem Weltuntergang gleichzusetzen. Der Impuls dazu kommt vom Antisemitismus. Für eine noch maßvolle Heine-Kritik in diesem Sinne vgl. Ferdinand Avernarius, »Heinrich Heine«, *Kunstwart* 13 (1899/1900), H. 1, S. 258 ff., bes. S. 260 u. 262.

65 Das Ergebnis der neueren Forschung zeigt Heine vielmehr eher als das Gegenteil eines »Erfolgsschriftstellers«: Weder war er in der Lage, seine politisch »eingreifende« Publizistik und lyrische Produktion dem Markt schlicht anzupassen, noch war er fähig, sich zu jenem Viel- und Schnellschreiber zu entwickeln, als der er dank Kraus dann in die Literaturgeschichte einging. »Für Heine allerdings, der meist mühevoll und langsam arbeitete, hat die Gefahr einer Massenproduktion nie bestanden.« Michael Werner, *Genius und Geldsack*, Hamburg 1978, S. 151. Vgl. auch die eingehende Diskussion bei Sammons, a.a.O., S. 114,

mit dem Fazit: »Heine resisted from the beginning the transformation of art into a commodity ...«

66 Vgl. Bruno Pompecki, *Heine und Geibel,* Paderborn 1901, S. 3.

67 Ebd., S. 72.

68 Elster, a.a.O., S. 70 f. So wurde Heine von den zeitgenössischen Kritikern gerade als der Gegenentwurf empfunden der »Gedichte, die existieren vermittels des Goldschnitts und des Toilettenformats«. Zit. nach Bartelt, a.a.O., S. 96.

69 Trachtenberg, a.a.O., S. 13, schreibt: »When another note was permitted to intrude ... it was one of scorn and derision – the Jew was a comic as well as a vile creature.« Kraus greift, wie es scheint, bei seiner Charakterisierung Heines auf diese Möglichkeit des Archetyps zurück.

70 Vgl. Bartels, a.a.O.

71 Lessing, a.a.O., S. 103.

72 Pfabigan, a.a.O., S. 30, der freilich den spezifisch jüdischen Aspekt gänzlich übersieht. Zu diesem Aspekt Gilman, a.a.O., S. 33. Unter den zeitgenössischen Kritikern sei Anton Kuh hier zitiert: er nannte Kraus »den Meisterdetektiv des latenten Jüdelns im Weltraum«. Zit. nach N. Wagner, »Incognito«, a.a.O., S. 396.

73 So heißt es in der Kritik des jungen Kraus am Zionismus (*FS* II, S. 310): »Es dreht sich nur um gewisse, im Pferch des Ghetto gezeugte Aeusserlichkeiten, die freilich unsere Hetzrabbiner in dem parodistischen Bewußtsein ihrer ›Sendung‹ wie ein Allerheiligstes conserviren möchten. Das Judenthum *wird sie opfern müssen*: unschwer wird es seinen Gegnern die paar armseligen Handhaben entziehen. ›Sie brochen uns nicht!‹ hörte ich kürzlich einen ungeduldigen Herrn aus Tarnopol in einer zionistischen Versammlung wehklagend betheuern. *Ich glaube, dass die ganze Judenfrage an diesem umgelauteten ›o‹ hängt.* Zwischen dem Zuruf: ›Schaut, dass ihr weiter kommt!‹ und dem verzagten: ›Sie brochen uns nicht!‹ scheint mir blos ein kleines Missverständnis rein dialektischer Natur zu liegen ...«

74 Borries, a.a.O., S. 75.

75 Sengle, a.a.O., S. 414 ff.

76 Borries, a.a.O., S. 63. Vgl. dazu auch Avenarius, a.a.O., S. 261: »Welches Feingefühl in diesen Reimen, wo sie ›rein‹, und erst recht, wo sie ›unrein‹ sind.«

77 W. II, S. 211.

78 Ebd., S. 406.

79 Hellige, a.a.O., S. 497. Vgl. auch Stölzl, a.a.O., S. 28. Zum historischen Hintergrund der Bemühungen des Judentums um die deutsche Sprache vgl. auch Katz, *Out of*

the Ghetto, Cambridge (USA) 1973, S. 65. Kircher, a.a.O., S. 110, teilt mit, daß auch der junge Heine, in der Zeit seiner Mitgliedschaft im »Verein für die Cultur und Wissenschaft der Juden«, sich an diesen Bemühungen beteiligt hatte: er war dort Deutschlehrer, dessen Auftrag explizit auch der korrekten Aussprache galt. In *Über Polen* heißt es zum »Jargon«: »die hochherzige Rede eines für Turnplatz und Vaterland begeisterten Tertianers hätte nicht so zerreißend meine Ohren martern können, als der polnische Judenjargon.« K III, S. 564.

80 Vgl. die »Sprachkritik« an Heines *Grenadiere* durch den Nazi Wolfgang Lutz, a.a.O., S. 812. Auch hier hängt die ganze »Judenfrage« an dem »umgelauteten ›o‹«, welches für den Juden aber unablegbar ist: »Aber auch die Lautung, der Tonfall und die Sprachmelodie in diesen drei Strophen sind musterhaftes, vom jungen Heine noch nicht abgestreiftes *Jiddisch*, und zwar so rein, wie man es nur mehr in osteuropäischen Kaffeehäusern vernehmen kann: Was schert mich W*aib* – dazu noch die typische Geste, beide Hände mit dem Daumen in die Achselshöhle verklemmt –, wos schert mich k*ch*ind, ich troch w*ai*t beßres Ver*longe* . . .« So zerfällt Heines Gedicht vor dem Blick des Antisemiten in die mißgestalte »Sprache der Stotterer«.

81 Adorno, *GS* 11, S. 380. Vgl. auch Benjamin, *GS* II, S. 625.

82 F. 406-412, S. 71.

83 Ebd., S. 71, 72, 79, 80: letztere Erwähnung fällt im Zusammenhang mit einem direkt antisemitischen Ausfall, wie sie beispielsweise auch S. 61 und 85 vorkommen.

84 Lessing, a.a.O., S. 62.

85 Vgl. Schnitzler, a.a.O., S. 154.

86 K I, S. 526.

87 »Im Ausschuß der Kultur aber sitzen die Karpeles und die Bartels, und wie immer die Entscheidung falle, sie beweist nichts für den Geist.« (*HuF*, S. 211.) Es ist aber eben die Frage, was Kraus mit seiner Schrift »für den Geist« bewiesen habe.

88 »Heine« als Modell gescheiterter Aufklärung; man stelle sich eine deutsche Geistesgeschichte vor, in der die zwei vielleicht hervorragendsten literarpolemischen Kapazitäten der Zeit – Karl Kraus und Franz Mehring – beide in diese Auseinandersetzung eingegriffen hätten, um *für* Heine Stellung zu beziehen. Die Zurückhaltung des Marxisten bedarf genauso der Erklärung wie die negative Intervention von Kraus. Zwar widmet Mehring Bartels' Pamphlet eine vernichtende kritische Glosse (Mehring, a.a.O., S. 496 ff.); seine Polemik indes bleibt für den internen Gebrauch der Arbeiterbewegung bestimmt, hat keineswegs die Absicht,

über den Rahmen dieser Bewegung hinauszugreifen. Im Gegenteil: Mehring verhält sich, was Heines Stellung innerhalb der »bürgerlichen« Öffentlichkeit betrifft, betont neutral. »Um jedoch von vornherein gerecht zu sein und einen unbefangenen Standpunkt zu gewinnen, wollen wir nicht verhehlen, daß uns *die philosemitische Krebserei* für Heine *genau so antipathetisch ist* wie die antisemitische Krebserei gegen Heine ... Allein, auch wenn namhafte Dichter und Künstler ... sich für ein Heine-Denkmal ins Zeug legen, so sehen wir darin, ehrlich gestanden, auch *nur eine große Krähwinkelei.*« (S. 496) Mehring hat dann auch nichts dagegen, »die Seeschlange« des Denkmalstreits »sich durch die Spalten der bürgerlichen Presse weiter wälzen« zu lassen. (S. 500) Dieser erstaunliche Indifferentismus Mehrings, seine Auffassung des Heine-Streits als eine rein »bürgerliche« Angelegenheit, entsprach genau der Haltung seiner Partei in diesen Fragen. Die »Lagermentalität« der Sozialdemokraten, ihr Geschichtsdeterminismus, wohl auch residuale Sympathien mit dem ›antikapitalistischen‹ Impuls des Antisemitismus waren für diese Haltung ausschlaggebend. Solange der Antisemitismus sich nicht auf die eigene Basis in der Arbeiterschaft übertrug, betrachtete man ihn als Ereignis außerhalb der eigenen Interessensphäre, gar als willkommeie Zerfallserscheinung der bürgerlichen Gesellschaft. Die Verteidigung Heines erstreckte sich von daher nicht auf die Diskussion jenseits der Öffentlichkeit der Arbeiterbewegung, geschweige denn, daß sie offensiv in diese eingegriffen hätte. Man ist unfähig, den Antisemitismus als Gefahr für den gesellschaftlichen Organismus, in dem man selber zu agieren hat, zu begreifen, fühlt sich, selbst in dem Moment, wo der Antisemitismus Heine *expressis verbis* als Symbolfigur der Arbeiterbewegung angreift, von ihm nicht tangiert. Die Verteidigung Heines in der bürgerlichen Öffentlichkeit wird folglich nicht als die Wahrnehmung einer elementaren politischen Pflicht begrüßt, sondern abgetan als »philosemitische Krebserei«, die Intervention zugunsten Heines als bedauerliche »Krähwinkelei« belächelt. August Bebel hat mit folgenden Worten die Haltung der damaligen Sozialdemokratie zum Antisemitismus auf den Begriff gebracht: »*Das kann uns nur recht sein,* wenn sich die herrschenden Klassen untereinander bekriegen und alles Vertrauen wankt und der Ekel vor dieser Gesellschaft wächst. *Wir sehen ruhig zu und warten.*« Zit. nach Hermann Bahr, *Der Antisemitismus*, Berlin 1894, S. 25. Vgl. auch Massing, a.a.O., S. 199 ff., und Reese, a.a.O., S. 133 ff.

89 Alf Jörgensen, *Heine-Fresser und die Ursachen*, Flensburg 1912, S. 21 f.

90 Anselm Ruest, »Um Heine«, *Die Aktion*, Jan. 1911, (Neudruck Darmstadt 1961), Sp. 559.

91 Pfabigan, a.a.O., S. 248 ff. und *passim.*

92 Adorno (zusammen mit Max Horkheimer), *GS* 3, S. 61.

93 W. II, S. 211.

94 W. VIII, S. 339. Erinnert sei daran, daß die Zeit seiner Heine-Polemik mit der Zeit von Kraus' wohl größter Annäherung an »feudal-konservative Ideale« zusammenfällt. Vgl. Pfabigan, a.a.O., S. 132 ff.

95 Gilman, a.a.O., S. 8.

96 Siehe Poliakov, a.a.O., S. 45. Vgl. auch Gilman, a.a.O., S. 174 f. Gilman schreibt: »Needless to say, *it was precisely this quality* that Platen ascribed to the *Jew* Heine.«

97 Lukács, a.a.O., S. 277.

98 Vgl. Fritsch, a.a.O., S. 16: »Das *niedrig-sinnliche* Naturell der Juden und ihr Mangel an *Scham* und *Gewissen* macht sie zu den verwegensten *Verführern.*« So will Heine, in Kraus' Darstellung, die Sprache »verführen«.

99 Treitschke, a.a.O., S. 132. Vgl. auch Gilman, a.a.O., S. 149 u. 164.

100 Vgl. dazu Klaus Theweleit, *Männerphantasien*, Frankfurt a. M. 1978, bes. Bd. I, »Männer und Frauen«, S. 12 ff.

101 Grupe, a.a.O., S. 424.

102 Zit. nach Pfabigan, a.a.O., S. 163.

103 W. II, S. 211.

104 Zit. nach F. 315-316, S. 50. Zu Pfemfert und Kraus siehe John D. Halliday, *Karl Kraus, Franz Pfemfert and the First World War*, Passau 1986, bes. S. 41 ff.

105 Canetti, a.a.O., S. 47. Im zweiten Teil seiner Autobiographie teilt uns Canetti mit, daß es sich bei den besagten Autoren, »die man nie in die Hand nahm«, vor allem um Heine gehandelt hat. Der junge Canetti besucht seine spätere Ehefrau Veza: »Sie zeigte mir Heines ›Französische Zustände‹. Ob ich das kenne? Das sei eines der unterhaltsamsten und gescheitesten Bücher. *Ich weigerte mich, den Band in die Hand zu nehmen.* Nichts hatte Karl Kraus so sehr verpönt wie Heine ...« Elias Canetti, *Die Fackel im Ohr*, München 1980, S. 180.

106 »Als ich geboren wurde, kam meinen Eltern der Gedanke, ich könnte vielleicht Schriftsteller werden. Dann sei es gut, wenn nicht gleich jeder merke, daß ich Jude sei ...« Benjamins autobiographische Aufzeichnung *Agesilaus Santander* bringt das Dilemma auf den Punkt: um die – angestrebte – Identität als deutscher Schriftsteller einzulösen, muß die angeborene als Jude geleugnet, kaschiert,

auf ein erträgliches, unanstößiges Minimum reduziert werden. Eine Art, dies zu erreichen, hatte Kraus vorexerziert. So zitiert Kraus das Urteil eines prominenten Antisemiten, das Kraus zum »edler« veranlagten Typus des Juden zählt, »der hervorragenden Intellekt mit einer vornehmen Gesinnung verbindet«. Der defensive Hohn des Zitierenden über die rassistische Motivation dieses Urteils überdeckt nur schlecht die fühlbare Genugtuung über dessen Inhalt: der Status als »Ausnahmsjude« wird hier aus berufenem Mund erteilt. Vgl. Benjamin, »Agesilaus Santander«, in: Siegfried Unseld (Hrsg.), *Zur Aktualität Walter Benjamins*, Frankfurt a. M. 1972, S. 100, sowie Kraus, W. VIII, S. 337.

107 So beschreibt etwa Gershom Scholem in seiner Benjamin-Biographie die damalige Einstellung gegenüber Heine: »Wir hatten ... wie nicht wenige Juden unserer Generation ... kein Verhältnis zu Heine« und bringt dies, zumindest für sich persönlich, auch in Zusammenhang mit Kraus' Schrift. Gershom Scholem, *Walter Benjamin. Die Geschichte einer Freundschaft*, Frankfurt a. M. 1975, S. 83.

108 Vgl. Kraft, *Stefan George*, München 1980, S. 77.

109 Vgl. hierzu den apokryphen Benjamin-Artikel für die Encylopedia Judaica, »Juden in der deutschen Kultur«, *GS* V, S. 812, der wohl eine verbreitete jüdische Sicht des George-Kreises wiedergibt.

110 Genau dieser Vorwurf spielte beispielsweise eine zentrale Rolle bei dem Bruch Ludwigs Klages' mit George: »Was George literarpolitisch erreicht hat, hat er durch Juda erreicht.« Zit. nach Franz Schonauer, *Stefan George*, Hamburg 1960, S. 88.

111 Zit. nach Schonauer, a.a.O., S. 84.

112 Kraft, a.a.O., S. 78, hat die Eigenart dieser Assimilation dahingehend zusammengefaßt, daß George die »persönliche Assimilation« solchen Juden gewährte, die »von ihrem Judentum keinen praktischen Gebrauch mehr machten«.

113 Ebd., S. 79.

114 Edith Landmann, *Gespräche mit Stefan George*, München/Düsseldorf 1963, S. 150.

115 Kraft, *Heine*, S. 150.

116 »Daß man ihm vorgeworfen habe, daß er so viele Juden um sich habe: ›*Solche* Juden, wie ich habe, könnte ich noch zehn um mich haben. würde mir gar nichts *schaden*.‹« Landmann, a.a.O., S. 146.

117 Friedrich Grundolf, *George*, Berlin 1920.

118 »Nun ist es auffallend, wie schon früh das Wort ›zersetzen‹ immer wieder mit einer bestimmten Gruppe in Zusammen-

hang gebracht wird: mit dem Judentum.« Renate Schäfer, »Zur Geschichte des Wortes ›zersetzen‹«, *Zeitschrift für deutsche Wortforschung* 18 (1962), S. 58 ff., hier S. 60 f. Vgl. dazu auch Katz, *Prejudice*, S. 256.

119 Kraus, F. 577-582, S. 61. Vgl. auch Börries, a.a.O., S. 25.

120 Wie spürbar nah diese Bedrohung damals unter der Oberfläche bürgerlichen Lebens lag, zeigt eine Stelle aus dem Briefwechsel eines Zeitgenossen Gundolfs. Als unbemittelter Arzt geht er in Paris im Park an der Place de la Concorde spazieren. Angesichts der sozialen Gegensätze, die ihm auch bei einem solchen idyllischen Spaziergang ins Auge springen, kommen auch ihm, wie er seiner Verlobten anvertrauen muß, die »revolutionären Gedanken«. Sigmund Freud, *Briefe*, Frankfurt a. M. 1968, S. 177.

121 Hirsch, a.a.O., S. 75 u. 186. Es ist in diesem Zusammenhang bemerkenswert, daß Gundolf sich bisweilen im Auftrag Georges direkt als Polemiker gegen die ›nihilistische‹ Sozialdemokratie betätigt hat. Siehe Hamann/Hermand, a.a.O., S. 46. Daß Bebels Heine-Zitat die bürgerliche Abwehr des Dichters erneut aufgeschreckt hat, zeigt Nietzki, a.a.O., S. 155.

122 Rudolf Borchardt (Hrsg.), *Ewiger Vorrat deutscher Poesie*, München 1926.

123 Lessing, a.a. O., S. 40 f.; Gay, a.a.O., S. 198. Vgl. auch die Polemik von Willy Haas, »Der Fall Borchardt«, in: Gustav Krojanker (Hrsg.), *Juden in der deutschen Literatur*, Berlin 1922, S. 231 ff.

124 Vgl. Killy, a.a.O., S. 114, Sieburg, a.a.O., S. 462, Storz, a.a.O., S. 251.

125 Borchardt, a.a.O., S. 394 u. 407. In seiner Borchardt-Biographie hat Werner Kraft aber einen intimen Augenblick festgehalten, in dem diese ›Zerfallenheit‹ Heines in Borchardts Darstellung plötzlich in ein anderes Licht rückt. Sie steht dann für die eigene innere Verfassung. Die Anekdote sei hier mitgeteilt: »Und als wir von Heine sprachen, ... sagte er plötzlich aus der Fülle seines ungeheuren Gedächtnisses das ganze Gedicht ›Unterwelt‹ aus den ›Neuen Gedichten‹ ... Es lautet:

Zuweilen dünkt es mir, als trübe
Geheime Sehnsucht deinen Blick –
ich kenn' es wohl, dein Mißgeschick:
Verfehltes Leben, verfehlte Liebe!

Du nickst so traurig! Wiedergeben
Kann ich dir nicht die Jugendzeit –
Unheilbar ist dein Herzeleid:
Verfehlte Liebe, verfehltes Leben!

Borchardt, der mit seiner voll und von selbst tönenden Stimme ein unvergleichlicher Sprecher von Gedichten war, sagte es auf wundersame Weise kaum zu mir, er sagte es vor sich hin, wenn er es nicht zu sich selbst sagte. Der Eindruck auf mich war gewaltig, und ich frage mich noch heute, warum er es eigentlich gesagt hat. Er selbst hätte es kaum begründen können oder wollen. In diesem Gedicht spricht Heines Gram, und in dieser Wiedergabe sprach ... Borchardts Gram.«

Es ist der Gram über die verwehrte Assimilation. Werner Kraft, *Rudolf Borchardt: Welt aus Poesie und Geschichte*, München 1961, S. 72 f.

126 Benjamin, *Briefe*, Frankfurt a. M., 1966.

127 Benjamin, *GS* III, S. 280.

128 Adorno, »Die Wunde Heine«, in: *Noten zur Literatur* I, Frankfurt a. M. 1958, S. 146 ff. Eine im Grundriß identische, jedoch gelegentlich etwas abweichende Darstellung ist der 1986 aus dem Nachlaß veröffentlichte, 1949 entstandene Text, »Towards a Reappraisal of Heine«, *GS* 20, S. 441 ff.

129 Das hat – als einer der wenigen – Helmut Heißenbüttel gespürt. Vgl. Helmut Heißenbüttel. *Zur Tradition der Moderne*, Neuwied/Berlin 1972, S. 57.

130 »Widerruf« im Wortsinn, da es in dem früheren englischsprachigen Heine-Text noch geheißen hatte: »His verses preserve an almost archaic freshness in as much as they summon authentically and for the first time archetypes of the modern world.« Adorno, »Reappraisal«, a.a.O., S. 451.

131 Lutz, a.a.O., S. 796. Vielleicht erhellt diese Parallele am ehesten durch die direkte Gegenüberstellung des Wortlauts bei Adorno und bei den Antisemiten: »In seiner Folge ward schließlich die Lyrik hinabgezogen in die Sprache von Zeitung und Kommerz.« (Adorno, Wunde, a.a.O., S. 146.) »Heine hat den unheilvollsten Einfluß auf die deutsche Sprachform, insbesondere auf die der Zeitungen, ausgeübt.« (Wulf, a.a.O., S. 411.) Für Bartels (*Genossen, S.* 37) war Heine ein »Virtuose, der die Sprache nur äußerlich beherrscht«. Adorno (S. 152) bescheinigt Heine »die Virtuosität dessen, der die Sprache gleichwie auf einer Klaviatur nachspielte«, während sie ihm im wesentlichen jedoch »fremd« blieb.

132 R. Wagner, »Modern«, a.a.O., S. 56.

133 Vgl. Adorno, *GS* 13, S. 22. In seiner Benjamin-Biographie berichtet Scholem, er habe sich zu seiner »Schande« bei der Herausgabe von Benjamins Briefen dazu überreden lassen, jüdische Wendungen zu entfernen. Sein Mitherausgeber aber war Adorno. Vgl. Scholem, a.a.O., S. 18.

134 Vgl. dazu Adornos Apologie von Kraus' ›Antisemitismus‹ in seinem Kraus-Aufsatz: »Was Kraus den Juden nicht verzieh, gegen die er schrieb, war, daß sie den Geist an die Sphäre des zirkulierenden Kapitals zedierten«. Was Adorno dabei übersieht, ist, daß der »Verrat«, den Kraus stets – und fast ausschließlich – bei dem »Juden« wittert, der gleiche ist, den der Antisemit diesem immer vorwirft – nämlich der, »käuflich« zu sein –, und daß er so wenig wie die Antisemiten die Stimmigkeit dieses Vorwurfs bei seinen ausgewählten ›Opfern‹ rational überprüft. Er setzt sie als Wesensmerkmal einfach voraus. Kraus' Scheitern vor dem Antisemitismus ist damit nicht darauf zurückzuführen, daß Geist vor ›Ungeist‹ versagt, sondern darauf, daß Geist hier den Ungeist fortschreibt. So auch bei Adorno selber. Und dies trotz des genauen Wissens um die Mechanismen des Vorurteils, das er sich ja erarbeitet hatte. Im ersten Heine-Aufsatz heißt es zur Abwehr Heines: »Those qualities of Heine's which account superficially for this uneasiness are generally explained by his Jewishness. But this procedure seems to be dubious. For reference to these qualities suggests all too strongly a number of anti-Semitic stereotypes, which as modern social psychology has established beyond doubt, are due to projective mechanisms on the part of the indignant.«

Schon der nächste Satz aber setzt ein: *»Granted that Heine actually possessed some of those qualities ...«* Kaum daß sie abgewiesen wurde, wird die ›dubiose‹ Projektion also als authentische Kategorie wieder eingeführt. Selbst der hohe Grad der Bewußtheit über die Beschaffenheit der Projektion hilft also wenig, wo der Wille, sich ihr zu widersetzen, in diesem Fall nicht gegeben ist. Vgl. Adorno, *GS* 11, S. 375, sowie »Reappraisal«, a.a.O., S. 442 f. Zum Antisemitismus als »blindem Fleck« der Frankfurter Schule vgl. auch Martin Jay, *Dialektische Phantasie*, Frankfurt a. M. 1976, S. 196.

135 Es handelt sich um das dritte Gedicht der *Heimkehr*, K. I, S. 104 f. Text abgedruckt im Anhang.

136 Vgl. die Analyse im Anhang.

137 Horkheimer/Adorno, »Vorwort« zu Massing, a.a.O., S. VIII.

Schlußwort

1 Dazu Sammons, »Problems of Heine Reception: Some Considerations«, *Monatshefte* 73 (1981), S. 383 ff., hier S. 383.
2 Brief an Laube vom 7. 11. 1842, *HSA* XXI, S. 36.
3 Opitz/Pinkert, a.a.O., S. 196.
4 *Enfant Perdu*, K II, S. 124, hier leicht gekürzt.
5 Brief an Campe vom 16. 11. 1849, *HSA* XXII, S. 322.
6 Vgl. Briegleb, *Opfer*, S. 61.
7 Adorno, »Wunde«, a.a.O., S. 148.
8 »Mit mir ist die alte lyrische Schule der Deutsche geschlossen, während zugleich die neue Schule, die moderne deutsche Lyrik, von mir eröffnet ward.« K VII, S. 99.
9 Rürup, a.a.O., S. 82.
10 Brief an Moser vom 9. 1. 1824, *HSA* XX, S. 134.
11 R. Wagner, *Judenthum*, S. 25.
12 Benjamin, *GS* IV, S. 13 ff.
13 Goedeke, a.a.O., S. 536.
14 Edmund Goetze, Vorwort zu Goedeke, ebd., S. VI. Dort teilt der Herausgeber von Goedekes *Grundriß* mit, daß ihm »von Goedeke selbst in seinem Handexemplare fast das ganze Leben Heines Zeile für Zeile rot unterstrichen« vorliege.
15 Schmohl, a.a.O., S. 188 ff.
16 Katz, *Assimilation*, S. 197.
17 So selbstverständlich diese Forderung auch klingt, so schwer läßt sie sich in der Regel einlösen. Denn die Tradition suggeriert uns ihre Urteile als die Sache selbst. Das Urteil schwingt so bereits im Namen mit, braucht zu ihm nicht erst hinzuzutreten. So entsteht – um einen Terminus Franz Rosenzweigs zu gebrauchen – die »Faulheit« der Überlieferung, die die Entstellung für die Sache nimmt. Franz Rosenzweig, *Kleinere Schriften*, Berlin 1937, S. 206.
18 Benjamin, *GS* I, S. 695.
19 Ebd., S. 696.
20 Kraft, *Heine*, S. 7.
21 Kraus, *HuF*, S. 208.
22 In dem erwähnten apokryphen Enzyklopädie-Artikel Benjamins über die »Juden in der deutschen Kultur« ist dieser Sachverhalt besonders augenfällig. In dem Abschnitt über Heine tritt die »umstrittene« Lyrik des Dichters zurück vor der »Diskussion seiner Erscheinung«, die – wie es dann in ausdrücklicher Berufung auf Kraus und Borchardt heißt – »auf ihren Höhepunkten von Juden geführt wurde«. Der Streit um Heine ersetzt die Auseinandersetzung mit dem Werk; und als positiv wird weniger Heines Dichtung als

deren Destruktion und Abwehr durch andere Juden herausgestrichen. Benjamin, *GS* IV, S. 812.

23 Schmohl, a.a.O., S. 16.

24 Hans-Georg Gadamer, *Wahrheit und Methode*, Tübingen 1975, S. 283.

25 Ebd., S. 277.

26 Sammons, a.a.O., S. 389, spricht vom Ton des »disparagement«, der Herabsetzung, im Umgang deutscher Kritiker mit dem Dichter Heine.

27 Mehring, a.aO., S. 499.

28 Maync, a.a.O., Sp. 1350 u. 1349.

29 Kraus, a.a.O., S. 200.

30 Adorno, a.a.O.

31 Hermann Boeschenstein, *Deutsche Gefühlskultur*, Bern 1966, Bd. II, S. 126.

32 Hans Mayer, »Heinrich Heine, German Ideology and German Ideologists«, *New German Critique* I (1972), S. 1 ff., hier S. 15. Ins Deutsche rückübersetzt.

33 Kraft, a.a.O., S. 87.

34 Vgl. dazu Hans Robert Jauß, *Literaturgeschichte als Provokation,* Frankfurt a. M. 1970, S. 178 f.

35 Zit. nach Wilhelm Lewik, »Heine und die russische Poesie«, *IWK*, S. 417.

36 Brecht, *Arbeitsjournal*, Frankfurt a. M. 1974, S. 466. Vgl. auch die Ausführungen Werner Krafts zum »Namen« Goethes als Ergebnis eines geschichtlichen Prozesses. Werner Kraft, *Wort und Gedanke*, Bern 1959, S. 318 f.

37 Borchardt, a.a.O., S. 459. Borchardt sprach damit das böse Geheimnis dieser Überlieferung aus: ihr Ingenium war keines des Bewahrens, sondern eines der Verwüstung. Ihre Arbeit bestand darin, den größten Teil des Werkes abzuweisen, zu »vernichten«. Mit dieser Arbeit identifizierte sich Borchardt bei seiner Wiedergabe von Heines Gedichten.

38 Zur Differenzierung von »echtem« und »falschem« Respekt vgl. Brecht, *GW* 18, S. 1273 ff.

39 Brief an Varnhagen vom 14. 5. 1826, *HSA* XX, S. 241. Und knapp zwei Wochen später fährt Heine in diesem Sinne fort: »ich muß etwas für meinen Ruhm sorgen ... weil der Lorbeer, der meine Stirn umkränzt, doch manchem Lump, der mich mit Koth bewerfen möchte, eine heilige Scheu einflößt.« Brief an Lehmann vom 26. 5. 1826, ebd., S. 245.

40 Ruest, a.a.O., Sp. 556 f.

41 George Eliot, zit. nach Sandvoß, a.a.O., S. 90. Der Antisemit greift damit instinktiv die Forderung auf, die es für ihn abzuweisen gilt. Vgl. auch George Eliot, »German Wit:

Heinrich Heine«, in *Essays of George Eliot*, New York 1963, S. 216 ff., bes. S. 223.

42 Brummack, a.a.O., S. 332.

43 Horst Rüdiger, *Sappho. Ihr Ruf und Ruhm bei der Nachwelt*, Leipzig 1933, S. 6 f. Vgl. auch Willis Barnstone, »Introduction«, *Sappho*, New York 1965, S. XXI.

44 Adorno, *GS* 13, S. 508.

45 Gadamer, a.a.O., S. 253.

46 Ebd., S. 282.

47 Adorno, *GS* 7, S. 194.

48 Gadamer, a.a.O., S. 280.

49 Goethe, *GDA* IX, S. 668.

50 Karpeles, *Heinrich Heine*, S. 327.

51 Zit. nach Gilman (Hrsg.), *NS-Literaturtheorie*, Frankfurt a. M. 1971, S. 47.

52 So legt es, wie Sammons (a.a.O.) schreibt, die Überlieferungslogik uns nahe, den »charlatan« Heine entweder zu verwerfen oder zu befürworten; nicht aber, die Herkunft und Legitimation jener Vorstellung vom Scharlatan selbst in Frage zu stellen.

53 Hehn, a.a.O., S. 160.

54 Gedicht 47 der *Heimkehr*, K I, S. 129.

55 Pfabigan, a.a.O., S. 30.

56 Nerrlich, a.a.O., S. 50.

57 K I, S. 504.

58 »Like a severely debilitating disease which even when cured leaves its telltale scars upon the patient« – so spricht Trachtenberg (a.a.O., S. 168) von den Auswirkungen des Vorurteils auf das Bild des Juden; die mangelnde Ergriffenheit vor Heine ist eine solche Spur.

59 Vgl. in diesem Zusammenhang auch Brechts *Arbeitsjournal*, S. 124: »welch ein abstieg! sofort nach GOETHE zerfällt die schöne widersprüchliche einheit, und HEINE nimmt die völlig profane, HÖLDERLIN die völlig pontifikale linie. in der ersten verlottert die sprache in der folge immer mehr ...« Es wundert bei dieser Heine-Auffassung nicht, die in deutlicher geistiger Abhängigkeit von Karl Kraus entstanden ist, daß Heine in Brechts Pantheon der verbannten Dichter lediglich die Rolle des Spaßmachers zukommt. Vgl. *GW* 9, S. 664.

60 Dies und das folgende: Menzel, Rezension des *Buchs der Lieder*, *Morgenblatt für gebildete Stände, Literatur-Blatt* vom 29. 7. und 1. 8. 1828, S. 244 u. 245.

61 Dazu gehörte ja – um auf Brecht zurückzukommen – eine »schöne widersprüchliche einheit« der Tonlagen, wie sie die deutsche Lyrik noch nie gesehen hatte: das Sakrale im Profanen, heiliger Ernst im Frivolen, Ergriffenheit im Sa-

loppen – gerade die Verschiebungen Heines verlangen eine Intensität der Lektüre, wie sie für Goethes Lyrizismus oder Hölderlins exaltierte Rede als einzig angemessen betrachtet werden.

62 Friedrich Schlegel, *Kritische Schriften*, München 1964, S. 459.

63 Das Wort stammt von dem Traditionalisten Eichendorff. Joseph von Eichendorff, *Geschichte der poetischen Literatur Deutschlands*, Paderborn 1987, Zweiter Teil, S. 213.

64 Mehring, a.a.O., S. 491.

65 Ruge, *Zwei Jahre in Paris*, Leipzig 1975, Zweiter Teil, S. 211 f.

66 Das beinhaltete eine dramatische Revision von dem bekannter gebliebenen Heine-Urteil, das Ruge sechs Jahre zuvor in den *Hallischen Jahrbüchern* niedergelegt hatte, und das Heines Negation und Frivolität bloß verdammte. Die Nervosität, die Heines Neuerungen auch bei einem avancierten zeitgenössischen Kritiker verursachten, schimmert sogar noch durch in der positiven Heine-Charakteristik des von Ruge herausgegebenen Bandes *Die politische Lyrik unserer Zeit*, Leipzig 1847, S. 253 ff.

67 Einen guten – allerdings eher politisch als ästhetisch akzentuierten – Überblick über diesen Prozeß gibt Fritz Mende, »Heine und Ruge«, *Weimarer Beiträge* 14 (1968), S. 797 ff.

68 Avenarius, a.a.O., S. 260.

69 Adorno, a.a.O., S. 38.

70 Heißenbüttel, a.a.O., S. 59.

71 Schlegel, a.a.O.

72 Benjamin, *GS* II, S. 539.

73 Schlegel, a.a.O., S. 400.

74 K V, S. 403.

1 Goedeke, a.a.O., S. 537.

2 Brummack, »Heines Entwicklung zum satirischen Dichter«, *Deutsche Vierteljahresschrift* 41 (1967), S. 98 ff., hier S. 108. Das Wort vom »Arrangement« verwendet auch Sandvoß, a.a.O., S. 40. Die Parallele ist aufschlußreich; sie ist keine der Intention – diese könnten nicht verschiedener sein –, sie ist bereits eine des »Vorverständnisses«. Dort haben sich die Thesen der Heine-Abwehr inzwischen eingenistet.

3 Adorno, *GS* 11, S. 666.

4 Eine konstrastierende Deutung zu denen Brummacks und Adornos bietet sich auch deshalb an, weil diese gleichsam kanonisch geworden sind. Vgl. *DHA* I/2, S. 888.

5 Brief an Moser vom 18. 6. 1823, *HSA* XX, S. 96. Im gleichen Brief heißt es: »Sehr drängt es mich ... den großen Judenschmerz (wie Börne es nennt) auszusprechen ...«

6 Kraft, a.a.O., S. 59.

7 Brief an Fouqué vom 10. 6. 1823, *HSA* XX, S. 89.

8 Kraft, a.a.O. Vgl. dazu auch Werner H. Preuß, *Heine und Lüneburg*, Hamburg 1987, S. 60 u. 67, sowie Joseph A. Kruse, *Denk ich an Heine*, Düsseldorf 1986, S. 83 f.

9 K I, S. 104 f.

10 Kraft, a.a.O.

11 Vgl. Brummack, a.a.O.

12 Adorno, »Wunde«, a.a.O., S. 153.

13 Bölsche, a.a.O., S. 65.

14 Walter Höllerer hat wohl als erster diesen Eindruck formuliert in seiner Studie *Zwischen Klassik und Moderne*, Stuttgart 1958, S. 90.

15 »Die lokale Schilderung bezieht sich auf die damals noch vorhandene Partie des jetzt abgetragenen Lüneburger Festungswalls der jetzigen Ratsmühle gegenüber. Durch den Bau der Wittenberger-Buchholzer Bahn ist das damalige Landschaftsbild vollständig verschwunden.« Arthur Zechlin, »Heinrich Heines Beziehungen zu Lüneburg«, *Zeitschrift für den deutschen Unterricht* 16 (1902), S. 544 ff. Die Landschaft, die Heine hier poetisch durchdringt, ist eine reale und keine »fiktive«.

16 Vgl. Brummack, a.a.O., S. 108 f. Es ist also hier genau jener Widerstand gegenüber der Konvention vorhanden, den Adorno bei Heine vermißt.

17 In diesem Wandel hat Peter Szondi ein wesentliches Merkmal des Übergangs der poetischen Tradition in die poetische Moderne erblickt. Siehe Peter Szondi, *Celan-Studien*, Frankfurt a. M. 1972, S. 24 ff. u. S. 45.

18 Zum Aspekt der rhythmischen Ungeduld bei Heine vgl. Höllerer, a.a.O., S. 74. Heines »falsche« Kommasetzung – sie ist wohl eine Anleitung zum richtigen Vortrag – verhindert, daß das Gedicht hier in einen Singsang verfällt und macht aus der »beliebigen« Aufzählung etwas Bedeutungsvolles, Schweres, das in Kontrafaktur zum »Wortsinn« steht. Das Herz »pocht« gegen die Landschaft, die Kluft von »innerer« und »äußerer« Geschichte meldet sich.

19 Brummack, a.a.O., S. 108. So vermag Brummack in dem Wort »Diamanten« nur noch das »konventionell poetisch aufgeschönte«, in seinem Gebrauch an dieser Stelle folglich nur die »Uneinheitlichkeit« zu sehen. Heine also wiederum als Parodist und »Störer«. So bleibt das »Schlüsselwort« des Textes unaufgebrochen, unentschlüsselt. Summa einer Tradition: der Interpret geht an Heines »Diamanten« vorbei.

20 Kraft, a.a.O., S. 36.

21 Norbert von Hellingrath, *Pindarübertragungen von Hölderlin. Prolegomena zu einer Erstausgabe*, Jena 1911, S. 4.

22 Ebd., S. 4 f.

23 Benjamin, *GS* I, S. 440.

24 Hellingrath, a.a.O., S. 5.

25 Kraft, a.a.O., S. 59, berichtet, daß um die gleiche Zeit auch die folgenden Zeilen entstanden sind (K I, S. 135):

Du hast Diamanten und Perlen,
Hast alles, was Menschenbegehr
...
Und hast mich zugrunde gerichtet –
Mein Liebchen, was willst du mehr?

»Diamanten« sind bei Heine Chiffren der Abweisung.

26 Ludwig Marcuse, *Börne*, Leipzig 1929, S. 18, zitiert eine Eingabe der Juden an den Frankfurter Stadtrat vom August 1769: »Es mag wohl kein Ort in Deutschland sein, wo den Schutzjuden der Genuß der freien Luft und der reinen Straße so eingeschränkt wird, als uns seit einiger Zeit von den wachhabenden Offizieren an den Toren ...« Und weiter (S. 19) heißt es bei Marcuse: »wo ein grüner Raum, kein Jude«. Der junge Börne spricht in diesem Zusammenhang vom »Kerker« sowie von einer »Mauer, die ... von des Lebens Freuden trennte« (*Schriften* I, S. 46 u. 49). Die Bildlichkeit scheint sich Heine eingeprägt zu haben. Auch das große Prosafragment über den Judenschmerz, *Der Rabbi von Bacherach*, stellt die Mauer und Tore Bacherachs und des Frankfurter Ghettos im Zusammenhang mit »Druck und Angst« der Juden dar. K IV, S. 7 f. und 26 f.

27 Preuß, a.a.O., S. 77, hat auf die unterschwellige Todesmetaphorik des Gedichts hingewiesen: sie kristallisiert sich

in der Schlußkonfiguration des Textes zum Bild von einem »Tod im Leben«.

28 Hellingrath, a.a.O., S. 8.

29 Die rote Uniform Hannovers hatte für Heine auch eine persönliche Bedeutung – sein Vater, den er liebte, hatte sie getragen. Aber so liebevoll, in den *Memoiren,* Heine den Träger dieser Uniform auch schildert, so unmißverständlich dort die Kritik an dessen Dienstherrn. Als ein »Kompositum heterogener Gefühle« nannte der junge Heine die damalige innere Verfassung der deutschen Juden, zwischen Emanzipationsangebot und fortdauernder Diskriminierung hin- und hergerissen; das Rot ist hier auch ein solches Kompositum. K. VII, S. 209 ff.; K III, S. 565.

30 Hellingrath, a.a.O., S. 2.

31 Adorno, *Noten*, S. 85.

32 K I, S. 279.

33 K IV, S. 177. Vgl. auch die schöne Interpretation Walter Hincks, »Sprache als Vaterland«, in: Marcel Reich-Ranicki (Hrsg.), *Frankfurter Anthologie* 9, Frankfurt a. M. 1985, S. 68 f.

Literaturverzeichnis

I. Heine

1. Heine-Ausgaben

Sämtliche Werke. Hrsg. von J. W. Thomas. Philadelphia (John Weik) 1855-1861.

Sämtliche Werke. Hrsg. von Adolf Strodtmann. Hamburg 1861-1884.

Sämtliche Werke. Hrsg. von Ernst Elster. Leipzig/Wien 1890.

Sämtliche Werke. Hrsg. von Oskar Walzel. Leipzig 1910-1920.

Werke und Briefe. Hrsg. von Hans Kaufmann. Berlin 1961-1964.

Sämtliche Schriften. Hrsg. von Klaus Briegleb. München 1968-1976.

Säkularausgabe. Werke, Briefwechsel, Lebenszeugnisse. Berlin/Paris 1970 ff.

Düsseldorfer Heine-Ausgabe. Historisch-kritische Gesamtausgabe der Werke. Hrsg. von Manfred Windfuhr. Hamburg 1973 ff.

Werner, Michael/Houben, Heinrich Hubert (Hrsg.), *Heine in Berichten der Zeitgenossen*, 2 Bde., Hamburg 1973.

2. Bibliographien

Galley, Eberhard / Wilhelm, Gottfried, *Heine-Bibliographie 1817-1953*, Weimar 1960.

Seifert, Siegfried, *Heine-Bibliographie 1954-1964*, Berlin/Weimar 1968.

Sammons, Jeffrey, *Heine-Bibliography 1956-1980*, New York/London 1982.

Seifert, Siegfried / Volgina, Albina J., *Heine-Bibliographie 1965-1982*, Berlin/Weimar 1986.

3. Sekundärliteratur zu Heine (allgemein)

Adorno, Theodor W., »Die Wunde Heine«, *Noten zur Literatur*, Frankfurt a. M. 1958, S. 146 ff.

Becker, Karl Wolfgang / Brand, Helmut / Scheibe, Siegfried (Hrsg.), *Heinrich Heine: Streitbarer Humanist und volksverbundener Dichter*, Weimar 1973.

Bölsche, Wilhelm, *Heinrich Heine*, Leipzig 1888.

Brod, Max, *Heinrich Heine*, Amsterdam 1934.

Brummack, Jürgen, »Heines Entwicklung zum satirischen Dichter«, *Deutsche Vierteljahresschrift für Literaturwissenschaft und Geistesgeschichte* 41 (1967), S. 98 ff.

– (Hrsg.), *Heinrich Heine. Epoche–Werk–Wirkung*, München 1980.

Heißenbüttel, Helmut, »Materialismus und Phantasmagorie im Gedicht. Zur Lyrik Heinrich Heines«, in: ders., *Zur Tradition der Moderne*, Neuwied/Darmstadt 1972, S. 56 ff.

Hinck, Walter, »Sprache als Vaterland«, in: Marcel Reich-Ranicki (Hrsg.) *Frankfurter Anthologie* 9, Frankfurt a. M. 1985, S. 68 f.

Höllerer, Walter, »Heine als Beginn«, in: ders., *Zwischen Klassik und Moderne. Lachen und Weinen in der Dichtung der Übergangszeit*, Stuttgart 1958, S. 58 ff.

Hosfeld, Rolf (Hrsg.), *Signaturen: Heinrich Heine und das neunzehnte Jahrhundert*, Berlin 1986.

Kaufmann, Hans, *Politisches Gedicht und klassische Dichtung*, Berlin 1959.

– *Heinrich Heine. Geistige Entwicklung und künstlerisches Werk*, Berlin 1976.

Karpeles, Gustav, *Heinrich Heine und seine Zeitgenossen*, Berlin 1888.

– *Heinrich Heine*, Leipzig 1899.

Kircher, Hartmut, *Heinrich Heine und das Judentum*, Bonn 1973.

Koopmann, Helmut (Hrsg.), *Heine in Deutschland*, Darmstadt 1975.

Kraft, Werner, *Heine der Dichter*, München 1983.

Kruse, Joseph A., *Denk ich an Heine*, Düsseldorf 1986.

Kurz, Paul Konrad, *Künstler. Tribun. Apostel. Heinrich Heines Auffassung vom Beruf des Dichters*, München 1967.

Mayer, Hans. »Heinrich Heine, German Ideology and German Ideologists«, *New German Critique* 1 (1972), S. 1 ff.

Mende, Fritz, *Heine-Chronik*, Stuttgart 1981.

Menzel, Wolfgang, Rezension des *Buchs der Lieder, Morgenblatt für gebildete Stände, Literatur-Blatt*, 29. 7. und 1. 8. 1828.

Oehler, Dolf, »Heines Genauigkeit. Und zwei komplementäre Stereotypen über das Wesen der proletarischen Massen«, *Diskussion Deutsch* 8 (1977), S. 250 ff.
– *Pariser Bilder I. Antibourgeoise Ästhetik bei Baudelaire, Daumier und Heine*, Frankfurt a. M. 1979.
– »Heines Frömmigkeit als List der Vernunft«, *Merkur* 39 (1985), S. 968 ff.
– *Ein Höllensturz der alten Welt*, Frankfurt a. M. 1988.
Oesterle, Günter, *Integration und Konflikt. Die Prosa Heinrich Heines im Kontext oppositioneller Literatur der Restaurationsepoche*, Stuttgart 1972.
Prawer, Siegbert, *Heinrich Heine: The Tragic Satirist*, London 1964.
Preisendanz, Wolfgang, *Heinrich Heine*, München 1983.
Preuß, Werner H., *Heine und Lüneburg*, Hamburg 1987.
Reeves, Nigel, *Heinrich Heine. Poetry and Politics*, Oxford 1974.
Rosenberg, Rainer, »Heinrich Heine. Das Programm einer politischen Literatur«, *Weimarer Beiträge* 18 (1972), S. 104 ff.
Sammons, Jeffrey, *Heinrich Heine. A Modern Biography*, Princeton 1979.
Strodtmann, Adolf, *Heinrich Heines Leben und Werke*, Berlin 1867-69.
Werner, Michael, »Das ›Augsburgische Prokrustesbett‹«, in: ders. (Hrsg.), *Cahier Heine*, Paris 1975, S. 42 ff.
– *Genius und Geldsack*, Hamburg 1978.
– »Der politische Schriftsteller und die (Selbst-)Zensur«, *Heine-Jahrbuch* 26 (1987), S. 29 ff.
Windfuhr, Manfred, *Heinrich Heine. Revolution und Reflexion*, Stuttgart 1969.
– »Zum Verhältnis von Politik und Dichtung bei Heinrich Heine«, *Heine-Jahrbuch* 24 (1985), S. 103 ff.
Zechlin, Arthur, »Heinrich Heines Beziehungen zu Lüneburg«, *Zeitschrift für den deutschen Unterricht* 16 (1902), S. 544 ff.
Ziegler, Edda, *Julius Campe: der Verleger Heinrich Heines*, Hamburg 1976.

4. Rezeptionsgeschichte

A. Allgemein

Avenarius, Ferdinand, »Heinrich Heine«, *Kunstwart* 13 (1899/1900), H. 1, S. 258 ff.
Bartelt, Frauke, *Entstehung und zeitgenössische Aufnahme des »Romanzero«* (Diss.), Kiel 1973.
Becker, Eva D., »Heinrich Heine. Ein Forschungsbericht«, *Deutschunterricht* 18 (1966), Beilage zu H. 4, S. 3.

»Die korrigierte ›Schloßlegende‹«, »Die anstößige ›Schloßlegende‹«, »Die Heine-Herausgeber und die ›Schloßlegende‹«, *Frankfurter Zeitung* vom 8., 13. u. 15. 11. 1913.
Dilthey, Wilhelm, »Heinrich Heine«, *Gesammelte Schriften* XV, Göttingen 1970, S. 205 ff.
Estermann, Alfred / Galley, Eberhard, *Heine im Urteil der Zeitgenossen*, 2 Bde., Hamburg 1981 und 1985.
Füllner, Bernd, *Heinrich Heine in deutschen Literaturgeschichten*, Frankfurt a. M. 1982.
Goedeke, Karl (Hrsg.), *Deutschlands Dichter von 1813 bis 1843*, Hannover 1844.
– (Hrsg.), *Elf Bücher deutscher Dichtung*, Leipzig 1849.
– »Heinrich Heine«, *Grundriß zur Geschichte der deutschen Dichtung*, Bd. VIII, Dresden 1905, S. 526 ff.
Habermas, Jürgen, »Heinrich Heine und die Rolle des Intellektuellen in Deutschland«, *Merkur* 40 (1986), S. 453 ff.
Häntzschel, Günther, »Ein entdornter Heine«, *Heine-Jahrbuch* 21 (1982), S. 89 ff.
Harnack, Otto, »Heinrich Heine: eine Sakulärbetrachtung«, in: ders., *Aufsätze und Vorträge*, Tübingen 1911, S. 231 ff.
Hehn, Viktor, *Über Goethes Gedichte*, Stuttgart/Berlin 1911.
Hermand, Jost, »Heines frühe Kritiker«, in: Wolfgang Paulsen (Hrsg.), *Der Dichter und seine Zeit*, Heidelberg 1970, S. 113 ff.
– *Streitobjekt Heine*, München 1972.
Hohendahl, Peter Uwe, »Erzwungene Harmonie. Bürgerliche Heine-Feiern«, in: Reinhold Grimm/Jost Hermand (Hrsg.) *Deutsche Feiern*, Wiesbaden 1977.
Hotz, Karl (Hrsg.), *Heinrich Heine. Wirkungsgeschichte als Wirkungskritik*, Stuttgart 1975.
Huppert, Hugo, »Heine im Pantheon der Sowjetkultur«, *Neue deutsche Literatur* 4 (1956), H. 2, S. 38 ff.
Killy, Walther, »Mein Pferd für 'n gutes Bild. Heine und Geibel«, in: ders., *Wandlungen des lyrischen Bildes*, Göttingen 1958, S. 94 ff.
Kleinknecht, Karl Theodor (Hrsg.), *Heine in Deutschland*, Tübingen 1976.
Maync, Harry, »Adolf Bartels als Literarhistoriker«, *Deutsche Literaturzeitung* 28 (1907), Sp. 1285 ff. u. 1349 ff.
Mayser, Erich, *Heinrich Heines ›Buch der Lieder‹ im 19. Jahrhundert*, Stuttgart 1978.
Nietzki, Max, *Heinrich Heine als Dichter und Mensch*, Berlin 1895.
Peschken, Bernd, *Versuch einer germanischen Ideologiekritik*, Stuttgart 1972.
Petzet, Christian, *Die Blütezeit der deutschen politischen Lyrik*, München 1903.

Pfizer, Gustav, »Heine's Schriften und Tendenz«, *Deutsche Vierteljahresschrift*, Jg. 1838, H. 1, S. 167 ff.
Pompecki, Bruno, *Heine und Geibel*, Paderborn 1901.
Sammons, Jeffrey, »Phases of Heine Scholarship«, *German Quarterly* 46 (1972), S. 56 ff.
– »Problems of Heine Reception. Some Considerations«, *Monatshefte* 73 (1981), S. 383 ff.
Sandvoß, Franz, »Heinrich Heine«, *Vossische Zeitung*, Nr. 35-40, 1868.
Schmohl, Erika, *Der Streit um Heine* (Diss.), Marburg 1956.
Schönfeldt, Otto (Hrsg.), *Und alle lieben Heinrich Heine ...*, Köln 1972.
Schweikert, Alexander, *Heinrich Heines Einflüsse auf die deutsche Lyrik 1830-1900*, Bonn 1969.
Sieburg, Friedrich, »Heinrich Heine«, in: ders., *Zur Literatur*, Stuttgart 1981, S. 459 ff. Ursprünglich abgedruckt als: »Beschwörung und Mitteilung. Zur Lyrik Heinrich Heines«, *Jahresring* 3 (1956), S. 56 ff.
Storz, Gerhard, *Heinrich Heines lyrische Dichtung*, Stuttgart 1971.

B. Oppositionsbewegung/Kommunismus/Sozialdemokratie

Bellmann, Werner, »Heine und der Pariser ›Vorwärts!‹«, *Heine-Jahrbuch* 22 (1983), S. 70 ff.
Emmerich, Wolfgang (Hrsg.), *Proletarische Lebensläufe*, Bd. II, Neuwied/Darmstadt 1975.
Enzensberger, Hans Magnus (Hrsg.), *Ludwig Börne und Heinrich Heine. Ein deutsches Zerwürfnis*, Nördlingen 1986.
Fülberth, Georg, »Sozialdemokratische Literaturkritik vor 1914«, *Alternative* 14 (1972), H. 76, S. 2 ff.
Füllner, Bernd/Hauschild, Jan-Christoph/Kaukoreit, Volker, »Dieses Lied, in Deutschland hundertfach gelesen und gesungen ...«, *Heine-Jahrbuch* 24 (1985), S. 123 ff.
Geschichte der deutschen Arbeiterbewegung, Berlin 1966.
Grupe, Walter, »Heines ›Schlesische Weber‹ auf einem Berliner Flugblatt«, *Deutschunterricht* 9 (1956), S. 426 ff.
»Heinrich Heine«, Gedenkblatt des *Vorwärts*, Berlin 1906.
Hirsch, Helmut (Hrsg.), *August Bebel: Sein Leben in Dokumenten, Reden und Schriften*, Köln/Berlin 1968.
Houben, Heinrich Hubert, *Verbotene Literatur*, Berlin 1925.
Lidtke, Vernon L., *The Alternative Culture. Socialist Labor in Imperial Germany*, New York/Oxford 1985.
Marcuse, Ludwig, »Heine und Marx«, *Der Monat* 6 (1954), S. 407 ff.
Mattenklott, Gerd/Scherpe, Klaus (Hrsg.), *Demokratisch-revolutionäre Literatur in Deutschland: Vormärz*, Kronberg/Taunus 1975.

Mehring, Franz, *Gesammelte Schriften*, Berlin 1961.
Meinhold, Peter, »›Opium des Volkes.‹ Zur Religionskritik von Heinrich Heine und Karl Marx«, *Monatszeitschrift für Pastoraltheologie* 49 (1960), S. 161 ff.
Mende, Fritz, »Heine und Ruge«, *Weimarer Beiträge* 14 (1968), S. 797 ff.
– »Heinrich Heine: Kommunist?«, *Philologia Pragensia* 14 (1971), S. 177 ff.
Opitz, Alfred/Ernst-Ulrich Pinkert, *Heine und das neue Geschlecht*. Aarlborg 1981.
Plechanow, Georg, *Über Kunst und Literatur*, Berlin 1955.
Reese, Walter, *Zur Geschichte der sozialistischen Heine-Rezeption in Deutschland*, Frankfurt a. M. 1979.
Reeves, Nigel, »Heine and the Young Marx«, *Oxford German Studies* 7(1973), S. 44 ff.
Ruge, Arnold, »Heinrich Heine, charakterisiert nach seinen Schriften«, *Hallische Jahrbücher* Nr. 25-29 (1838), Sp. 193 ff.
– *Zwei Jahre in Paris*, Bd. II, Neudruck Leipzig 1975.
– (Hrsg.) *Die politische Lyrik unserer Zeit*, Leipzig 1847.
»Schloßlegende und Sozialistengesetz«, »Nochmals Schloßlegende und Sozialistengesetz«, *Vorwärts* 117 u. 131, 1920.
Schmidt, Walter, »Einige Dokumente zum schlesischen Weberaufstand vom Juni 1844« in: *Aus der Frühgeschichte der deutschen Arbeiterbewegung*, Berlin 1964, S. 30 ff.
– (Hrsg.) *Vorwärts*, (Neudruck) Leipzig 1975.
Stein, Ernst, »Zugang zu Heines Gedicht«, *Deutschunterricht* 9 (1956), S. 437 ff.
Steinitz, Wolfgang (Hrsg.), *Deutsche Volkslieder demokratischen Charakters aus sechs Jahrhunderten*, Bd. II, Berlin 1962.
Victor, Walther, *Marx und Heine. Tatsache und Spekulation in der Darstellung ihrer Beziehungen*, Berlin 1951.
Wehner, Walter, *Heinrich Heine. »Die schlesischen Weber« und andere Texte zum Weberelend*, München 1980.
Wendel, Hermann, *Heinrich Heine*, Dresden 1916.
Werner, Hans-Georg, *Geschichte des politischen Gedichts in Deutschland von 1815 bis 1840*, Glashütten im Taunus 1972.
Wimmers, Reinhold, »Henker der Freien und Gleichen«, *Frankfurter Allgemeine Zeitung*, 19. 12. 1972.

II. Antisemitica/Geschichte und Auswirkungen des Antisemitismus

1. Antisemitica

Albert, Johann, *Heinrich Heine und der Antisemitismus*, Nossen 1892.
Bartels, Adolf, *Geschichte der deutschen Literatur*, Leipzig 1905.
– *Geschichte der deutschen Literatur*, Leipzig 1924.
– *Heine. Auch ein Denkmal*, Dresden 1906.
– *Heine-Genossen*, Dresden/Leipzig 1907.
– *Rasse*, Hamburg 1909.
Cruciger (d. i. Friedrich von der Hagen), *Neuste Wanderungen, Umtriebe und Abenteuer des Ewigen Juden unter den Namen Börne, Heine, Saphir u. a.*, Berlin 1832.
Dühring, Eugen, *Die Judenfrage*, Karlsruhe/Leipzig 1886.
Eisenmenger, Johannes, *Entdecktes Judenthum*, Königsberg 1711.
Fries, Jakob Friedrich, *Über die Gefährdung des Wohlstandes und Charakters der Deutschen durch die Juden*, Heidelberg 1816.
Fritsch, Theodor, *Antisemiten Katechismus*, Leipzig 1893.
Grattenauer, C. W. F., *Wider die Juden*, Berlin 1803.
– *Wider die Juden (Erster Nachtrag)*, Berlin 1803.
Hehn, Viktor, *Gedanken über Goethe*, Berlin 1887.
Hundt-Radovsky, Hartung von, *Judenspiegel*, Würzburg 1819.
Liesching, Samuel Gottlob, *Die Juene Allemagne in Deutschland*, Stuttgart 1836.
Lutz, Wolfgang, »Schluß mit Heinrich Heine!«, *Nationalsozialistische Monatshefte* 7 (1936), S. 792 ff.
Marr, Wilhelm, *Sieg des Judentums über das Germanentum*, Bern 1879.
– *Goldene Ratten und rote Mäuse*, Chemnitz 1881.
Menzel, Wolfgang, *Die deutsche Literatur*, Stuttgart 1837.
– *Deutsche Dichtung von der ältesten bis auf die neuste Zeit*, Stuttgart 1875.
– *Denkwürdigkeiten*, Bielefeld/Leipzig 1877.
Pongs, Hermann, »Neue Aufgaben der Literaturwissenschaft«, *Volk und Dichtung* 38 (1937), S. 274 ff.
Rühs, Friedrich, *Über die Ansprüche der Juden an das deutsche Bürgerrecht*, Berlin 1816.
– *Die Rechte des Christentums und des deutschen Volkes*, Berlin 1816.
Sandvoß, Franz (Xanthippus), *Was dünket euch um Heine?*, Leipzig 1888.

Treitschke, Heinrich von, *Deutsche Geschichte im Neunzehnten Jahrhundert*, Leipzig 1879-1894.
– *Zehn Jahre Deutscher Kämpfe: Schriften zur Tagespolitik*, Berlin 1897.
– *Geschichte der deutschen Literatur*, Berlin 1927.
Wagner, Richard, *Das Judenthum in der Musik*, Leipzig 1869.
– *Gesammelte Schriften*, Bd. X, Leipzig 1907.
Werner, F., *Fort mit der Schmach eines öffentlichen Heine-Denkmals!*, Leipzig 1913.

2. Geschichte und Auswirkungen des Antisemitismus

Bahr, Hermann, *Der Antisemitismus*, Berlin 1894.
Boehlich, Walter (Hrsg.), *Der Berliner Antisemitismus-Streit*, Frankfurt a. M. 1965.
Claussen, Detlef (Hrsg.), *Vom Judenhaß zum Antisemitismus*, Neuwied/Darmstadt 1987.
Gay, Peter, *Freud, Jews and Other Germans*, New York 1978.
Gilman, Sander (Hrsg.), *NS-Literaturtheorie*, Frankfurt a. M. 1971.
– *Jewish Self-Hatred. Antisemitism and the Hidden Language of the Jews*, Baltimore/London 1986.
Katz, Jacob, *Out of the Ghetto: The Social Background of Jewish Emancipation*, Cambridgc (USA) 1973.
– *From Prejudice to Destruction*, Cambridge (USA) 1980.
– *Zur Assimilation und Emanzipation der Juden*, Darmstadt 1982.
– *Richard Wagner. Vorbote des Antisemitismus*, Königstein im Taunus, 1985.
Lessing, Theodor, *Der jüdische Selbsthaß*, München 1984. Zuerst Berlin 1930.
Metzger, Heinz-Klaus / Riehn, Rainer (Hrsg.), *Richard Wagner. Wie antisemitisch darf ein Künstler sein? Musik-Konzepte*, H. 5 (1981).
Massing, Paul, *Zur Geschichte des politischen Antisemitismus*, Frankfurt a. M. 1959.
Mosse, George, *The Crisis of German Ideology*, New York 1964.
– *Germans and Jews*, New York 1970.
Nerrlich, Paul, *Herr von Treitschke und das Junge Deutschland*, Berlin 1890.
Poliakov, Léon, *Geschichte des Antisemitismus*, Bd. II, Worms, 1978.
– *Histoire du Antisémitisme*, t. I-V, Paris 1955 ff.
Richter, Karl, »Heinrich Heine in Richard Wagners autobio-

graphischen Schriften und in den Tagebüchern Cosima Wagners«, *Heine-Jahrbuch* 18 (1979), S. 209 ff.

Rürup, Reinhard, *Emanzipation und Antisemitismus*, Göttingen 1975.

– (Hrsg.), *Antisemitismus und Judentum, Geschichte und Gesellschaft* 5 (1979), H. 4.

Sartre, Jean-Paul, »Betrachtungen zur Judenfrage«, in: ders., *Drei Essays*, Hamburg 1960, S. 109 ff.

Schnitzler, Arthur, *Jugend in Wien*, Wien 1968.

Schöne, Albrecht (Hrsg.), *Kontroversen, alte und neue. Akten des VII. Kongresses der Internationalen Vereinigung für germanische Sprach- und Literaturwissenschaft*, Bd. I u. V, Tübingen 1986.

Schuppe, Erwin, *Der Burschenschafter Wolfgang Menzel*, Frankfurt a. M. 1952.

Sterling, Eleonore, *Er ist wie Du. Zur Vorgeschichte des politischen Antisemitismus in Deutschland (1815-1850)*, München 1956.

Stern, Fritz, *The Politics of Cultural Despair*, Berkeley 1961.

Stölzl, Christoph, *Kafkas böses Böhmen. Zur Sozialgeschichte eines Prager Juden*, München 1975.

Trachtenberg, Joshua, *The Devil and the Jews*, Cleveland/Philadelphia 1943.

Wulf, Josef, *Literatur und Dichtung im Dritten Reich*, Gütersloh 1963.

III. Karl Kraus

1. Werke von Kraus

Werke, hrsg. von Heinrich Fischer, München 1954-1970.

Frühe Schriften, München 1979.

Die Fackel (Neudruck), München 1968-1976.

Briefe an Sidonie Nadherny, München 1974.

2. Bibliographien

Kerry, Otto, *Karl Kraus Bibliographie*, München 1970.

Scheichl, Sigurd Paul, *Bibliographie Karl Kraus. Kommentierte Karl Kraus Bibliographie*, München 1975.

3. Sekundärliteratur zu Kraus

Bodine, Jay F., »Heinrich Heine, Karl Kraus und ›die Folgen‹«, *Colloquia Germanica* 17 (1984), S. 14 ff.

Borries, Mechthild, *Ein Angriff auf Heinrich Heine. Kritische Betrachtungen zu Karl Kraus*, München 1971.
Canetti, Elias, *Das Gewissen der Worte*, München 1976.
– *Die Fackel im Ohr*, München 1980.
Halliday, John D., *Karl Kraus, Franz Pfemfert and the First World War*, Passau 1986.
Heißenbüttel, Helmut, »Karl Kraus und die Folgen. Heinrich Heine als Journalist«, in: ders., *Von fliegenden Fröschen, libidinösen Epen, vaterländischen Romanen, Sprechblasen und Ohrwürmern*, Stuttgart 1982, S. 75 ff.
Jörgensen, Alf, *Heine-Fresser und die Ursachen*, Flensburg 1912.
Kämmerling, Bernd, »Die wahre Richtung des Angriffs. Über Karl Kraus' ›Heine und die Folgen‹«, *Heine-Jahrbuch* 11 (1972), S. 162 ff.
Kraft, Werner, *Karl Kraus*, Salzburg 1956.
– *Das Ja des Neinsagers. Karl Kraus und seine geistige Welt.* München 1974.
Mayer, Hans, »Karl Kraus«, in: ders., *Der Repräsentant und der Märtyrer*, Frankfurt a. M. 1971, S. 44 ff.
Pfabigan, Alfred, *Karl Kraus und der Sozialismus*, Wien 1976.
Rühmkorf, Peter, »Die soziale Stellung des Reims«, in: Klaus Schröter (Hrsg.), *Grüße*, Festschrift für Hans Wolfsheim, Frankfurt a. M. 1968, S. 103 ff.
Ruest, Anselm, »Um Heine«, in: *Die Aktion*, Jan. 1911, Sp. 556 ff. Neudruck Darmstadt 1961.
Schaub, Uta, »Liliencron und Heine im Urteil von Karl Kraus«, *Heine-Jahrbuch* 18 (1979), S. 191 ff.
Timms, Edward, *Karl Kraus. Apocalyptic Satirist*, New Haven/London 1986.
Wagner, Nike, *Geist und Geschlecht. Karl Kraus und die Erotik der Wiener Moderne*, Frankfurt a. M. 1981.
– »Incognito ergo sum. Zur jüdischen Frage bei Karl Kraus«, *Literatur und Kritik* 22 (1987), S. 387 ff.

IV. Allgemeines

Adorno, Theodor W., *Gesammelte Schriften*, Frankfurt a. M. 1970 ff.
Alpers, Paul, *Karl Goedeke. Sein Leben und sein Werk*, Bremen 1949.
Anders, Günther, *Bert Brecht. Gespräche und Erinnerungen*, Zürich 1962.
Barnstone, Willis (Hrsg. u. Übs.), *Sappho*, New York 1965.

Benjamin, Walter, *Gesammelte Schriften*, Bd. I-V, Frankfurt a. M. 1974 ff.
– *Briefe*, Frankfurt a. M. 1966.
Bering, Dietz, *Die Intellektuellen. Geschichte eines Schimpfwortes*, Stuttgart 1978.
Börne, Ludwig, *Sämtliche Schriften*, Hrsg. von Inge und Peter Rippmann, Düsseldorf 1964.
Boeschenstein, Hermann, *Deutsche Gefühlskultur*, Bd. II, Bern 1966.
Borchardt, Rudolf (Hrsg.), *Ewiger Vorrat deutscher Poesie*, München 1926.
Brandes, Georg, *Hauptströmungen der Literatur im 19. Jahrhundert*, Berlin 1924.
Brecht, Bertolt, *Gesammelte Werke*, Frankfurt a. M. 1967.
– *Arbeitsjournal*, Frankfurt a. M. 1974.
Brüggemann, Heinz, *Literarische Technik und Soziale Revolution*, Hamburg 1973.
Dilthey, Wilhelm, *Das Erlebnis und die Dichtung*, Berlin 1905.
Dorpalen, Andreas, *Heinrich von Treitschke*, New Haven/London 1957.
Eichendorff, Joseph von, *Geschichte der poetischen Literatur Deutschlands*, Zweiter Teil, Paderborn 1987.
Eliot, George, *Essays*, New York 1963.
Freud, Sigmund, *Briefe*, Frankfurt a. M. 1968.
Gadamer, Hans-Georg, *Wahrheit und Methode*, Tübingen 1975.
Gervinus, Georg Gottfried, *Geschichte der poetischen Nationalliteratur der Deutschen*, Leipzig 1844.
Goedeke, Karl, *Grundriß zur Geschichte der deutschen Dichtung*, Bd. IV. Dresden 1891.
Goethe, Johann Wolfgang von, *Gedenkausgabe*, Hrsg. von Ernst Beutler, Zürich 1950.
Greiner, Martin, *Zwischen Biedermeier und Bourgeoisie*, Göttingen 1953.
Gundolf, Friedrich, *George*, Berlin 1920.
Habermas, Jürgen, *Strukturwandel der Öffentlichkeit*, Neuwied/Berlin 1962.
Hamann, Richard/Hermand, Jost, *Stilkunst um 1900*, München 1973.
Hamerow, Theodore, *Restauration, Revolution, Reaction. Economics and Politics in Germany 1815-1871*, Princeton 1958.
Hauptmann, Gerhart, *Sämtliche Werke*, Hrsg. von Hans Egon Hass, Bd. I, Frankfurt a. M./Berlin 1966.
Hebbel, Friedrich, *Sämtliche Werke*, Hrsg. von Richard Maria Werner, Bd. II, Berlin 1913.

Hellingrath, Norbert von, *Pindarübertragungen von Hölderlin. Prolegomena zu einer Erstausgabe*, Jena 1911.
Herder, Johann Gottfried, *Sämtliche Werke*, Hrsg. von Bernhard Suphan, Bd. 32, Berlin 1899.
Hölderlin, Friedrich, *Sämtliche Werke*, Große Stuttgarter Ausgabe, Hrsg. von Friedrich Beißner und Adolf Beck, Stuttgart 1943 ff.
Houben, Heinrich Hubert, *Der polizeiwidrige Goethe*, Berlin 1932.
Jameson, Frederic, *The Political Unconscious*, Ithaca 1981.
Jauß, Hans Robert, *Literaturgeschichte als Provokation*, Frankfurt a. M. 1970.
Jay, Martin, *Dialektische Phantasie*, Frankfurt a. M. 1976.
Jewish Encyclopedia, Jerusalem 1971.
Jochmann, Carl Gustav, *Die Rückschritte der Poesie*, Hrsg. von Ulrich Kronauer, Hamburg 1983.
Kalow, Gert, *Poesie ist Nachricht. Mündliche Tradition in Vorgeschichte und Gegenwart*, München/Zürich 1975.
Kierkegaard, Søren, *Gesammelte Werke*, Abt. 5.-6., Düsseldorf 1967.
Kraft, Werner, *Wort und Gedanke. Kritische Bemerkungen zur Poesie*, Bern 1959.
– *Rudolf Borchardt. Welt aus Poesie und Geschichte*, München 1961.
– *Stefan George*, München 1980.
Krieger, Leonard, *The German Idea of Freedom*, Boston 1957.
Krojanker, Gustav (Hrsg.), *Juden in der deutschen Literatur*, Berlin 1922.
Kunert, Günter, »J'accuse oder über den Sinn des Protestierens«, *Die Zeit*, 12. 2. 1988.
Landmann, Edith, *Gespräche mit Stefan George*, München/Düsseldorf 1963.
Lucas, Erhard, *Vom Scheitern der deutschen Arbeiterbewegung*, Frankfurt a. M. 1983.
Lukács, Georg, *Die Zerstörung der Vernunft, Werke*, Bd. 9, Neuwied/Berlin 1962.
Luther, Martin, *Werke*, Weimar 1883-1939, Abt. I, Bd. LIII.
Marx, Karl/Friedrich Engels, *Werke*, Berlin 1957-1968.
Marcuse, Ludwig, *Börne*, Leipzig 1929.
Mayer, Hans, *Anmerkungen zu Brecht*, Frankfurt a. M. 1965.
– *Anmerkungen zu Richard Wagner*, Frankfurt a. M. 1966.
– *Außenseiter*, Frankfurt a. M. 1975.
– *Richard Wagner*, Stuttgart 1978.
Muschg, Walter, *Tragische Literaturgeschichte*, Bern 1957.
Newman, Ernest, *The Life of Richard Wagner*, New York 1968.
Novalis, *Werke*, Hrsg. von Gerhard Schulz, München 1981.

Plessner, Hellmuth, *Das Schicksal deutschen Geistes im Ausgang seiner bürgerlichen Epoche*, Zürich/Leipzig 1935.

Prutz, Robert, *Die politische Poesie der Deutschen*, Leipzig 1845.

Robertson, Ritchie, »The Problem of ›Jewish Self-Hatred‹ in Herzl, Kraus and Kafka«, *Oxford German Studies* 16 (1985), S. 81 ff.

Rosenzweig, Franz, *Kleine Schriften*, Berlin 1937.

Rüdiger, Horst, *Sappho. Ihr Ruf und Ruhm bei der Nachwelt*, Leipzig 1933.

Schäfer, Renate, »Zur Geschichte des Wortes ›Zersetzen‹«, *Zeitschrift für deutsche Wortforschung* 18 (1962), S. 58 ff.

Scherer, Wilhelm, *Geschichte der deutschen Literatur*, Berlin 1884.

Schiemann, Theodor, *Viktor Hehn. Ein Lebensbild*, Stuttgart 1894.

Schlegel, Friedrich, *Kritische Schriften*, hrsg. von Wolfdietrich Rasch, München 1964.

Schonauer, Franz, *Stefan George*, Hamburg 1960.

Schopenhauer, Arthur, *Schopenhauers Briefe*, Hrsg. von Eduard Grisebach, Leipzig 1894.

Sengle, Friedrich, *Biedermeierzeit*, Bd. I-III, Stuttgart 1971-1980.

Steiner, George, *Nach Babel*, Frankfurt a. M. 1981.

Storm, Theodor, *Briefe*, Berlin/Weimar 1972.

Szondi, Peter, *Celan-Studien*, Frankfurt a. M. 1972.

Theologische Realenzyklopädie, Bd. XIII, Berlin/New York 1984.

Theweleit, Klaus, *Männerphantasien*, Frankfurt a. M. 1978.

Ungar, Rudolf, »Viktor Hehn als Literarhistoriker«, in: Julius Wahle / Viktor Klemperer (Hrsg.), *Vom Geiste neuer Literaturforschung*, Festschrift Oskar Walzel, Potsdam 1924, S. 57 ff.

Unseld, Siegfried (Hrsg.), *Zur Aktualität Walter Benjamins*, Frankfurt a. M. 1972.

Valentin, Veit, *Geschichte der deutschen Revolution von 1848-1849*, Köln 1970.

Wagenseil, Johann Christian, *Belehrung der jüdisch-teutschen Red- und Schreibart*, Frankfurt a. M. 1715.

Wehler, Hans-Ulrich, *Das deutsche Kaiserreich. 1871-1918*, Göttingen 1973.

Zweig, Stefan, *Die Welt von Gestern*, Frankfurt a. M. / Berlin 1958.

Die vorliegende Arbeit wurde im Dezember 1988 vom Fachbereich Germanistik der Freien Universität Berlin als Dissertation angenommen.